云南蒙古族喀卓人
语言使用现状及其演变
The *Status Quo* and Evolution of Language Use of the Kazhuo People of Mongolians in Yunnan

戴庆厦　主编

Edited by
Dai Qingxia

作者　戴庆厦　蒋　颖　邱　月
　　　常俊之　赵燕珍

Authors　Dai Qingxia　　Jiang Ying　　Qiu Yue
　　　　　Chang Junzhi　　Zhao Yanzhen

商务印书馆
The Commercial Press
Beijing

图书在版编目(CIP)数据

云南蒙古族喀卓人语言使用现状及其演变/戴庆厦主编.—北京:商务印书馆,2008
(新时期中国少数民族语言使用情况研究丛书)
ISBN 978 - 7 - 100 - 05802 - 5

Ⅰ.云…　Ⅱ.戴…　Ⅲ.蒙古族－语言调查－调查研究－云南省　Ⅳ.H217

中国版本图书馆 CIP 数据核字(2008)第 033189 号

YÚNNÁN MĚNGGǓZÚ KĀZHUÓRÉN YǓYÁN SHǏYÒNG XIÀNZHUÀNG JÍQÍ YǍNBIÀN

云南蒙古族喀卓人语言使用现状及其演变

戴庆厦　主编

商　务　印　书　馆　出　版
(北京王府井大街36号　邮政编码 100710)
商　务　印　书　馆　发　行
北 京 瑞 古 冠 中 印 刷 厂 印刷
ISBN 978 - 7 - 100 - 05802 - 5

2008 年 11 月第 1 版　　　开本 787×1092　1/16
2008 年 11 月北京第 1 次印刷　印张 13¾　插页 5
定价:42.00 元

课题组成员与发音人在一起核对词汇（从左至右依次为赵丽英、邱月、蒋颖、戴庆厦、常俊之、赵燕珍、赵艳、王培芬）

目　　录

第一章　绪论 ……………………………………………………………（1）

　第一节　开题缘起 ………………………………………………………（1）

　第二节　兴蒙蒙古族概况 ………………………………………………（2）

　第三节　喀卓语研究概况 ………………………………………………（10）

　第四节　调查设计 ………………………………………………………（12）

第二章　喀卓人使用喀卓语的现状及其成因 ……………………………（15）

　第一节　喀卓人全民稳定使用喀卓语 …………………………………（15）

　第二节　喀卓语全民稳定使用的条件与因素 …………………………（38）

第三章　喀卓人兼用汉语的现状及其成因 ………………………………（43）

　第一节　汉语是喀卓人重要的交际工具 ………………………………（43）

　第二节　全民兼用汉语的成因和条件 …………………………………（57）

第四章　喀卓语与汉语接触引起的变化 …………………………………（64）

　第一节　喀卓语中的汉语借词 …………………………………………（64）

　第二节　喀卓语语音受汉语影响引起的变化 …………………………（78）

　第三节　喀卓语语法受汉语影响引起的变化 …………………………（92）

　第四节　喀卓语受汉语影响的主要特点 ………………………………（97）

　第五节　汉语影响对喀卓语的独立存在有重要作用 …………………（102）

第五章　青少年语言状况 …………………………………………………（103）

　第一节　青少年的语言生活概述 ………………………………………（103）

　第二节　青少年双语生活的特点 ………………………………………（105）

　第三节　母语习得过程中的问题及成因 ………………………………（110）

第六章　小结与预测 ………………………………………………………（113）

附录

一　访谈录 …………………………………………………………（115）

二　问卷调查表选登 ………………………………………………（125）

三　喀卓语 400 词、100 词测试表 ……………………………………（133）

四　喀卓语语法测试句 ……………………………………………（145）

五　村寨户数信息表 ………………………………………………（151）

六　喀卓语词汇表 …………………………………………………（159）

七　新蒙乡双语调查报告 …………………………………………（199）

八　调查日志 ………………………………………………………（206）

九　田野调查照片 …………………………………………………（211）

参考文献 ……………………………………………………………（213）

后记 …………………………………………………………………（214）

Contents

Chapter 1   Introduction ··· (1)

  1. 1   A brief account of the project ·· (1)

  1. 2   A brief description of Mongolians in Xingmeng ················ (2)

  1. 3   A brief introduction of studies on the Kazhuo language ·········· (10)

  1. 4   The design of the investigation ·· (12)

Chapter 2   The status and its cause of the Kazhuo language used by the Kazhuo people ·· (15)

  2. 1   All of the Kazhuo people use the Kazhuo language stably ·············· (15)

  2. 2   The conditions and factors to the status of the Kazhuo language ·········· (38)

Chapter 3   The status and its cause of Chinese used by the Kazhuo people as the second language ····················· (43)

  3. 1   Chinese is an important tool for communication among the Kazhuo people ··· (43)

  3. 2   The conditions and factors to Chinese as the second language of all Kazhuo people ·· (57)

Chapter 4   The changes of the Kazhuo language induced by the contact with Chinese ································· (64)

  4. 1   Chinese loanwords in the Kazhuo language ························· (64)

  4. 2   Phonological changes in the Kazhuo language due to the influence of Chinese ·· (78)

  4. 3   Grammatical changes in the Kazhuo language due to the influence of Chinese ······ (92)

  4. 4   Major characteristics of the Kazhuo language being influenced by Chinese ············ (97)

  4. 5   The Chinese influence has great impact on the independency of the Kazhuo language ·· (102)

Chapter 5   The status of language use of teenagers ······················· (103)

  5.1   A brief description of the linguistic life of teenagers ···················· (103)

  5.2   The characteristics of the bilingual life of teenagers ···················· (105)

  5.3   The problems and the causes in the mother-tongue acquisition ··········· (110)

Chapter 6   Summary and prediction ····································· (113)

Appendices

  1   Interviews ··· (115)

  2   Selected questionnaires ·· (125)

  3   The test form of 400 Kazhuo words and that of 100 Kazhuo words ········· (133)

  4   The grammatical test sentences of the Kazhuo language ··················· (145)

  5   Forms on households of a village ·· (151)

  6   Vocabulary of the Kazhuo language ····································· (159)

  7   The survey report of bilingual life in Xinmeng ·························· (199)

  8   The log of the investigation ·· (206)

  9   The selected photographs of the investigation ·························· (211)

References ··· (213)

Postscript ··· (214)

第一章 绪论

本章主要对开题缘起、兴蒙蒙古族概况、喀卓语研究概况调查方案的制订进行简要的叙述和说明，目的在于对读者理解全书所要论述的问题有所帮助。

第一节 开题缘起

一个具有特色的课题是吸引人们去关注，去研究的。语言也同样是这样。半个多世纪以来，随着汉语方言和少数民族语言调查研究的不断深入，人们发现了一些现代语言理论中尚未被完全认识的现象，诸如语言转用、语言混合等问题，吸引众多的语言学家去调查、去研究，期望能够揭示隐藏在历史长河中的各种"谜底"。原是使用阿尔泰语系语言的云南蒙古族，后来为什么又转用属于汉藏语系藏缅语族的一种语言，就是一个具有吸引力的新课题。

云南蒙古族是元朝时期从北方大草原南下征战来云南后落籍在通海的一个特殊群体。主要分布在兴蒙蒙古族乡，在河西镇、秀山镇、者湾、七街、龚杨、碧溪、九龙、三义等村也有零星分布。兴蒙蒙古族自称"喀卓"。[①] 如今，这部分蒙古族在经济、文化、风俗习惯、宗教信仰、语言等方面都有了较大的变化，特别是在语言上，他们转用了与彝语支语言相近的喀卓语。这部分蒙古族南下后为什么会发生语言转用？转用的过程和转用的原因是什么？当前，喀卓人的语言使用现状是什么？喀卓人在强势汉语的包围、影响下尚能保存母语的使用，其原因和条件是什么？无疑，研究喀卓语的现状及其历史演变，对于语言转用、语言接触、语言历史比较、语言底层等方面的研究都具有理论价值和应用价值。同时，这项研究也有助于我们认识云南蒙古族的历史，对于研究云南历史和民族都会有一定的价值。

20 世纪 80 年代，课题组成员戴庆厦教授就曾对兴蒙蒙古族（喀卓人）的语言使用现状进行过调查。当时的结论是喀卓人普遍使用喀卓语，并普遍兼用汉语。二十多年过去了，原本较为封闭落后的兴蒙乡全面走向开放，对外交流日益频繁，在经济、文化、教育等方面都有巨大的变化。面对强势语言汉语的持续影响，其使用情况有没有发生变化？有的话，都发生了哪些变化？制约喀卓语使用的因素又有哪些？有哪些鲜明的特点和可循的规律？对于使用人数不足

---

① 兴蒙蒙古族自称"kha⁵⁵ tso³¹"，汉文曾有"嘎卓"、"卡卓"、"喀卓"等不同的译法，我们征得当地各界喀卓人的同意，统一译为"喀卓"。

六千、使用范围相对窄小的喀卓语而言,其使用的前景会是怎样的?喀卓人普遍重视汉语学习,并已普遍兼用汉语。母语和兼用语的关系是什么?他们是怎样进行双语互补的?这些问题都摆在我们面前,值得我们去进行深入调查、思考与分析。

要想对喀卓语的使用现状及历史演变有更深的认识,必须对喀卓语本体进行全面、细致、系统的研究,充分认识其特点。因此,对喀卓语的本体结构进行研究也是此次田野调查研究的一项重要任务。

鉴于喀卓语在语言使用和语言本体两个方面还是一片尚未被认识的领域,我们中央民族大学"985 工程创新基地"《云南蒙古族喀卓人语言使用现状及其演变》调查组,于 2007 年 7 月至 8 月,在云南省玉溪市通海县兴蒙蒙古族乡进行了为期一个月的田野调查。调查组成员深入各村进行访谈和记录,并多次入户调查。在当地干部、群众的大力支持下,获得了大量的第一手材料,并形成了一些有关喀卓语现状及发展演变的初步认识。我们希望通过对这些第一手材料的研究和分析,能够为国家解决新时期的民族问题、科学地制定民族语文政策提供参考。我们还希望通过对喀卓语本体的系统研究,能为喀卓语的深入研究提供可资对比的真实可靠的文本语料,并希望能为本地区双语教学的开展和深化提供一定的帮助。

第二节　兴蒙蒙古族概况

一　兴蒙蒙古族乡概况

兴蒙蒙古族乡是云南省唯一的蒙古族聚居乡,位于云南中南部盆地的通海县杞麓湖西,隶属于玉溪市通海县。兴蒙乡地处通海县西北,位于凤凰山麓。其地域范围在东经 102°39′至东经 102°41′和北纬 24°9′48″至北纬 24°9′49″之间。东西跨度 3.74 公里,南北跨度 3 公里。全乡总面积 4.77 平方公里,辖五个自然村,由西而东依次为中村、白阁、下村、交椅湾、桃家嘴。

兴蒙乡东与河西镇钱家嘴、四街镇七街村相连,南与河西镇螺髻、寸村等接壤,西与河西镇戴文、解家营相连,北与河西镇石山嘴村的上三营毗邻。红旗河从乡内村前川流而过。玉通(玉溪—通海)高速公路横穿其中,与昆玉(昆明—玉溪)、玉元(玉溪—元江)国道相连。乡政府驻地白阁村距省会昆明 129 公里,距玉溪市 39 公里,距通海县城 12 公里。

兴蒙乡平均海拔 1800 米,属亚热带湿润凉冬高原气候,冬无严寒,夏无酷暑,全年气候宜人,雨量充沛。全乡年平均气温为 15.6℃,平均最高气温 19.9℃,最低为 9℃,年均降雨量 869.2 毫米,年均湿度 73%,年日照总时 2286 小时,日照率 52%,年平均无霜期 320 天,有霜日 27 天,适宜种植烤烟、水稻、蔬菜、花卉、甜瓜等农作物。

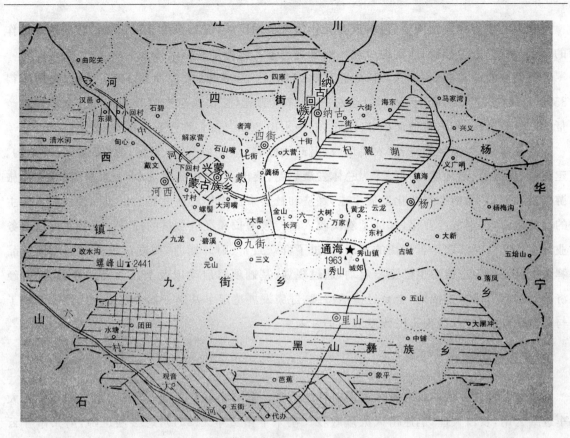

图 1-1

　　据 2006 年统计[①]，全乡共有 1712 户、5620 人；居住着蒙古族、汉族、彝族、哈尼族、傣族、回族、拉祜族、白族、瑶族等九个民族，其中蒙古族 5424 人，占总人口的 96.5%；汉族 147 人、彝族 28 人、哈尼族 9 人、傣族 6 人、回族 2 人、拉祜族 2 人、白族 1 人、瑶族 1 人。

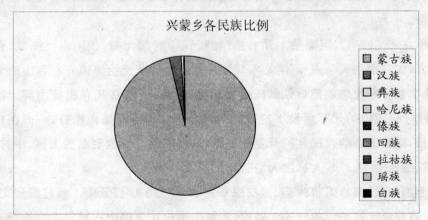

图 1-2

---

① 材料来自通海县兴蒙蒙古族自治乡统计站编《通海县兴蒙蒙古族乡 2006 年统计年鉴》，内部资料。

　　在兴蒙乡多民族结构中，蒙古族为元代以来世居民族，汉族多为县级机关派驻兴蒙乡工作的干部、教师、医生和职工，其他少数民族皆是与蒙古族青年联姻时迁入的。

　　兴蒙乡农业人口 5409 人，非农业人口 211 人。2006 年，农民所得 1957 万元，人均所得3599 元；财政收入 80 万元；农村社会总产值 8184 万元，工农业总产值 5558 万元；全乡粮食产量 56.79 万公斤；年末耕地面积 3347 亩，其中水田 3059 亩；人均占有耕地 0.62 亩。

　　近几年来，兴蒙乡围绕着"农民增收、财政增收、经济发展"的总目标，以"强基础、调结构、建支柱、抓流通、治环境、树形象"为总体发展思路，突出了以"设施农业、非公经济、民族文化旅游和畜牧养殖"为四个产业化发展重点，经济和社会事业连年快速发展。以暖棚种植甜瓜为主的设施农业，已形成产业化，保证了农民收入的持续增长和经济总量的提升。以特色商饮服务业为主的非公经济取得了较快的发展，促进了群众致富、财政增收，树立了民族对外的商业品牌。民族文化生态旅游也已逐步启动，通过规划、基础项目启动以及节庆活动的开展，旅游经济价值的潜力已被挖掘，为全乡经济的持续、健康发展奠定了基础。如今喀卓人已逐步缩小了与其他民族的差距，显现了民族发展的美好未来。

二　历史渊源

　　兴蒙蒙古族乡的形成有着久远而独特的历史。南宋淳祐十二年（1252），忽必烈率十万大军进兵云南，攻占大理，迅速击灭大理政权。南宋宝祐二年（1254），忽必烈班师，留兵镇守云南。1256 年蒙古军攻破阿㮚国（今通海、石屏、建水等地）。至此，蒙古族进入杞麓湖畔。蒙军进入杞麓坝后，在曲陀关、水磨村、大、小村、沙罗村、古梁州城（今东城村）、杞麓山（今凤凰山）、木城山、琉璃山及西乡水车田、东乡者湾、大寨、南乡九龙、伙家营、元山、辘轳营等地皆派兵屯驻。依山傍水，水陆交通便利的要道口——杞麓山，由完颜卜花、完者卜花二位将领率300 名蒙古军镇守。从此，这部分元军将士和家眷便扎根定居于杞麓山下，其中还包括一些其他民族的成分。

　　至元二十一年（1284），阿喇帖木耳右旆"特授元帅府都元帅，领山东、江、冀、晋、关、陕番汉军一十五翼，镇守曲陀关"。[①] 阿喇帖木耳把一支后勤部队交给原镇守杞麓山的大将完颜卜花、完者卜花率领。两位将领把后勤部队编为上营、中营、下营驻扎在杞麓山脚。到元至正年（1341）间，驻守杞麓山的元军后勤军户，已逐步解甲归农，一面捕鱼捞虾，一面在杞麓湖沼泽滩上围田种稻，同当地各族人民共同开发杞麓湖，并将驻地三营也更名为上村、中村、下村。因三村蒙古族以捕鱼为主，外族人称之为"三渔村"。

　　明洪武十四年（1381），明将沐英、付友德率领 30 万大军攻打云南。经过激烈交战，元军溃败，云南梁王逃到晋宁自杀。曲陀关元帅府、木城山哨位及琉璃山古城等军事重镇被毁。至此元朝在云南的统治终结。许多元军将士在战乱中遇难，幸存的军民大部分改称为汉族。但以

---

　　① 《兴蒙蒙古族乡志》兴蒙蒙古族乡志编纂组编（内部资料），第 464 页。

兴蒙乡为主体的中村、下村蒙古族军民,避过了明军的屠刀,依然定居在杞麓山下。

明代以后,原驻守乡坤村(河西城)、上渔村、沙罗村、大村、官营、元山、辎鞑营等地的部分蒙古族幸存者,逐渐迁到杞麓山下,与原已在此的蒙古族共同生活。随着迁来的蒙古族逐渐增多,蒙古人的村寨依凤凰山脚往西逐步扩展,使下村古城逐步演变为白阁、下村两个自然村。随着杞湖水位退落,白阁村有17户农民迁往小海塘边围湖垦田,形成了一个小的村落,称为"十七户"。后来,到此落户垦田的人员激增,成为一个大的自然村,更名为桃家嘴。现该村已成为兴蒙乡人口最多的自然村。清代,下村杨姓宗族,为了便于农耕及下湖捕鱼,迁往村东的龙嘴山,并延东浦沟而居。因其背靠的山呈凹形,似一把交椅,故名交椅湾村。

清代以后,聚居于杞麓山下的蒙古族村寨已基本定形。元代以大本营下村古城为主的三营(村),除上(渔)村演变为汉族外,其余的村寨基本保留,并逐步发展为中村、白阁、下村、交椅湾、桃家嘴等五个自然村。

新中国建立后,在民族平等的民族政策光辉照耀下,兴蒙乡人被正式确认为蒙古族。1951年经云南省人民政府批准,将原下渔村更名为"新蒙蒙古族自治乡"。1958年实现人民公社化,新蒙蒙古族自治乡成为通海县西城公社的一个大队。1984年,人民公社体制改为区、乡、镇体制,新蒙大队复称"新蒙蒙古族乡",属通海县河西区。1988年1月7日,经云南省人民政府批准,建立"通海县兴蒙蒙古族乡",直属通海县。

三　经济形态的转换

元代实行军屯制度。《元史类编·世祖纪》载:"元初用兵,遇坚城大敌,必屯田守之,海内既一,於是内而各卫,外而行省,皆立屯田,以资军饷。云南虽非屯田之主所,而蛮夷腹心地,又置兵屯旅控扼之。"驻守在杞麓山脚下的蒙古军户,除放牧军马,渡送过往杞麓山水路码头的官员等后勤工作外,更多的时间是利用依山傍水的优势,以捕鱼捞虾来维持生活。他们在较短的时间里学会了划船掌舵,并向当地民族学习使用各种捕鱼工具,逐步创造了许多独具特色的渔具。如花笼、横笼、对嘴笼、丝笼、喂食笼、长篾笼、短篾笼、夹网、挂网、拦河网、搬罾、大小兜网、四角网、大罾、大刮地网、棺材网、推虾网、鱼罩、鱼叉等。还创造了各种适合当地水情、鱼情的捕鱼方法。

据《通海县民族志》记载,在湖水较深的年代,青年妇女在齐腰深的湖水里每天能捞回10多公斤虾,青年小伙子能在水田中抓回五六公斤鳝鱼。由于男女老少捕鱼出了名,他们居住的三个蒙古族村寨,被称为"三渔村",其居民身份也由北方牧民变为南国渔民。

明代中期开始,杞麓湖水不断下降,杞麓山东南部露出一片片长满秧草的沼泽滩,于是三渔村蒙古族又把主要精力放在开发杞麓湖边的滩地上。初垦时,他们按地势分片挖出便于木船通行、便于排灌的沟渠,然后顺沟渠边沿打木桩,再从陆地上运土垒田埂,从湖内捞淤泥垫田,把一片片稀泥烂滩开发成盛产水稻的良田。这时,以渔业为主的喀卓人的身份又由渔民变为以农业为主的农民。

兴蒙乡的气候条件特别适合烤烟的种植,加之紧邻玉溪烟厂,烤烟种植面积逐年扩大,2004 年达 1250 亩。近年来,乡政府鼓励农民种植甜瓜,截止 2000 年,甜瓜种植面积达 938亩,实现现价总产值 793 万元,成为继烤烟之后的兴蒙乡又一特色支柱产业。

四　居住衣食

喀卓人的房屋为土木砖石结构,造型与邻近汉族无异,多为三方一照壁,也有住三间两耳瓦房。建房讲究方向,屋宇宽敞明亮。解放前贫富之间的差别比较大,富人多住三方一照壁或四合大院,有的还住小洋楼,而贫苦农民住的多是三间两耳或狭窄的土基房。改革开放以后,喀卓人普遍盖起了三、四层的小楼。

饮食以粳米为主食,一日三餐,通常早晚饭在家里吃。中午,如果在田间劳动,便由家人送饭或自带冷饭在田间吃。肉食有猪、牛、鸡、鸭及鱼类,多为自养。日常蔬菜类有青菜、白菜、花菜、韭菜、京白菜、萝卜、大葱、茨菇及瓜豆类,均是自种。此外,咸菜也是喀卓人的家常菜食,主要有腌菜、卤豆腐、韭菜花、萝卜鲊、腌萝卜等。

烤鸭和太极鳝鱼是喀卓人的特色饮食。烧鸭的具体做法是用两月龄的"刀鸭",宰后拔毛去内脏、洗净,皮抹蜂蜜,挂在土炉子内用松毛做燃料烘烧,熟后肉嫩、骨脆,具有浓烈的香味。太极黄鳝是自清代以来兴蒙乡的一道名菜。其做法为:活鳝鱼洗净,配以花椒、辣椒、大蒜等佐料,用菜油在锅内"黄焖",焖熟后,自然围成"太极圈"(由此而得名)。食用时除去内脏、骨骼,肉嫩味香,十分可口,是接待贵客的佳肴。

喀卓人妇女的服饰颇具特色。最有特色的要数上衣和头饰。一套上装由三件组成,第一件为贴身内衣,通常用白色或浅色薄料做成,领高,袖长至手腕,衣长及股,衣领和肘关节以下袖边均镶绣着精美的各色花边。第二件通常用色泽鲜艳的较厚的衣料做成。左大襟,无领,袖长与第一件同,袖口内面肘关节以下镶有各色花边,穿时袖口反卷至肘,花边自然外露与第一件的花边连接,衣长稍短于第一件。第三件为无领无袖的对襟小褂,左对襟装饰有约 30 颗银制圆形小纽扣,仅领口第一颗用来扣住小褂,其他均为装饰用;右对襟装饰有 6—9 枚银制圆形镂花饰物。裤子除腰间所扎的布制腰带外,与汉族区别不大。腰带两端绣有彩色图案,并留有五色丝线线穗,从身后衣下露出,坠于臀部。这样一套衣服长短相间,色彩对比强烈,互为衬托,五彩缤纷,加上独具特色的发式和头饰,把妇女们装点得绚丽多姿。

喀卓人的女性头饰因年龄不同而异:少女时期,戴顶黑色"凤冠帽",将头发梳成两根辫子盘绕在帽外。两辫从后脑分别绕到额头正上方,交叉后又返至后脑,将辫尾用红线扎在帽尾上,帽尾再系两朵丝线红缨垂挂在脑后,称为"新苤"。结婚的少妇不戴凤冠帽,用块约长 1.6米的黑布,折成 5 厘米宽的包头帽围额头,称为"聪兀丝"。发辫绕在"聪兀丝"外,脑后的辫尾垂挂两朵丝线红缨——"新苤"。婚后有了孩子,头发全盘绕于头顶,用黑色头巾包严头发,不再戴"新苤"。

五　宗教信仰

喀卓人离开北方700多年,深受云南汉族和其他民族的影响,宗教信仰复杂多样。他们定居杞麓山初期,仍信奉原始宗教,崇拜天、地、日、月、星、辰,尤其信奉天地神。至元后期,在山顶筑了天子庙,定期祭拜天地。至正年间,儒教传入兴蒙乡。在先祖阿喇帖木耳、旃檀的倡导下,下村古城建盖了孔圣殿。殿内正堂中央画着孔夫子真身的壁画,前殿设有简易学馆,殿外立着供人们祭拜烧纸币的雄伟石币库。明代,道、佛两教传入兴蒙乡,下村首先在原孔圣殿遗址上新建了道、佛、儒三教合一的三圣殿。随后,各村又先后建起了土地殿、鲁班庙、关圣宫、观音寺、龙王庙、山神庙、魁星阁、北海寺等庙宇。各姓宗族也纷纷建宗立祠,各户各家设立家堂,供奉"天地国亲师神位"、本家"司命灶君神位"等。

凡是各村寺庙内所塑的神像,每年村民们一般都要定时轮流为其办会纪念,而且几乎全是民间自发的活动。随着社会的发展与变迁,这些节日庙会如今已不再只是单纯意义上为祈求护佑的祭祖拜神仪式,而是形式多样、内涵丰富且充满节庆气氛的社区文化活动。这些活动有的一年举办一次,有的一年两次,有的则每月都办,有的甚至每月的初一和十五也举办。这些活动除"文化大革命"期间有所间断外,年复一年,经久未衰,延续至今,其主办者和参加者基本上都是女性。妇女,尤其是中老年妇女,视节日庙会为自己生活中的重要内容,对参加和主持操办这类活动表现出极大的热情。

六　节日风俗

(一) 节日

最能反映喀卓人地方特色的节日是鲁班节。鲁班节又称"鲁班会",于每年农历四月初二举行,为期2至3天。传说鲁班是木匠、石匠、泥瓦匠的祖师。喀卓人的建筑工艺特别好,被当地誉为"建筑之乡"。其所建房屋不仅造型别致,而且经久耐用。传说,兴蒙人的建筑工艺是从鲁班师傅那里学来的。当地流传的《鲁班和旃班》故事中说,旃班是鲁班的蒙古族弟子,四月初二是鲁班向旃班赠送《木经》的日子,也是旃班每年收徒弟的日子,所以在这一天过"鲁班节"。每逢这一天,外出干活的泥、木、石、瓦等工匠,无论路途远近都要按时赶回来欢度节日,不赶回来过鲁班节的工匠,会被人看不起,认为是个不尊师、不爱贤、不懂古规礼仪的人。节日一共三天,以第二天最热闹,各村寨要杀猪宰羊,搭台唱戏,要把供在中村大佛殿里的檀香木雕成的鲁班像,迎到各村游行一周。抬雕像的人身上裹满亲戚朋友送来的彩带,一路上锣鼓喧天,鞭炮齐鸣,与此同时,还要耍龙灯、跳蚌壳、划彩船等。因为传说鲁班收徒不要报酬,所以,鲁班节时敬鲁班不用白酒,而用一碗清水。

农历六月二十日是纪念蒙古族落籍云南的忆祖节。届时,喀卓人身穿节日盛装,纷纷汇集到塑有成吉思汗、蒙哥、忽必烈像的"三圣宫"举行纪念活动。近几年,为了弘扬民族精神,增强民族团结,忆祖节时乡政府都要邀请周围其他民族以及县上各级政府部门参加,因为人员众多,故而一天要搞两次活动,早上九点到十点为第一次,主要由村中年长者主持,首先向三位祖先神像三鞠躬,敬献哈达及三杯哈达酒,之后由一主持人歌颂成吉思汗的功德,所有到会人员全部向神像三鞠躬,然后集体会餐。下午三点继续纪念活动,由县、乡领导主持,向群众讲说兴蒙蒙古族从北方草原落籍云南杞麓湖畔的艰苦历程及先人勤劳勇敢、不畏强暴、团结战斗、不忘祖先的传统美德,勉励后人继续发扬自尊、自爱、自立、自强的民族气节,强调自力更生、民族团结的重要性。忆祖节是蒙古族的共同节日,但南北蒙古族在方式上有一定的差别,如在向成吉思汗献牲时,北方蒙古族献羊,而云南蒙古族献黄牛。

（二）婚嫁丧葬

新中国建立前,喀卓人习惯上实行男性可娶外族女子、本族妇女不外嫁的"半封闭"婚姻制。同宗家族不通婚。多为一夫一妻。过去人丁不旺或女性不孕的家庭,可续娶二房、三房。婚姻由父母包办,一般情况下儿女长至三至五岁,便由父母代之订婚,也有指腹为婚的情况。订婚原则为男女双方年龄相差不大,或两人同岁,或男大女一至五岁或女大男一至二岁,绝不能女大男三岁。认为"女大三克夫守空房",与汉族"女大三抱金砖"相反。

订婚要请媒人联姻,请八字先生合婚。婚事确定后,男方托媒人将糖、烟、酒、聘金送至女方家。双方父母将亲朋好友请到各自家中,吃糖、喝酒、通报联姻情况。结婚当日,新郎家请来花轿,由伴郎及几个小伙伴陪同到女方家娶亲。伴郎挑着少量青菜、盐巴与小伙伴们随轿同行。女方家中,在正堂楼上备着两桌酒席恭候新郎。(新郎独食一桌,伴郎及同去的小伙伴在另桌相陪。)饭后新娘离家时,由小伙伴帮她将少女发型改为少妇发型。新娘的弟弟"扶轿"送行。

花轿到达新郎家,先烧喜神纸,然后由新郎的嫂嫂、婶婶扶入洞房。新娘进入洞房时,新郎要抢先一步进入,站在新房门后香柜上,提脚从新娘头上掠过。

第二天回门,两位新人先祭拜天地、祖先、双亲。上午返回新郎家再拜本家祖先、双亲。第三天,由双方小伙伴陪同,挑着祭品,上坟祭奠。晚上由新郎挑水,新娘烧火,为操办婚事的长辈、伙伴烧水洗脚。小伙伴们边洗边闹,直至深夜。

喀卓人的葬俗与附近的汉族基本相同,但也有一些不同。例如,当死者弥留之际,妇女们就要围在其周围吟唱"引路拜",即"安慰词",唱词大意是安慰病人,祈求神灵再给予延寿。死者入棺时,要唱"入棺经"。在送葬出殡的头天晚上和出殡之前,要吟唱"散花词"。"散花词"有 12 段,每段一个月,借一种花或相应的物候,寄托对死者思念的挚诚之情。

（三）禁忌

喀卓人的禁忌主要表现在生育和民族观上。新婚洞房,忌孕妇进入。认为"四眼人"进新房,新媳妇将来难生贵子。产妇未满月,忌生人入门。认为生人闯入家门,婴儿将受"惊"至病,夜哭难领,而且会"踩断"产妇的奶水,无奶喂养婴儿。"坐月子"期间,产妇不能到别人家中,也不能触及本家灶头和家堂，认为产妇身上不净，会冒犯清静的神灵。男子忌从妇女晒晾的裤子下通过，妇女忌从男人用的扁担上跨过。

喀卓人禁食马肉，不能骑着马在乡内街道上行走，认为马是兴蒙乡人走南闯北的好"伙伴"。称呼上忌称兴蒙乡人为"老渔夫"。因为历代统治阶级称兴蒙乡人为"臭渔夫"。忌喊"嘎衣瓦"，因它是对兴蒙乡人的贬称。若外乡人有意无意在兴蒙乡群众中称呼"老渔夫"、"嘎衣瓦"，他们将会"翻脸"不认人。

七 文学艺术

兴蒙乡喀卓人虽然没有文字，但民间文学却比较丰富，传说故事也比较多。其中，《阿扎拉》的传说流传最广。阿扎拉在喀卓语中是"勤劳"或"劳动"的意思。传说中的"阿扎拉"，是一个以普通劳动者形象出现的女英雄，她专门为穷人做好事，具有非凡的神力。喀卓人崇拜"阿扎拉"，曾经为她修建了一座神庙，叫"阿扎拉卡卓玛日"（阿扎拉蒙古女神庙）。她的塑像身着蒙古族妇女的服装，赤着脚，右手拿着小葫芦，葫芦口伸出一个小龙头，背上还背一个小箩筐。据说过去蒙古族遇天旱，就要到阿扎拉庙前求雨，其他民族去求雨也都要去请蒙古族人帮助。《阿扎拉》的故事涉及了喀卓人社会历史方方面面的内容。如有本民族的历史由来，南迁落籍的《神奇的牛鞭》；有反映本民族习俗和生产方式的《降伏恶龙》；有反映阶级压迫、民族歧视以及反抗斗争的《皇帝求雨》等。另外，歌颂祖先业绩的民间故事有《日夺三关夜战八寨》、《马刨井》、《曲陀关都元帅》等。

喀卓人能歌善舞。"谷子黄，蒙乡狂"，正是对这一特点的形象写照。在兴蒙乡，每当农闲或节日的夜晚，常常听到击掌跳歌的动人音响。民歌形式多样，内容广泛。主要有劳动歌、跳乐歌、敬酒歌、情歌、年歌、儿歌、祭祀歌等。这些民歌唱出了兴蒙乡人对劳动的热爱，对丰收的渴望，对农业生产的总结，对生活幸福的追求。

八 文化教育

喀卓人有重视文化教育的传统。据《都元帅府修文庙碑记》记载：元时入滇的蒙古族都元帅阿喇帖木耳，曾在距河西镇约15公里的曲陀关修建学校和文庙，开河邑人文之始。至正年间，又在下村古城（今兴蒙下地）等地设学。明代以后，兴蒙乡人民因生活所迫，忙于盘田、捕鱼、打工来养家糊口，无力供子弟读书，广大群众失去了上学的机会，连学习汉语的机会也极少。虽然清代在乡内设过义学、办过私塾，民国30年以后设立了小学。但能入学读书的人寥寥无几。至1950年，全乡具有初小以上的非文盲人数不足10%，读过初中的不到20人，更无高中生、大学生。广大妇女，跨过小学校门的仅有三人，而其中两人读到初小三年级便失学了。

新中国建立后，特别是改革开放以后，喀卓人要求学习科学文化的宿愿终于实现，其教育事业发展很快。乡上拨出了25亩土地，建了钢筋混凝土的教学大楼和教师宿舍。九年义务教育得到普及，教学质量不断提高。每年都能给国家输送许多合格的学生。从解放以后到2007

年,兴蒙乡的大学生有 140 多个。其中有一些学生考上了云南大学、上海交通大学、中央民族大学、清华大学、同济医科大学等重点大学。这些学生毕业后有的成了专家,有的还成了省部级干部。

表 1-1   2006 年兴蒙乡学校统计表

项目	单位	数量	项目	单位	数量
一、班数	班	17	五、本年毕业	班	3
其中:小学	班	14	六、教职工人数	人	39
幼儿	班	3	固定职工	人	33
二、学生人数	人	664	其他(幼儿临时)	人	6
其中:小学	人	522	七、毕业人数	人	97
幼儿	人	142	八、不同文化程度教师人数	人	33
其中:男生	人	361	1. 大学	人	13
女生	人	303	2. 中专	人	12
三、学龄儿童	人	598	3. 高中	人	6
入学儿童	人	596	4. 初中	人	2
入学率	%	99.7	5. 小学	人	
巩固率	%	100	九、校园占地面积	平方米	17976
升学率	%	100	十、现有教室	间	29
四、本年招生	班	3	十一、现有的职工宿舍	套	35
其中:小学	班	2			
幼儿	班	1			

第三节   喀卓语研究概况

喀卓人在历史上经历了母语转用的过程,其母语由阿尔泰语系的蒙古语转用为汉藏语系语言。这对语言的历史比较、语言接触、语言转用、语言底层等方面的研究都具有重要的价值。30 多年来,对喀卓语的研究持续升温。研究的内容主要集中在以下三个方面:对喀卓语基本特点的分析描写;喀卓语的系属与来源;喀卓语的语言使用。[①]

1976 年内蒙古师范学院哈斯额尔敦等发表《云南蒙古族语言初探》一文,认为云南蒙古族的本民族语言大多数已不存在,但并没有完全消失,他们在语音系统方面的大多数短元音和辅

---

① "喀卓人"、"兴蒙乡"过去曾有不同的称法。本节的引文为尊重历史,在族名和地区名上,仍使用原文的称法,不加改动。

音与北方蒙古语基本相同,语法结构也与北方蒙古族相同,词汇中仍保留有一部分北方蒙古语成分。①

1987 年,戴庆厦、刘菊黄、傅爱兰发表了《云南嘎卓语研究》一文,以兴蒙乡白阁村的语音为代表对嘎卓语的语音系统、语法结构、嘎卓语和彝语支语言的关系作了较全面的描写、比较研究。认为:云南嘎卓语尽管有自己的一些特点,但它的基础却还是彝语支语言,特别是同彝语更为相近。这种相近,不仅反映在二者具有相当数量的同源词(比彝语不同方言间的同源词还多)以及基本语法特点的相同上,而且在语音上还有比较严整的对应关系。这种相近性,只能看成是共同的渊源关系,而不能解释为影响、混合的结果。论文认为,由于存在语言上的这些不同特点,加上云南蒙古族在族别上异于彝族,因而应当把云南蒙古族的嘎卓语看成是一种独立的语言,这种语言隶属于汉藏语系藏缅语族彝语支,与彝语、傈僳语、哈尼语、拉祜语、纳西语、怒语、基诺语并列。②

戴庆厦、刘菊黄、傅爱兰等的《新蒙乡双语调查报告》③一文,侧重研究兴蒙蒙古族双语使用情况。文章概括了兴蒙乡双语使用情况的两个主要特点:一是双语使用的普遍性。兴蒙乡双语使用不分年龄、性别,不问职业、文化程度,尽人皆会;不管在学校、乡政府,还是在集市上、在家庭里,处处使用。二是云南蒙古语与汉语相互之间的渗透性。兴蒙乡蒙古族在使用蒙古语或者汉语时,并不是泾渭分明,截然分开的,而常常是交替使用,互相渗透。如在唱歌、作诗、"跳乐"所唱的情歌中,有时一段用汉语,一段用云南蒙古语,两种语言交替使用;有些句子单用云南蒙古语难以完全表达清楚,就借用汉语,像较长的复句,关联词一般都是借用汉语的。④

和即仁《云南蒙古族语言及其系属问题》以及《关于云南蒙古族卡卓语的形成》认为:"卡卓"(通海蒙古族自称)语是一种层次复杂的语言,其语音上同白族语接近,基本词汇和基本语法结构又与彝语有不少相同之处,这是由于蒙古军队公元 13 世纪进入云南后,先与当地白族杂居、通婚,后由于当地白族逐渐汉化又再与彝族杂居、通婚,加速了云南境内蒙古族的汉化过程,形成了通海蒙古族语言的复杂性特点。⑤

方龄贵《阿盖公主诗中夷语非蒙古语说》⑥认为,元时蒙古梁王之女阿盖公主哀悼其夫所作《吐噜歌》中一些词语如"吐噜"(原解释为"可惜")、"押不芦花"(起死回生草)、"铁立"(松林)、"踏里彩"(锦被)等,后世多将其当作"夷"语或蒙古语,是为误说。实际上蒙古语"可惜"不读"吐噜","押不芦"为"起死回生草"之义,但为阿拉伯、波斯语,不是蒙古语,实即曼陀罗果。传世所谓阿盖公主诗中几个"夷语",可以说无一是蒙古语。方龄贵《"不怕那甚么"进一步

---

① 内蒙古师院中文系编印《云南蒙古族专辑》,1976 年 9 月。
② 《语言研究》1987 年第 1 期。
③ 兴蒙旧称"新蒙"。
④ 《西南民族学院学报》1988 年第 2 期。
⑤ 《民族语文》1989 年第 5 期;1998 年第 4 期。
⑥ 《思想战线》1980 年第 4 期。

解》①，根据现存的元代白话碑等，对流行于元代的"白话"作了更深入的研究，可补前缺。

李葆嘉、张璇《中国混合语的研究现状与理论探索》②认为：现在云南省通海县兴蒙乡一带，早在南诏、大理国时期，就已经是白族和彝族的势力范围。1253 年蒙古军队进入云南消灭大理国后，元代的河西成为蒙古军队的屯驻要地。在白族居民占多数的环境中，蒙古士卒与当地白族妇女通婚，白语成为蒙古儿童的母语，蒙古士卒也换用了白语，本族语趋于消亡。明初派迁大批汉族人到河西屯田，当地的白族居民逐渐融合到汉族中去了。只有居住在通海的部分操白语的蒙古族居民，没有与汉族同化。但他们在与当地彝族居民的长期接触中，特别是与彝族通婚中，所使用的白语又受到彝语的强烈影响，因此卡卓语是一种亦白亦彝的混合语。

木仕华《卡卓语研究》对卡卓语与蒙古语族诸语言、彝语支诸语言从语音对应、同源词的数目、语法范畴和具体的语法形式和语法意义进行了系统比较，认为：卡卓语与缅彝语言具有同源关系，卡卓语的来源当是缅彝语言发展而形成的一种新独立的语言。而与北方蒙古语没有发生学意义上的亲属关系。从语音和词汇、语法诸方面的比较亦证明卡卓语与白语的关系只是语言接触影响的关系，而不是"语言底层"的残存现象。可以将卡卓语视为彝语支语言中的一独立语言，因为它与哈尼语、拉祜语、纳西语、彝语、基诺语、怒语在语音和词汇、语法诸方面都有严格的对应关系，还有数量可观的同源词、相似或相同的语法现象。但具体到内部细分，卡卓语与彝语，尤其是与彝语中部方言、南部方言的关系更为密切。在语法和词汇方面，卡卓语受汉语的影响较深刻，但在许多关键的语法现象上，卡卓语依旧保留了彝语支语言的特点。在彝语支语言中具有自己的特征。故卡卓语在彝语支语言中应占有它独立的地位。③

关于喀卓语的源流及系属关系，目前的认识还不一致，但有可能通过讨论得到统一。我们将在另书中全面阐述我们的观点。

第四节　调查设计

本节主要介绍全书的调查方法、语言能力等级的划分、年龄段的划定以及调查阶段的安排等问题。

一　关于调查方法

本书主要采用个案穷尽式调查法。为此，课题组先按照各村民小组提供的"人口统计表"，将全乡每户家庭的"姓名、出生年月、民族、文化程度"等项目逐一输入电脑，然后请各村领导和村民们提供每个家庭各个成员第一语言和第二语言使用情况，然后入户进行核实。为了全面

① 《云南师范大学学报》1999 年第 1 期。
② 《语言研究》1999 年第 1 期。
③ 民族出版社 2003 年 4 月出版。

掌握喀卓人的语言观念以及家庭内部和不同场合、面对不同对象所使用语言的真实情况,我们还发放了大量的调查问卷。为掌握青少年语言的使用情况,我们多次前往兴蒙乡各村,使用"喀卓语400词测试表"、"喀卓语100词测试表"对青少年语言使用情况进行调查,对母语能力进行测试。此外,我们还分头到学校、机关、集市等单位进行调查,并走访了村民、村干部、公务员、教师、学生等各方面有代表性的人物。

本书主要以语言学的研究方法为主,此外还综合运用民族学、人类学、文化学、统计学的知识和方法,对个案进行综合分析。试图通过不同学科的知识和方法的有机结合,对调查对象进行全面的统计与分析,在综合分析的基础上,力求得出科学的结论。

二 关于语言能力等级的划分

喀卓人有语言无文字,所以本书对语言能力的等级区分仅从"听"、"说"两方面进行。在体现科学性的同时,充分顾及到分类的可操作性,本书将喀卓语的语言能力分为三个等级:"熟练"、"略懂"和"不会"。三个等级的划定标准为:

(1)"熟练":"听"、"说"能力俱佳;日常生活中能够自如地运用喀卓语进行交际。

(2)"略懂":"听"、"说"能力均为一般或较差,或"听"的能力较强,"说"的能力较差;日常生活中以使用当地汉语方言为主,仅具有喀卓语的部分交际能力。

(3)"不会":喀卓语的"听"、"说"能力均较为低下或完全不懂;日常生活中只使用汉语当地方言。

三 关于年龄段的划分

依据语言习得特点和喀卓人的实际情况,本书将年龄段划分为三段:青少年段(6—19岁);成年段(20—59岁);老年段(60岁以上)。由于6岁以下儿童(0—5岁)的语言能力不甚稳定,所以本书将统计对象的年龄划定在6岁(含6岁)之上。成年段母语人年龄相差40岁,实际上涵盖了青年、中年两大年龄段。虽然这两个年龄段跨度较大,但属于该年龄段的母语人语言能力已成熟、稳固,"代际性差异"不甚明显,因而无须做进一步的细化切分。

四 关于调查阶段的划分

此次调查大致可分为六个阶段:

1. 材料准备阶段(2007.5.18—7.6)。搜集课题相关的资料,制订相应调查计划,设计调查问卷和调查表。

2. 入户调查阶段(2007.7.7—7.16)。通过深入兴蒙乡访谈记录,积累大量的第一手原始材料。

3. 写作提纲拟订阶段(2007.7.17—7.30)。对收集到的材料加以分类,并在分析的基础上拟订出写作提纲。

4. 正文写作阶段（2007.7.31—8.12）。在分析材料的基础上，依照写作提纲，完成初稿，提炼出具有指导意义的观点。

5. 修改补充阶段（2007.8.13—9.2）。对缺少的材料进行补充；对全文的架构进行"微调"；对文字加以润色。

6. 统稿成书阶段。（2007.9.3—9.20）。统一体例；对注释、图表、标点符号等加以规范；设计封面。

第二章 喀卓人使用喀卓语的现状及其成因

本章主要使用调查组实地调查的材料,分析喀卓人使用喀卓语的现状,确定喀卓语在喀卓人语言生活中的活力,并分析形成这种使用现状的各种制约因素。

第一节 喀卓人全民稳定使用喀卓语

我们在调查中分别从不同村民小组、不同年龄段、不同场合等方面,对喀卓语使用情况进行全方位、多角度、立体式的考察。得出的结论是:云南喀卓人全民稳定使用喀卓语,喀卓语是喀卓人日常生活中最重要的交际工具之一。详述如下:

一 各村民小组的喀卓语使用情况

兴蒙乡共辖五个自然村:中村、白阁、下村、交椅湾、桃家嘴。其中,除下村分为两个村民小组外,其他各村各是一个村民小组。因此,兴蒙乡共有六个村民小组。我们对这六个村民小组的喀卓语使用情况进行了穷尽性的调查。调查对象是 6 岁以上(含 6 岁)、有正常语言能力(智障、聋哑人除外)的村民。[1] 调查结果统计如下表:

表 2-1

村民小组	调查对象总人口/人	熟 练		略 懂		不 会	
		人口/人	百分比/%	人口/人	百分比/%	人口/人	百分比/%
兴蒙一组(中村)	1149	1147	99.8	1	0.1	1	0.1
兴蒙二组(白阁)	1016	1016	100	0	0	0	0
兴蒙三组(下村)	758	757	99.9	1	0.1	0	0
兴蒙四组(下村)	409	408	99.8	0	0	1	0.2

---

[1] 由于 6 岁以下儿童(0—5 岁)的语言能力不甚稳定,所以本书将统计对象的年龄划定在 6 岁之上(含 6 岁)。

（续表）

村民小组	调查对象总人口/人	熟 练		略 懂		不 会	
		人口/人	百分比/%	人口/人	百分比/%	人口/人	百分比/%
兴蒙五组（交椅湾）	387	387	100	0	0	0	0
兴蒙六组（桃家嘴）	1266	1266	100	0	0	0	0
合计	4985	4981	99.9	2	0.05	2	0.05

表 2-1 的统计数据显示，兴蒙乡六个村民小组喀卓语的使用情况非常一致。有三个村民小组（白阁、交椅湾、桃家嘴）喀卓人的喀卓语熟练使用率是 100%，其他三个村民小组的熟练率也达到或超过 99.8%。足见喀卓人稳定使用喀卓语的全民性。

下面对这六个村民小组中略懂与不会喀卓语的情况具体加以说明。

（1）兴蒙乡六个村民小组中略懂喀卓语的只有两位，一位是兴蒙一组 9 岁女孩赵雪玲。虽然赵雪玲的父母都是喀卓人，但是从女儿赵雪玲一出生起，在家庭内部跟女儿只说汉语。这是因为夫妇二人认为只有学好汉语，女儿将来才能有好的学习成绩，才能顺利升学，获得更高的教育。因此，赵雪玲在家庭内部学会的只有汉语。她只会说简单的喀卓语，是在出去和小伙伴一起玩时学的。

另一位是兴蒙三组赵丽萍 11 岁的儿子刘志东。赵丽萍是喀卓人，但她的丈夫刘永涛是汉族人。他们夫妇俩平时主要是使用汉语进行日常交流。生活中，赵丽萍偶尔也说喀卓语，她的丈夫刘永涛和儿子刘志东能大概听懂一些，但是父子俩都不会说喀卓语，只是用汉语回答赵丽萍。刘志东在这样的以汉语为主的家庭语言环境中长大，只是略懂喀卓语。

（2）兴蒙乡六个村民小组中不会喀卓语的只有两位，一位是兴蒙一组陈丽仙 8 岁的女儿王婷。陈丽仙是嫁入兴蒙乡的汉族媳妇，她常年在外地做生意，很少回兴蒙乡，不会说喀卓语。王婷从出生就一直随母亲在外地生活，和母亲的交流都是用汉语，没有说喀卓语的语言环境，所以不懂喀卓语。陈丽仙还有一个 15 岁的儿子王祥，情况与王婷不同。他没有与在外做生意的母亲生活在一起，而是跟随爷爷王立才一直住在兴蒙乡。在兴蒙乡的喀卓语语言环境中，他的喀卓语说得非常流利，能熟练地使用喀卓语与他人进行交流。另一位是兴蒙四组期德富 10 岁的儿子期李斌。期德富已经过世，期李斌从小就随汉族母亲李文香生活在外地（临沧），很少回兴蒙乡来，没有喀卓语的语言环境，所以他不懂喀卓语。

我们对兴蒙乡的这六个村民小组都进行了喀卓语使用情况的逐户调查。但由于全书篇幅的限制，下面仅列举兴蒙五组每户、每人的喀卓语使用情况。

（表中符号说明："√"表示"喀卓语是第一语言"，"O"则表示"喀卓语不是其第一语言"。姓名上带 * 的为没有正常语言能力者。）

表 2-2

序号	家庭关系	姓 名	出生年月①	民族	文化程度	喀卓语是否为其第一语言	喀卓语水平
1	户主	杨水昌	37/02	蒙古	文盲	√	熟练
	配偶	官清秀	36/11	蒙古	文盲	√	熟练
2	户主	杨建福	73/03	蒙古	小学	√	熟练
	配偶	赵倩英	78/05	蒙古	小学	√	熟练
	长子	杨龙	99/01	蒙古	小学	O	熟练
	次子	杨彪	04/02	蒙古		O	略懂
3	户主	杨建仁	66/02	蒙古	初中	√	熟练
	配偶	赵文仙	67/01	蒙古	小学	√	熟练
	长女	赵美丽	88/05	蒙古	高中	√	熟练
	次女	赵美芳	91/06	蒙古	初中	O	熟练
	三女	赵美杰	95/03	蒙古	初中	O	熟练
4	户主	杨必超	35/09	蒙古	小学	√	熟练
	配偶	官应芬	34/05	蒙古	文盲	√	熟练
5	户主	杨文荣	72/01	蒙古	初中	√	熟练
	配偶	官丽芬	76/03	蒙古	初中	√	熟练
	长女	杨露	94/10	蒙古	初中	O	熟练
	次女	杨宇	00/07	蒙古	小学	O	熟练
6	户主	王廷润	35/09	蒙古	初中	√	熟练
	配偶	赵丕会	34/06	蒙古	文盲	√	熟练
7	户主	王文才	76/12	蒙古	小学	√	熟练
	配偶	赵秀英	76/12	蒙古	初中	√	熟练
	长子	王鹏	96/11	蒙古	小学	O	熟练
	长女	王丝雨	02/02	蒙古		O	略懂
8	户主	王汝芬	43/08	蒙古	文盲	√	熟练
9	户主	杨忠建	65/12	蒙古	初中	√	熟练
	配偶	杨富芬	64/11	蒙古	小学	√	熟练
	长女	杨柳	88/11	蒙古	初中	O	熟练
	长子	杨鹏	91/06	蒙古	初中	O	熟练
10	户主	杨忠武	68/08	蒙古	初中	√	熟练
	配偶	期学英	72/08	蒙古	初中	√	熟练
	长女	杨娜	93/08	蒙古	初中	O	熟练
	长子	杨敏	96/04	蒙古	小学	O	熟练
11	户主	杨正顺	57/03	蒙古	初中	√	熟练
	配偶	赵世芬	63/04	蒙古	高中	√	熟练
	长子	杨应金	82/04	蒙古	初中	O	熟练
	长女	杨艳丽	86/02	蒙古	初中	O	熟练
	长媳	赵海艳	82/06	蒙古	初中	√	熟练
	长孙女	杨景	04/10	蒙古		O	略懂

① 由于6岁以下儿童(0—5)的语言能力不甚稳定,所以本书在统计数据时,把调查对象的年龄划定在6岁(含6岁)之上。但为了保持各村民小组信息的完整性,在逐一列出各村民小组每户家庭的语言使用情况时,也包括了0—5岁的儿童的基本信息。

12	户主	杨忠文	69/09	蒙古	初中	√	熟练
	配偶	赵树芬	70/11	蒙古	小学	√	熟练
	母亲	杨赵氏	31/07	蒙古	文盲	√	熟练
	长子	杨云秋	92/09	蒙古	小学	O	熟练
	长女	杨云琴	95/02	蒙古	小学	O	熟练
13	户主	杨忠华	51/07	蒙古	小学	√	熟练
	配偶	代进芬	52/09	蒙古	初中	√	熟练
14	户主	赵如芬	42/09	蒙古	文盲	√	熟练
15	户主	赵顺明	70/01	蒙古	初中	√	熟练
	配偶	曹丽	76/04	汉	初中	O	略懂
	长女	赵丝润	94/12	蒙古	小学	O	熟练
	次女	赵丝祺	99/05	蒙古	小学	O	熟练
16	户主	赵顺文	65/09	蒙古	初中	√	熟练
	配偶	王徐芬	62/11	蒙古	初中	√	熟练
	长女	赵珍	86/02	蒙古	高中	√	熟练
	次女	赵翠	88/06	蒙古	高中	√	熟练
17	户主	奎立英	48/08	蒙古	小学	√	熟练
	配偶	赵顺云	49/10	蒙古	小学	√	熟练
	母亲	赵普氏	23/10	蒙古	文盲	√	熟练
18	户主	赵武	72/07	蒙古	初中	√	熟练
	配偶	罕美霞	73/11	傣	初中	O	略懂
	长子	赵磊	94/08	蒙古	初中	O	熟练
	长女	赵娜	01/07	蒙古	小学	O	熟练
19	户主	赵文	75/05	蒙古	初中	√	熟练
	配偶	普自萍	75/11	苗	初中	O	熟练
	长女	赵白雪	95/11	蒙古	小学	O	熟练
	长子	赵旭松	01/05	蒙古	小学	O	熟练
20	户主	王廷勇	53/04	蒙古	高中	√	熟练
	配偶	杨自艳	54/05	蒙古	小学	√	熟练
	长子	王文峰	77/11	蒙古	初中	√	熟练
	长媳	杨兰萍	78/09	蒙古	小学	√	熟练
	长孙	王红超	99/07	蒙古	小学	O	熟练
	次孙	王山元	06/10	蒙古			
21	户主	杨自宝	56/09	蒙古	初中	√	熟练
	配偶	期应芬	58/06	蒙古	小学	√	熟练
	长女	杨梅艳	81/10	蒙古	初中	O	熟练
	长婿	赵志权	82/06	蒙古	初中	√	熟练
	长孙	赵红涛	06/02	蒙古			
22	户主	王廷彪	44/08	蒙古	初中	√	熟练
	配偶	赵有仙	45/05	蒙古	小学	√	熟练
	次子	王文春	75/02	蒙古	初中	√	熟练
	次媳	杨兆英	76/09	蒙古	小学	√	熟练
	长孙	王海宾	96/12	蒙古	小学	O	熟练
	长孙女	王晓兰	02/11	蒙古		O	略懂

23	户主	王文利	68/09	蒙古	初中	√	熟练
	配偶	王学丽	69/01	蒙古	初中	√	熟练
	长子	王海龙	91/01	蒙古	初中	O	熟练
	长女	王海珍	95/07	蒙古	小学	O	熟练
24	户主	王廷善	33/01	蒙古	文盲	√	熟练
	配偶	王赵氏	30/03	蒙古	文盲	√	熟练
25	户主	王红卫	67/08	蒙古	小学	√	熟练
	配偶	杨忠英	70/11	蒙古	初中	√	熟练
	长子	王磊	92/10	蒙古	小学	O	熟练
	次子	王通海 *	00/07	蒙古			
	三子	王通源	00/07	蒙古	小学	O	熟练
26	户主	王文义	71/12	蒙古	小学	√	熟练
	配偶	普应芬	71/11	蒙古	小学	√	熟练
	长女	王亚雪 *	94/10	蒙古			
	长子	王青海	01/08	蒙古		O	熟练
27	户主	王文忠	67/07	蒙古	文盲	√	熟练
	配偶	王洪倩	70/08	蒙古	小学	√	熟练
	长子	王海涛	90/02	蒙古	小学	O	熟练
	次子	王海肖	94/09	蒙古	小学	O	熟练
28	户主	王文全	64/12	蒙古	初中	√	熟练
	配偶	王文英	66/05	蒙古	小学	√	熟练
	长女	王芳	91/01	蒙古	小学	O	熟练
	长子	王海杰	94/07	蒙古	小学	O	熟练
29	户主	王文振	69/11	蒙古	小学	√	熟练
	配偶	普传芳	72/08	蒙古	小学	√	熟练
	长女	王海润	90/02	蒙古	小学	O	熟练
	次女	王海云	95/08	蒙古	小学	O	熟练
30	户主	王忠	72/10	蒙古	小学	√	熟练
	配偶	杨丽翠	72/01	蒙古	小学	√	熟练
	母亲	王奎氏	31/03	蒙古	文盲	√	熟练
	长子	王跃	96/09	蒙古	小学	O	熟练
	次子	王雨	01/09	蒙古	小学	O	熟练
31	户主	王团	62/01	蒙古	小学	√	熟练
	配偶	杨粉仙	62/10	蒙古	小学	√	熟练
	长子	王佳	88/01	蒙古	小学	√	熟练
	次子	王辉	91/02	蒙古	高中	O	熟练
32	户主	杨进芬	27/09	蒙古	文盲	√	熟练
33	户主	王锁妹	47/07	蒙古	小学	√	熟练
	三子	杨利秋	79/06	蒙古	初中	√	熟练
	三儿媳	赵春芳	87/04	蒙古	初中	√	熟练
34	户主	杨王文	71/12	蒙古	小学	√	熟练
	配偶	华幼芬	72/05	蒙古	小学	√	熟练
	长子	杨肖	96/01	蒙古	小学	O	熟练
	次子	杨福	02/07	蒙古		O	略懂

35	户主	杨爱仙	62/08	蒙古	初中	√	熟练
	父亲	杨传来	33/05	蒙古	文盲	√	熟练
	长女	杨佳英	86/11	蒙古	初中	√	熟练
	长子	杨佳海	88/05	蒙古	初中	√	熟练
36	户主	赵桂英	35/05	蒙古	文盲	√	熟练
	四子	杨二文	78/07	蒙古	小学	√	熟练
	四儿媳	赵辽润	82/07	蒙古	小学	√	熟练
	长孙女	杨冉	03/07	蒙古		O	略懂
37	户主	杨天龙	65/11	蒙古	小学	√	熟练
	配偶	赵艳梅	68/12	蒙古	小学	√	熟练
	长女	杨琼	97/09	蒙古	小学	O	熟练
38	户主	杨建喜	62/04	蒙古	小学	√	熟练
	配偶	赵自芬	63/09	蒙古	小学	√	熟练
	长子	杨晓明	87/09	蒙古	初中	√	熟练
	长女	杨晓梅	00/01	蒙古	初中	O	熟练
39	户主	杨建席	64/12	蒙古	初中	√	熟练
	配偶	华玲	64/09	蒙古	小学	√	熟练
	长女	杨芳丽	88/09	蒙古	初中	O	熟练
	次女	杨芳桂	91/10	蒙古	小学	O	熟练
40	户主	杨国福	71/05	蒙古	高中	√	熟练
	配偶	赵立珍	68/03	蒙古	小学	√	熟练
	母亲	冉丛英	38/04	汉	文盲	O	不会
	长女	杨海露	95/10	蒙古	小学	O	熟练
	次女	杨海雪	99/10	蒙古	小学	O	熟练
41	户主	华荣才	51/06	蒙古	小学	√	熟练
	配偶	王自芬	50/11	蒙古	文盲	√	熟练
	长子	华文	78/08	蒙古	初中	√	熟练
	长媳	王绕琼	81/10	蒙古	初中	√	熟练
	长孙女	华光清	02/11	蒙古		O	略懂
42	户主	华荣团	54/05	蒙古	小学	√	熟练
	配偶	期进英	55/05	蒙古	小学	√	熟练
	长子	华田利	79/11	蒙古	小学	O	熟练
	次子	华田流	81/09	蒙古	初中	O	熟练
	次媳	王艳萍	84/02	汉	初中	O	略懂
	长孙女	华宏磊	05/11	蒙古		O	不会
43	户主	华荣富	40/10	蒙古	小学	√	熟练
	配偶	杨秀英	41/11	蒙古	文盲	√	熟练
44	户主	华丕俊	73/07	蒙古	初中	√	熟练
	配偶	普学丽	73/01	蒙古	初中	√	熟练
	长子	华膺	94/11	蒙古	小学	O	熟练
	长女	华影	01/05	蒙古		O	熟练
45	户主	华应荣	42/11	蒙古	初中	√	熟练
	配偶	旆仙	43/11	蒙古	文盲	√	熟练

46	户主	华建辉	64/11	蒙古	小学	√	熟练
	配偶	赵树英	67/03	蒙古	小学	√	熟练
	长女	华绕萍 *	90/01	蒙古	初中		
	长子	华绕超	92/01	蒙古	小学	O	熟练
47	户主	杨自金	51/11	蒙古	小学	√	熟练
	配偶	周石英	58/10	汉	小学	O	熟练
	长子	杨姬团	82/02	蒙古	初中	O	熟练
	次子	杨姬应	84/02	蒙古	初中	O	熟练
	长媳	赵梅春	83/10	蒙古	初中	√	熟练
	长孙	杨老大	06/01	蒙古			
48	户主	华应才	51/07	蒙古	初中	√	熟练
	配偶	王琼仙	53/06	蒙古	小学	√	熟练
	长子	华初六	78/02	蒙古	初中	√	熟练
	长女	华初和	79/08	蒙古	高中	√	熟练
	次子	华初初	82/12	蒙古	初中	√	熟练
49	户主	奎新才	37/12	蒙古	小学	√	熟练
	长女	奎映	74/04	蒙古	小学	√	熟练
	次女	奎景花	97/06	蒙古	小学	O	熟练
	三女	奎景凤	01/06	蒙古	小学	O	熟练
	四女	奎景凰	01/06	蒙古	小学	O	熟练
50	户主	奎新来	54/04	蒙古	小学	√	熟练
	长子	奎少荣	84/06	蒙古	初中	O	熟练
	长女	奎少梅	86/03	蒙古	初中	O	熟练
51	户主	华秀英	63/07	蒙古	初中	√	熟练
	配偶	奎泽有	65/11	蒙古	小学	√	熟练
	长子	华明	86/09	蒙古	初中	O	熟练
	长女	华明丽	88/01	蒙古	初中	O	熟练
52	户主	华忠新	48/11	蒙古	小学	√	熟练
	配偶	王玉芬	50/01	蒙古	小学	√	熟练
53	户主	杨自望	42/06	蒙古	文盲	√	熟练
	配偶	赵有芬	43/05	蒙古	文盲	√	熟练
	长子	杨建华	66/01	蒙古	初中	√	熟练
	长媳	普雪英	66/08	蒙古	初中	√	熟练
	长孙	杨伟	91/03	蒙古	小学	O	熟练
	长孙女	杨秀芳	93/08	蒙古	小学	O	熟练
54	户主	杨祥	70/08	蒙古	小学	√	熟练
	配偶	赵丽莎	76/11	蒙古	小学	√	熟练
	长子	杨晓伟	95/07	蒙古	小学	O	熟练
	次子	杨晓辉	01/10	蒙古	小学	O	熟练
55	户主	杨立	67/11	蒙古	小学	√	熟练
	配偶	官琼英	65/04	蒙古	小学	√	熟练
	母亲	期桂芬	34/03	蒙古	文盲	√	熟练
	长子	杨波	90/10	蒙古	小学	O	熟练
	长女	杨洁	94/12	蒙古	小学	O	熟练

56	户主	杨自有	47/10	蒙古	小学	√	熟练
	配偶	杨有芬	47/01	蒙古	初中	√	熟练
	长子	杨润芝	81/01	蒙古	初中	O	熟练
	长媳	王丽芳	84/01	蒙古	初中	√	熟练
	长孙	杨肖杰	05/08	蒙古		O	不会
57	户主	华应清	41/10	蒙古	初中	√	熟练
	配偶	奎桂芬	43/06	蒙古	小学	√	熟练
58	户主	华富明	74/05	蒙古	初中	√	熟练
	配偶	赵玉霞	78/09	蒙古	初中	√	熟练
	长子	华云肖	96/10	蒙古	小学	O	熟练
59	户主	华富润	65/10	蒙古	初中	√	熟练
	配偶	杨玉芬	68/12	蒙古	小学	√	熟练
	长子	华安基	88/03	蒙古	初中	O	熟练
	长女	华安柳	89/11	蒙古	初中	O	熟练
60	户主	华进芬	46/05	蒙古	小学	√	熟练
	长子	杨送还	80/10	蒙古	文盲	√	熟练
	次女	杨凯会	85/01	蒙古	初中	O	熟练
	长孙	杨老大	07/01	蒙古			
61	户主	杨锁昌	48/11	蒙古	小学	√	熟练
	配偶	华桂仙	50/03	蒙古	小学	√	熟练
	长子	杨建世	84/04	蒙古	小学	√	熟练
62	户主	杨自清	51/05	蒙古	小学	√	熟练
	配偶	赵丽仙	53/03	蒙古	小学	√	熟练
	长子	杨逢卫	82/07	蒙古	初中	√	熟练
	长媳	丁丽存	80/04	汉	初中	O	熟练
	次女	杨梅翠	85/07	蒙古	初中	√	熟练
63	户主	杨建清	66/12	蒙古	初中	√	熟练
	配偶	华文会	66/04	蒙古	小学	√	熟练
	长子	杨玲木	93/10	蒙古	小学	O	熟练
64	户主	赵云凤	34/03	蒙古	文盲	√	熟练
65	户主	官如英	56/06	蒙古	初中	√	熟练
	配偶	杨自文	52/12	蒙古	初中	√	熟练
66	户主	杨传贵	46/07	蒙古	文盲	√	熟练
	配偶	华玉芬	50/07	蒙古	文盲	√	熟练
	长女	杨丽萍	83/07	蒙古	小学	√	熟练
67	户主	杨自华	67/07	蒙古	小学	√	熟练
	配偶	王美兰	63/12	汉	小学	O	熟练
	长子	杨荣顺	88/04	蒙古	初中	O	熟练
	次子	杨荣利	90/01	蒙古	小学	O	熟练
68	户主	杨自福	49/09	蒙古	小学	√	熟练
	配偶	赵会仙	49/04	蒙古	文盲	√	熟练
	三女	杨红芬	81/03	蒙古	初中	√	熟练
	长孙	杨明涛	03/10	蒙古		O	略懂

69	户主	杨自德	46/05	蒙古	小学	√	熟练
	配偶	奎桂英	48/01	蒙古	小学	√	熟练
70	户主	奎琼英	71/06	蒙古	小学	√	熟练
	长子	杨兰	91/08	蒙古	初中	O	熟练
	长女	杨晓羊	94/03	蒙古	小学	O	熟练
71	户主	杨自民	65/09	蒙古	初中	√	熟练
	配偶	奎如会	65/05	蒙古	小学	√	熟练
	长子	杨建龙	88/02	蒙古	初中	O	熟练
	次子	杨建利	90/05	蒙古	小学	O	熟练
72	户主	杨自林	25/01	蒙古	文盲	√	熟练
	配偶	杨华氏	27/06	蒙古	文盲	√	熟练
73	户主	杨建文	62/09	蒙古	初中	√	熟练
	配偶	招立仙	65/04	蒙古	小学	√	熟练
	长子	杨知运	85/11	蒙古	初中	√	熟练
	长女	杨姬兰	87/11	蒙古	初中	√	熟练
74	户主	杨建民	57/03	蒙古	初中	√	熟练
	配偶	王吉英	62/01	蒙古	小学	√	熟练
	长女	杨姬梅	88/07	蒙古	初中	O	熟练
75	户主	赵全先	38/12	蒙古	文盲	√	熟练
	配偶	赵荣芬	37/02	蒙古	文盲	√	熟练
76	户主	普保	72/01	汉	小学	O	略懂
	配偶	杨肥春	76/11	蒙古	小学	√	熟练
	长女	杨润萍	97/01	蒙古	小学	O	熟练
	长子	杨彬	02/03	蒙古	小学	O	熟练
77	户主	赵明祥	66/11	蒙古	小学	√	熟练
	配偶	奎泽会	73/09	蒙古	小学	√	熟练
	长女	赵雪露	93/05	蒙古	初中	O	熟练
	次女	赵雪艳	97/11	蒙古	小学	O	熟练
78	户主	赵明华	64/07	蒙古	初中	√	熟练
	配偶	期进芬	68/11	蒙古	小学	√	熟练
	长女	赵龙丽	89/10	蒙古	初中	O	熟练
	长子	赵龙梅	91/11	蒙古	小学	O	熟练
79	户主	杨梅龙	74/06	蒙古	小学	√	熟练
	配偶	杨阁丽	78/06	蒙古	初中	√	熟练
	母亲	奎应芬	35/04	蒙古	文盲	√	熟练
	长子	杨钊	99/03	蒙古	小学	O	熟练
	次子	杨超	03/08	蒙古		O	略懂
80	户主	赵丽兰	70/06	蒙古	小学	√	熟练
	长子	杨龙伟	94/10	蒙古	小学	O	熟练
	次子	杨鹏伟	98/01	蒙古	小学	O	熟练
81	户主	赵为先	41/10	蒙古	中专	√	熟练
	配偶	李芽存	46/08	汉	文盲	O	熟练

82	户主	赵云锋	71/09	蒙古	初中	√	熟练
	配偶	赵雪娟	71/07	蒙古	初中	√	熟练
	长女	赵海燕	91/07	蒙古	初中	O	熟练
	次女	赵海娇	94/06	蒙古	小学	O	熟练
83	户主	赵如英	40/06	蒙古	文盲	√	熟练
84	户主	杨迁团	67/10	蒙古	小学	√	熟练
	长子	杨航	94/11	蒙古	小学	O	熟练
85	户主	杨团庆	71/03	蒙古	小学	√	熟练
	配偶	王兆英	70/10	蒙古	小学	√	熟练
	长子	杨涛杰	94/10	蒙古	小学	O	熟练
	长女	杨涛莲	98/09	蒙古	小学	O	熟练
86	户主	杨团明	62/06	蒙古	初中	√	熟练
	配偶	华进仙	64/09	蒙古	初中	√	熟练
	长子	杨涛龙	88/04	蒙古	初中	O	熟练
	次子	杨涛伟	90/10	蒙古	初中	O	熟练
87	户主	杨传富	38/06	蒙古	文盲	√	熟练
	配偶	王进英	39/05	蒙古	文盲	√	熟练
	长子	杨自朝 *	62/06	蒙古	文盲		
88	户主	杨自团	69/12	蒙古	小学	√	熟练
	配偶	赵丽芳	71/04	蒙古	小学	√	熟练
	长女	杨永存	93/05	蒙古	小学	O	熟练
	长子	杨永云	97/12	蒙古	小学	O	熟练
89	户主	杨文珍 *	71/11	蒙古	文盲		
	配偶	郭自学	64/05	汉	小学	O	熟练
	长子	杨荣佳	96/10	蒙古	小学	O	熟练
	长女	杨荣芬	02/07	蒙古		O	略懂
90	户主	杨自全	50/10	蒙古	小学	√	熟练
	配偶	赵清芬	51/03	蒙古	小学	√	熟练
91	户主	杨建格	71/11	蒙古	初中	√	熟练
	配偶	奎爱丽	71/11	蒙古	初中	√	熟练
	长女	杨云	94/11	蒙古	小学	O	熟练
	次女	杨爽	99/04	蒙古	小学	O	熟练
92	户主	杨二格	73/09	蒙古	初中	√	熟练
	配偶	期晓丽	75/12	蒙古	初中	√	熟练
	长女	杨艳	95/06	蒙古	小学	O	熟练
	长子	杨期	00/08	蒙古	小学	O	熟练
93	户主	杨建国	54/05	蒙古	初中	√	熟练
	配偶	华荣芬	53/12	蒙古	小学	√	熟练
	长子	杨知华	78/12	蒙古	初中	√	熟练
	次子	杨姬文	82/01	蒙古	初中	√	熟练
	次子媳	赵梅清	83/09	蒙古	初中	√	熟练
	长孙女	杨云丝	05/07	蒙古		O	不会

94	户主	杨天禄	48/08	蒙古	小学	√	熟练
	配偶	王卫芬	49/04	蒙古	小学	√	熟练
95	户主	杨树明	70/01	蒙古	初中	√	熟练
	配偶	王自英	70/06	汉	初中	O	略懂
	长子	杨兴	92/07	蒙古	小学	O	熟练
	长女	杨颖	96/12	蒙古	小学	O	熟练
96	户主	杨树国	71/08	蒙古	初中	√	熟练
	配偶	赵晓丽	71/11	蒙古	初中	√	熟练
	长女	杨溪	94/09	蒙古	小学	O	熟练
	次女	杨婷	00/01	蒙古	小学	O	熟练
97	户主	杨天明	62/08	蒙古	初中	√	熟练
98	户主	杨天新	68/05	蒙古	小学	√	熟练
	配偶	奎有英	70/01	蒙古	小学	√	熟练
	母亲	王映珍	33/05	蒙古	文盲	√	熟练
	长子	杨俊锋	97/01	蒙古	小学	O	熟练
	次子	杨晓锋	01/03	蒙古	小学	O	熟练
99	户主	赵忠先	36/05	蒙古	文盲	√	熟练
	配偶	杨云仙	42/05	蒙古	文盲	√	熟练
100	户主	赵玉荣	74/08	蒙古	小学	√	熟练
	配偶	普丽娟	72/11	蒙古	小学	√	熟练
	长子	赵波	92/10	蒙古	小学	O	熟练
	次女	赵双容	96/06	蒙古	小学	O	熟练
	三女	赵双婷	96/06	蒙古	小学	O	熟练
101	户主	赵玉华	76/02	蒙古	小学	√	熟练
	配偶	李丽芬	78/12	汉	小学	O	略懂
	长女	赵安娜	99/04	蒙古	小学	O	熟练
	长子	赵彪	05/11	蒙古		O	不会
102	户主	王桂仙	44/05	蒙古	小学	√	熟练
	配偶	杨双萍	81/09	蒙古	初中	√	熟练
103	户主	赵在先	32/09	蒙古	文盲	√	熟练
104	户主	赵玉明	66/02	蒙古	小学	√	熟练
	配偶	杨爱丽	66/09	蒙古	小学	√	熟练
	长子	赵马	92/10	蒙古	初中	O	熟练
	次子	赵超	94/10	蒙古	初中	O	熟练
105	户主	赵会团	41/03	蒙古	文盲	√	熟练
106	户主	赵发德	69/01	蒙古	小学	√	熟练
	配偶	华必丽	73/06	蒙古	初中	√	熟练
	长子	赵建鹏	97/10	蒙古	小学	O	熟练
	次子	赵建涛	02/01	蒙古		O	略懂
107	户主	赵发有	73/04	蒙古	初中	√	熟练
	配偶	王团芬	73/10	蒙古	初中	√	熟练
	长女	赵念	96/09	蒙古	小学	O	熟练
	次女	赵米	03/09	蒙古		O	略懂

108	户主	赵润仙	52/06	蒙古	小学	√	熟练
	配偶	张世勤	52/05	汉	小学	O	略懂
	三女	杨双丽	82/02	蒙古	初中	O	熟练
109	户主	杨迁应	74/06	蒙古	小学	√	熟练
	配偶	李学昌	72/10	汉	小学	O	略懂
	长子	李健	98/01	蒙古	小学	O	熟练
110	户主	杨吉仙	48/10	蒙古	小学	√	熟练
	长子	赵春华	80/04	蒙古	初中	√	熟练
111	户主	普建英	65/04	蒙古	小学	√	熟练
	长子	赵杰	89/03	蒙古	初中	O	熟练
	次子	赵唐	93/09	蒙古	小学	O	熟练
112	户主	赵玉文	55/09	蒙古	小学	√	熟练
	配偶	杨会英	54/07	蒙古	小学	√	熟练
113	户主	赵华	78/08	蒙古	初中	√	熟练
	配偶	杨萍	80/11	汉	初中	O	略懂
	长子	赵自豪	01/08	蒙古	小学	O	熟练
114	户主	赵云祥	49/05	蒙古	小学	√	熟练
	配偶	王秀芬	50/09	蒙古	小学	√	熟练
115	户主	赵新华	76/05	蒙古	初中	√	熟练
	配偶	招芳艳	76/01	蒙古	初中	√	熟练
	长女	赵娜姬	95/04	蒙古	小学	O	熟练
	长子	赵娜兴	00/05	蒙古	小学	O	熟练
116	户主	赵秀芬	49/03	蒙古	小学	√	熟练
117	户主	奎新文	51/05	蒙古	小学	√	熟练
	配偶	王红芬	55/06	蒙古	小学	√	熟练
	长子	奎少林	82/05	蒙古	初中	√	熟练
	长女	奎少吉	86/02	蒙古	初中	√	熟练
	次子媳	普绕琼	84/03	蒙古	初中	√	熟练
	长孙	奎连鱼	05/07	蒙古		O	不会
118	户主	王文武	62/10	蒙古	初中	√	熟练
	配偶	杨丽芬	63/10	蒙古	初中	√	熟练
	长子	王海辉	83/08	蒙古	高中	√	熟练
	长女	王海蓉	88/07	蒙古	初中	O	熟练
119	户主	华应文	55/04	蒙古	文盲	√	熟练
	配偶	普树英	62/05	蒙古	小学	√	熟练
	长子	华金雄	84/02	蒙古	小学	√	熟练
	次子	华银学	89/06	蒙古	初中	√	熟练
120	户主	杨自云	35/10	蒙古	小学	√	熟练
	配偶	奎玉仙	36/02	蒙古	文盲	√	熟练
	三子	杨奎有	78/10	蒙古	初中	√	熟练
	三子媳	杨奎	82/05	蒙古	初中	√	熟练
	孙子	杨俊杰	04/09	蒙古		O	略懂
121	户主	杨文秋	75/08	蒙古	初中	√	熟练
	配偶	刘邦琴	83/09	汉	小学	O	熟练
	长女	杨菊	04/08	蒙古		O	略懂

122	户主	杨姬团	82/02	蒙古	初中	√	熟练
	配偶	赵梅春	83/10	蒙古	初中	√	熟练
	长子	杨老大	06/01	蒙古			
123	户主	赵云	80/09	蒙古	初中	√	熟练
	配偶	华思春	84/01	蒙古	初中	√	熟练
	长子	赵伟霞	05/10	蒙古		O	不会

说明：

(1) 从上世纪80年代中期起，兴蒙乡中心小学的老师们开家长会时，总是动员家长们在家庭内都要主动地教子女说汉语，目的是使孩子们进入小学后能顺利地学好汉语。因此，兴蒙乡1986年后出生的孩子，在家庭内部，大多先学会汉语，他们的第一语言是汉语，而不是喀卓语。具体到兴蒙五组（交椅湾），20岁以下的青少年的第一语言绝大多数为汉语，少数出生于上个世纪80年代初期的青少年，由于受家庭语言环境的影响，也以汉语为第一语言。例如，第11户的杨应金（1982年生）是蒙古族，他的奶奶是汉族，他从小和奶奶生活在一起，一直都说汉语，因此汉语为第一语言。第21户杨梅艳（1981年生）的父亲杨自宝是小学老师，汉语普通话说得很好，从女儿杨梅艳一出生起，他和妻子期应芬就教女儿说汉语，所以，杨美艳的第一语言也是汉语。

(2) 一些出外打工、工作及念书的，仍能保留喀卓语的熟练水平。如兴蒙五组（交椅湾）近70%家庭的男主人都有过外出打工的经历，他们大多是三五个结伴去通海县城或附近的其他城镇从事建筑业（木活、泥活等），早出晚归，白天在工地干活与汉族人接触时使用汉语，但收工回家后还是说自己的母语喀卓语。

即便是长期在外读书或工作的，也能保持自己的母语。如：兴蒙五组的一些村民，虽然长期在外地，但当他们回到兴蒙乡后，仍能保持使用本族母语。第16户赵顺文的两个女儿赵珍、赵翠都在昆明念高中，她们每年寒暑假才回家，但喀卓语说得很流利。第66户的华玉芬（57岁）及其女儿杨丽萍（24岁）长期在昆明打工，一年才回来一两次，虽然没有机会说喀卓语，但回来后只需半周的时间，就恢复了原有的喀卓语水平。

(3) 族际婚姻家庭的语言使用情况存在一些差异。兴蒙五组共有17户族际婚姻家庭。17位外族媳妇或上门女婿中，除一位傣族媳妇罕美霞和另一位苗族媳妇普自萍外，15位均为汉族。这17位非蒙古族村民中只有冉丛英一人不会喀卓语。她是四川的汉族，虽然嫁来交椅湾多年，但一直听不懂也不会说喀卓语。原因是她的四川口音太重。虽然冉丛英只能与家人用四川方言交流，但家庭内部其他人的交流还是用喀卓语，因此她的儿子杨国福的喀卓语还是很熟练的。除了冉丛英之外，其他16位外族媳妇及女婿中有7位能熟练使用喀卓语与家人或其他村民进行日常交际，他们的子女喀卓语也很熟练。另外9位也能听懂喀卓语，只是由于害羞，怕别人笑话自己的发音不标准，而很少说喀卓语。在他们的家庭内部，虽然他们说汉语，但其他家庭成员之间交流仍说喀卓语，他们的子女喀卓语也都很熟练。

二　不同年龄段的喀卓语使用情况

(一) 不同年龄段的语言使用情况调查

我们对兴蒙乡六个村民小组,分 6—19 岁、20—59 岁、60 岁以上(含 60 岁)三个年龄段进行了考察,其喀卓语能力的具体情况如下:

表 2-3　6—19 岁年龄段喀卓语语言能力统计表

村民小组	该年龄段总人口/人	熟练		略懂		不会	
		人口/人	百分比/%	人口/人	百分比/%	人口/人	百分比/%
兴蒙一组(中村)	331	329	99.4	1	0.3	1	0.3
兴蒙二组(白阁)	269	269	100	0	0	0	0
兴蒙三组(下村)	190	189	99.5	1	0.5	0	0
兴蒙四组(下村)	110	109	99.1	0	0	1	0.9
兴蒙五组(交椅湾)	114	114	100	0	0	0	0
兴蒙六组(桃家嘴)	334	334	100	0	0	0	0
合计	1348	1344	99.7	2	1.5	2	1.5

表 2-4　20—59 岁年龄段喀卓语语言能力统计表

村民小组	该年龄段总人口/人	熟练		略懂		不会	
		人口/人	百分比/%	人口/人	百分比/%	人口/人	百分比/%
兴蒙一组(中村)	631	631	100	0	0	0	0
兴蒙二组(白阁)	575	575	100	0	0	0	0
兴蒙三组(下村)	452	452	100	0	0	0	0
兴蒙四组(下村)	236	236	100	0	0	0	0
兴蒙五组(交椅湾)	221	221	100	0	0	0	0
兴蒙六组(桃家嘴)	736	736	100	0	0	0	0
合计	2851	2851	100	0	0	0	0

表 2-5　60 岁以上（含 60 岁）年龄段喀卓语语言能力统计表

村民小组	该年龄段总人口/人	熟 练		略 懂		不 会	
		人口/人	百分比/%	人口/人	百分比/%	人口/人	百分比/%
兴蒙一组（中村）	187	187	100	0	0	0	0
兴蒙二组（白阁）	172	172	100	0	0	0	0
兴蒙三组（下村）	116	116	100	0	0	0	0
兴蒙四组（下村）	63	63	100	0	0	0	0
兴蒙五组（交椅湾）	52	52	100	0	0	0	0
兴蒙六组（桃家嘴）	196	196	100	0	0	0	0
合计	786	786	100	0	0	0	0

说明：

表 2-3、表 2-4 及表 2-5 的数据显示，兴蒙乡 20 岁（含 20 岁）以上的成年人，超过 99% 都能熟练使用喀卓语进行日常交际。

(二) 喀卓语四百词与一百词测试的情况

我们还对兴蒙乡各村民小组三个年龄段的村民进行随机抽样调查，考察他们的语言能力差异。在测试中，对调查对象每个词的掌握情况分为四级：A 级表示熟练说出；B 级表示想后说出；C 级表示提示后能懂；D 级表示不懂（详见附录三）。本书的第五章"青少年语言状况"将详细描述 6—19 岁年龄段的语言使用情况，这里主要分析 20—59 岁及 60 岁以上（含 60 岁）两个年龄段的 400 词测试情况。

随机抽取的测试对象有如下六位：

1. 普婀娜，六组（桃家嘴），20 岁，高中文化水平。

2. 王娅琼，二组（白阁，户口迁出），27 岁，高中文化水平。

3. 赵亚芬，三组（下村），36 岁，小学文化水平。

4. 期汝英，三组（下村），43 岁，小学文化水平。

5. 普玉兰，六组（桃家嘴），63 岁，文盲。

6. 王映珍，五组（交椅湾），74 岁，文盲。

400 词测试结果如下：

表 2-6

姓 名	年 龄	不同等级的词汇掌握数量			
		A	B	C	D
普婀娜	20 岁	365	0	27	8
王娅琼	27 岁	381	16	0	3
赵亚芬	36 岁	393	5	1	1
期汝英	43 岁	392	0	5	3
普玉兰	63 岁	395	0	5	0
王映珍	74 岁	400	0	0	0

如表 2-6 所示,在 400 词中,六人均能熟练说出约占 90%(360 个)以上,足见成年人的喀卓语语言能力都很强。从总体上看,这六人的 A 级(熟练说出)词汇量与他们的年龄基本成正比,从 20 岁的普婀娜到 74 岁的王映珍,年纪越大的人能脱口而出的本族语言词汇越多。如图 2-1 所示:

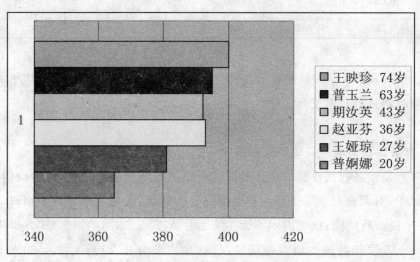

图 2-1

如图 2-1 所示,43 岁的期汝英情况有点特殊。她的喀卓语词汇量与同是兴蒙三组的 36 岁的赵亚芬相比,略为低些。这主要是由于期汝芬多年担任兴蒙三组的村干部,由于工作的需要,她平常汉语说得比较多;而赵亚芬大部分时间都在村子里,不常外出,生活中大部分时间都是说喀卓语。

为了增强区分度,我们又另外编制了难度系数比 400 词更大些的 100 词,并随机抽取了不同年龄段的村民进行测试(详见附录三)。四位测试对象基本可以代表四个代际(子辈、父辈、祖辈、曾祖辈)。测试显示,随着代际由子辈向父辈、祖辈、曾祖辈的上升,他们的 100 词的熟练程度也越来越高。这四位是:

1. 普婀娜,六组(桃家嘴),20 岁,高中文化水平。

2. 奎有英,五组(交椅湾),37 岁,小学文化水平。

3. 赵超林,六组(桃家嘴),53 岁,小学文化水平。

4. 王映珍,五组(交椅湾),74 岁,文盲。

表 2-7

姓　名	年　龄	不同等级的词汇掌握数量			
		A	B	C	D
普婀娜	20 岁	78	0	17	5
奎有英	37 岁	82	4	4	0
赵超林	53 岁	91	5	1	3
王映珍	74 岁	100	0	0	0

通过难度系数比较大的喀卓语 100 词的加测及数据统计,我们发现其比例与 400 词测试明显拉开。除最高的 100%外,其他几位在 78%—91%之间。这说明在难度较大的喀卓语词汇的层次上,不同代际之间拉开了距离。如图 2-2 所示:

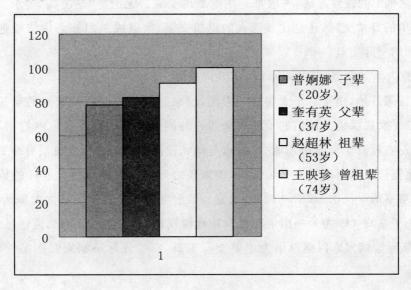

图 2-2

普婀娜为什么掌握词较少? 这是因为她先后在通海县第七中学和第十五中学念初中,后在通海县第二中学念高中,这三所中学都不在兴蒙乡,中学六年她都是住校的,周末才回家。因此,ɣa⁵³ᐟ⁴⁴ tso²⁴ "鸡冠"、tho³³ la²⁴ ta³²³ "衣襟"、tɕi³²³ "襄衣"、la³²³ "锣"、se³⁵ "劁(猪)"5 个不太用的词,她就不会说了。还有一些与日常生活不很密切的词,如 pu⁵⁵ "发酵"、zi³²³ sa³³ mo³¹ "菩萨"、zi³²³ nɣ³³ tshɿ³¹ "青苔"、sɿ³⁵ tsɿ⁵³ "刨子"等 17 个,她需要提醒后才能想起来。赵超林不会说的 3 个喀卓语词汇是 sua³⁵ phu³³ "泡沫"、zɿ²⁴ la⁵³ᐟ⁴⁴ tsɿ²⁴ "四脚蛇"、khɣ³¹ te³⁵ "麻袋",他脱口而出的不是喀卓语词,而是汉语借词。这和赵超林多年来一直担任兴蒙六组的村干部有关。由于工作需要,他平时需要说汉语的场合比较多,和一直生活在村子里的喀卓妇女(如奎有英)与老人(如王映珍)相比,他的喀卓语熟练程度就相对差些。

三　不同场合的喀卓语使用情况

在兴蒙乡这样一个全民稳定使用母语喀卓语的蒙古族乡,在各种不同的场合都能听到村民们熟练使用喀卓语进行日常交际。下面具体分析一些典型场合中的喀卓语使用情况。

(一) 家庭内部

族内婚姻家庭与族际婚姻家庭,喀卓语的使用情况存在一些差异。具体有以下几种情况:

1. 绝大多数族内婚姻家庭以喀卓语为唯一的交际工具。

喀卓人过去奉行"好花不出园"(本族女子不外嫁)的族内婚,各村民小组超过九成的家庭都是族内婚姻家庭。这样的家庭中,所有的家庭成员都是喀卓人,有的是四代或三代同堂,有的是父母亲与子女的三(四)口之家。在这样的家庭里,其成员之间(长辈之间、长辈与晚辈之间、晚辈之间)的饮食起居,一般都是用喀卓语交流。无论是"吃饭"、"喝水"、"睡觉"、"下地干活"的简单的日常交际,还是比较深入的思想交流,家庭成员们都必须依赖他们的母语喀卓语这个唯一的交际工具。

2. 少数族内婚姻家庭使用"喀卓语—汉语"双语。

从 80 年代末开始,出于对子女前途的考虑,越来越多的族内婚姻家庭的家长在家庭内部积极主动地教子女说汉语。他们的子女后来通过与同龄伙伴的玩耍又自然习得了喀卓语,并大多在 10 岁左右就有了母语语言能力,愿意与他人使用喀卓语进行交流。有少数族内婚姻家庭的家长甚至坚持在家里跟子女只说汉语,而家长之间还是说喀卓语。这样的族内婚姻家庭使用的就是"喀卓语—汉语"双语。例如,兴蒙乡政府宣传委员官学英和丈夫虽然都是蒙古族,但对他们的儿子赵斌(19 岁)一出生起就只跟他说汉语,但夫妇之间的交流还是说喀卓语。

3. 有些族际婚姻家庭以喀卓语为主要交际工具,有些族际婚姻家庭则是使用"喀卓语—汉语"双语。

兴蒙乡的家庭形式虽然主要是族内婚,但也有一些族际婚姻家庭。这些家庭的外族媳妇或女婿主要是汉族,也有少数的傣族、哈尼族、彝族、苗族、瑶族等等。兴蒙乡族际婚姻家庭的这些非蒙古族成员,受周围喀卓语语言环境的影响,在兴蒙乡生活经过三五年左右就都能听懂喀卓语了,只是不同人由于性格不同,他们说喀卓语的水平有一定的差异。性格外向的,敢于尝试使用喀卓语与家人、邻居交流,渐渐地喀卓语就说得越来越流利;而性格较内向的,其实通过一段时间的生活已经会说喀卓语,但由于怕周围的人笑话自己的喀卓语发音不标准、不地道,还是用汉语回答问话。

以兴蒙一组(中村)为例,全组的族际婚姻家庭共有 46 户,外族媳妇及女婿主要是汉族,共 35 人,其他还有彝族 5 人,傣族 3 人,瑶族 1 人,哈尼族 1 人,回族 1 人。这些非蒙古族家庭成员中,能熟练使用喀卓语进行日常交流的有 17 人,他们家庭里所有的成员都说喀卓语,以喀卓语为主要的交际工具。具体情况如下:

表 2-8

姓名	出生年月	民族	文化程度	喀卓语水平
詹丽芝	72/06	汉	初中	熟练
王翠芬	72/05	汉	小学	熟练
们利琼	76/12	汉	初中	熟练
胡风兰	60/08	汉	初中	熟练
许梅	82/12	汉	初中	熟练
付秀英	56/03	汉	初中	熟练
赵宝琼	71/04	汉	初中	熟练
王丽	83/06	汉	初中	熟练
黄粉艳	78/01	汉	小学	熟练
王书存	65/04	汉	小学	熟练
陈帮亲	73/10	汉	初中	熟练
白秀英	77/12	彝	小学	熟练
白秀玲	74/11	傣	小学	熟练
温兰	76/03	汉	初中	熟练
李绍明	70/02	彝	小学	熟练
白秀珍	75/07	傣	小学	熟练
黄琼珍	64/12	哈尼	文盲	熟练

　　兴蒙一组的族际婚姻家庭里的非蒙古族成员中有如下 24 人，喀卓语水平为略懂，即能听懂所有喀卓语的对话，但是他们不好意思开口说喀卓语，习惯使用汉语，家庭的日常交际就使用了"喀卓语—汉语"双语。

表 2-9

姓名	出生年月	民族	文化程度	喀卓语水平
普丽萍	77/12	彝	初中	略懂
李小梅	79/07	彝	小学	略懂
薄琼芬	69/04	汉	初中	略懂
陈艳美	78/02	汉	初中	略懂
李永献	66/03	汉	初中	略懂
何春艳	82/07	汉	初中	略懂
施柱萍	78/04	汉	初中	略懂
黄璞	69/11	汉	高中	略懂
马碧琼	70/07	回	初中	略懂
胡开秀	62/03	汉	小学	略懂
钱雄英	79/09	汉	中专	略懂
魏勇	76/09	汉	中专	略懂
李廷云	76/02	瑶	小学	略懂
王秀芬	61/06	汉	小学	略懂
李竹芬	77/02	汉	小学	略懂
陶素红	70/07	傣	小学	略懂
李美珍	66/11	彝	小学	略懂

（续表）

姓名	出生年月	民族	文化程度	喀卓语水平
张 梅	78/09	汉	初中	略懂
汪光福	68/12	汉	初中	略懂
许金花	71/02	汉	高中	略懂
陈耿云	71/01	汉	小学	略懂
丁惠仙	49/11	汉	小学	略懂
朱佳蛾	82/03	汉	初中	略懂
魏德珍	68/12	汉	初中	略懂

兴蒙一组的外族媳妇及女婿中还有 5 人不会说喀卓语。李关美（汉，1978 年 3 月生）、陈丽仙（汉，1971 年 5 月生）、王加富（汉，1980 年 6 月生）以及郑安跃（汉，1980 年 12 月生）这四人是由于长期独自在外打工或做生意，常年不回兴蒙乡，脱离了说喀卓语的语言环境，所以不会说喀卓语。张家保（汉，1982 年 4 月生）刚与兴蒙一组的喀卓女子王全存结婚，在兴蒙乡生活的时间不长，接触喀卓语的时间还不多，所以暂时还不会听也不会说喀卓语。

（二）学校

兴蒙乡的学校教育近年来得到了长足的发展，已经建立起了较为完善的九年制义务教育体系，包括学前教育（幼儿园、学前班）、小学教育和初中教育。乡政府特批 25 亩土地，为兴蒙乡中心小学与通海县第十三中学（兴蒙乡中学）建造了占地面积达 17976 平方米的校园（兴蒙乡中心小学与通海县第十三中学在同一处校园内），现有钢筋混凝土的教室 29 间。在宽敞明亮的教室里，喀卓子弟们接受着系统而全面的素质教育，身心健康地快乐成长。下面分阶段地介绍兴蒙乡学前教育、小学教育和初中教育的喀卓语使用情况。

1. 学前教育（幼儿园、学前班）阶段

兴蒙乡 1979 年创立了学前班，后在此基础上又于 1983 年创立了兴蒙乡中心幼儿园，喀卓儿童在 4—5 岁时都进入该幼儿园学习。2006 年，全乡共有学龄儿童 598 人，入学率达到 99.7%。经过幼儿园阶段的学习，学龄儿童都普遍掌握了"喀卓语—汉语"双语。

但上个世纪 80 年代中期之前与之后的情况有所不同。1986 年以前出生的喀卓儿童，在进幼儿园之前还不怎么会说汉语。例如，1986 年的兴蒙乡中心幼儿园有三个年级：小班（四岁），中班（五岁），大班（六岁）。园内的女教师都是喀卓人。该幼儿园的课程有语文、算术、唱歌、舞蹈、体育、图画、美工、常识等，从小班到大班，课程的内容逐步加深。在小班，由于当时的孩子几乎不懂汉语，因而老师上课时，先全部用喀卓语讲述，再用汉语复述。中班老师的课堂用语仍以喀卓语为主，汉语比例有所增大。在大班，老师上课则以汉语为主，使用喀卓语做适当的提示与解释，帮助理解。在幼儿园里，无论是小班、中班，还是大班，下了课，孩子们在一起玩耍时，说的都是喀卓语。

上个世纪 80 年代中后期之后，喀卓学龄前儿童的语言使用情况发生了很大的变化。大多数家长都从孩子一出生起,就有意识地教孩子说汉语。1986 年以后(尤其是 1990 年以后)出生的孩子在 3—4 岁进入幼儿园之前,大多在家庭内部已经学会说汉语。他们又出去和村子里年纪稍大点的本族小朋友一起玩耍,又渐渐自然习得了一些喀卓语。孩子从 4 岁开始进入兴蒙乡中心幼儿园学习,此时幼儿园老师的课堂用语都是汉语普通话,但在课下,老师处理孩子的纠纷时,说的则是喀卓语。幼儿园各年级的孩子们在课间玩耍时,有的说汉语,有的说喀卓语,不怎么会说喀卓语的孩子通过游戏玩耍,跟喀卓语懂得多的孩子练习更多的喀卓语,渐渐地喀卓语就说得越来越熟练。

2. 小学教育阶段

上个世纪 80 年代中后期以前,从兴蒙乡中心幼儿园毕业的喀卓儿童只是大多懂得一些简单的汉语日常会话,能熟练使用汉语的很少。因此,他们进入小学后,还不能一下子完全接受纯汉语的教学。当时,兴蒙中心小学在低年级的课堂教学中,都适当地使用一些喀卓语来辅助教学。

上个世纪 80 年代中后期至今,从兴蒙乡中心幼儿园毕业的喀卓儿童,基本上都能做到"喀卓语—汉语"双语并用。他们进入兴蒙乡中心小学后,老师都是用汉语普通话来给他们授课。无论是哪个时期,小学校园的课间时间里,这些喀卓孩子大多都更倾向于使用自己的母语喀卓语与本族的同学交流。当然,如果有汉族同学在场,他们也会说汉语。兴蒙乡中心小学的学生以蒙古族为主,也有极少数的汉族同学,他们多为该校汉族老师的子女。这些汉族儿童由于长期生活在喀卓语环境中,也能逐渐掌握喀卓语。例如,兴蒙乡中心小学的汉族语文老师何光龙、解金玉夫妇的女儿何臻瑾(18 岁),虽然是汉族,但由于从小由喀卓保姆带大,因而很早就接触喀卓语,加上后来和喀卓小伙伴不断交往,她的喀卓语说得很流利。

兴蒙乡中心小学的教职工有 20 多人,其中喀卓老师就有 15 位。这些老师在课堂上都用汉语普通话进行教学,但下了课,给学生辅导功课或跟学生谈心,使用的则是喀卓语。老师们之间的日常交流也是以喀卓语为主。

3. 中学教育阶段

通海县第十三中学(只有初中部)设在兴蒙乡,与兴蒙乡中心小学在同一个校园内。该中学每个年级设有两个班,每个班有三四十个学生。几十年来,兴蒙乡 13 岁左右的孩子都在十三中就近入学。该中学的教职工十多人中,汉族老师的比例较大,喀卓老师只有四位。在校园里,课堂用语都是汉语普通话,老师之间以及师生之间在课外也是以说汉语为主。学生们下课时,一般都说喀卓语。有时与喀卓老师聊天也说喀卓语。

2005 年,通海县十三中与通海县十五中(只有初中部)合并。十五中每个年级设有六个班级,每个班有五六十个学生。由于该校隶属于通海县汉族聚居乡九街乡,因此其学生主体是汉族。两所中学合并时,十三中的喀卓学生被分散到十五中相应年级的各个班,每个班大约分到十多个喀卓学生。由于十五中位于距离兴蒙乡约 6 公里处的桑园,近两年来,就读的兴蒙乡学生都得在学校寄宿,周末回家。这些喀卓学生在课堂上使用汉语回答老师的提问,课外跟班级里的汉族同学交流也使用汉语。但课外聚在一起时,仍然习惯于使用喀卓语。

兴蒙乡青少年初中毕业后,有些回家务农,有些外出打工,有些则继续接受高中教育。考取高中的学生大多就读于通海一中(位于通海县城)、通海二中(位于河西镇),或通海三中(位于四街乡),还有少数考取位于玉溪市的玉溪一中、玉溪市民族中学、玉溪师范学院附属中学,以及位于昆明的云南师范大学附属中学等。在这些学校念高中的喀卓学生都是寄宿,周末或假期回家。在通海一中、通海二中念高中的喀卓学生,大多有本民族的同班同学,因此,虽然在学校以说汉语为主,但当他们与本民族同学单独相处时,还有机会说喀卓语。而在玉溪或昆明念高中的喀卓学生,平时都使用汉语,但打电话回家时用母语喀卓语。

(三)使用喀卓语的其他场合

1. 田间的生产劳动

兴蒙乡有种植烟叶的传统,烟叶是兴蒙乡村民重要的经济作物。在一系列繁忙的种植工序(培土、育苗、移栽、田间管理、修烟、收烟、编烟、烤烟、选烟等等)中,村民们互相打招呼,交流种植经验,都是用喀卓语。近几年来,兴蒙乡开始实施规范的田间管理,乡政府每年负责统一育苗,统一发放烟苗。全乡6个村民小组都配有各自的烤烟技术指导员,其中除了一位是汉族,其他5位均为喀卓人。平时,这5位本民族的烤烟技术指导员在田间具体指导农户(如何确定最合理的株距、选用哪种肥料及农药等)时,都使用喀卓语。

2. 商铺、集市

1951年兴蒙乡的农民入股创办了供销合作社,当时的两位售货员是汉族人,能听懂少量喀卓语。80年代中期,供销合作社开始有了喀卓员工,他们与前来买东西的村民都用喀卓语交流。1980年以来,在"开放、搞活"方针的指引下,兴蒙乡的商业发展迅猛。在兴蒙乡各村民小组内部,以自家房屋作为门面的私人小卖部也逐渐增多,平时人潮汇集的兴蒙乡政府附近,密集分布的小卖部就有七家之多。商铺老板大多是喀卓人,村民们到这些商铺消费都说喀卓语。若有汉族顾客光临,老板则用汉语与之交流。兴蒙乡还有三家裁缝铺,其主人都是喀卓人,与本族顾客都用喀卓语交流。

兴蒙乡每天都有集市,其中每个月逢一、五、八是"大集"。2000年,兴蒙乡政府在相关部门的支持下,投资140多万元,在玉通公路南面征地10亩,兴建起一个综合集贸市场。2002年竣工后开始投入使用。每个集日前来赶集的各族客商达数千人。在这个市场上,如果买卖双方都是喀卓人,就用喀卓语交流。由于外族商人大多听不懂喀卓语,喀卓人需要购买他们的货物时,就使用汉语讨价还价。砍价砍到很激烈的时候,他们偶尔还会情不自禁地蹦出几句喀卓语来。一些经常来兴蒙乡的外族商人也能听懂一些简单的喀卓语句子。

3. 卫生院

解放以后,兴蒙乡医疗队建立时共有四位医生,都是喀卓人。这四位医生与前来看病的喀卓人都是使用喀卓语进行交流。这几位医生后来都先后开设了自己的诊所。在他们的私人诊所里,与喀卓病人用喀卓语交流。

1990 年,兴蒙乡政府在兴蒙二组、玉通公路以南征地四亩,投资 45.6 万元,建了一幢 1270 余平方米的综合卫生院,1992 年竣工投入使用。乡卫生院的员工有 11 人,其中有四位是喀卓人。喀卓医生护士与喀卓病人交流都用喀卓语。

4. 信用社

兴蒙乡的农村信用合作社建立于上个世纪 70 年代,当时有两位工作人员。现在信用社有一位工作人员。这三位工作人员都是喀卓人,平时喀卓人来信用社存钱、取钱、办理贷款业务时,他们之间都使用喀卓语。

5. 乡政府

兴蒙乡政府成立于 1988 年。目前乡政府公务员大多是喀卓人。乡政府的日常公务用语为汉语,但喀卓公务员之间在非正式场合还是用喀卓语。在工作会议上,念上级文件时用汉语,讨论时有的说喀卓语,有的说汉语。喀卓人来乡政府办事时,本族工作人员大多用喀卓语与他们交流。

6. 广播

兴蒙乡广播站设在乡政府街对面的乡文化站内。播音员先后有三位,都是喀卓人。广播时间为每天早上六点半到八点,除了用汉语广播新闻、天气预报外,一些当日的重要公务通知,大多使用喀卓语进行广播。

7. 节日、集会

兴蒙乡比较隆重的节日主要有"鲁班节"、"忆祖节"和"那达慕节"等。在节日的盛会上,全乡村民载歌载舞,热闹非凡。他们用自己的母语喀卓语尽情地歌唱,抒发自己的喜悦心情。在节宴上,大家聊天、敬酒也全都使用喀卓语。在这些重要节日的聚会上,热情的喀卓妇女会表演传统节目"烟盒舞","筷子舞"、"酒杯舞"等。近年来,还兴起了新颖独特、令大家喜闻乐见的表演形式——本民族服饰走秀表演。在这些正式的大型表演之前,兴蒙乡各村民小组自发组成的歌舞队、服装模特队,会进行多次排练。排练中,演员们都是使用喀卓语来协调指挥。

8. 婚丧

喀卓人多在冬天结婚,因为冬天是农闲时间。每场婚礼都由一位年长的、受人尊敬的亲戚来担当婚礼的主持人,他们都使用喀卓语主持婚礼。比如说,主持人通常会用喀卓语说:"现在请新郎吃独席"(兴蒙乡蒙古族风俗,男子一生之中只有在娶妻这天才会独食一桌)等。

喀卓人的丧礼,要吟唱喀卓语的"入棺经"。因为经文中有许多现代生活中已经不再使用的喀卓语古词,所以一般只有村里的长者或做会(兴蒙乡参加各种宗教活动以及节日盛会的半职业性的中老年妇女,大多能歌善舞)才知道怎么念。

综上所述,在兴蒙乡的各种不同场合中,喀卓语都得到了全民性的稳定使用,都发挥了表情达意、沟通思想的重要作用。因此可以认为,喀卓语是喀卓人最为重要的交际工具。

第二节　喀卓语全民稳定使用的条件与因素

一　高度聚居是喀卓语全民稳定使用的客观条件

兴蒙蒙古族乡是云南省唯一的蒙古族聚居乡。全乡东西长度为 3.74 公里,南北跨度 3 公里,总面积只有 4.77 平方公里。全乡有五个自然村,除了桃家嘴在公路的另一侧,其他四个自然村,即中村、白阁、下村和交椅湾连成一片,之间没有明显的边界。具体地理位置如下:

图 2-3

据 2006 年统计①,全乡共有 1712 户 5620 人,其中蒙古族 5424 人,占全乡总人口约 96.5%。兴蒙乡非蒙古族人口及其所占总人口的比例具体如下:

表 2-10

民族	人口数（人）	占全乡总人口的比例（%）
汉族	147	2.6

---

① 通海县兴蒙蒙古族自治乡统计站编《通海县兴蒙蒙古族乡 2006 年统计年鉴》(内部资料)。

民族	人口数（人）	占全乡总人口的比例（%）
彝族	28	0.5
哈尼族	9	0.2
傣族	6	0.1
回族	2	0.03
拉祜族	2	0.03
白族	1	0.02
瑶族	1	0.02
合计	196	3.5

表 2-10 中所列出的这些非蒙古族中，汉族多为县级机关派驻兴蒙乡工作的干部、教师、医生、职工以及少量随婚迁入者，其他各少数民族皆为与蒙古族青年联姻时迁入。兴蒙乡的非蒙古族人口合计仅 196 人，与蒙古族 5424 人的比例为 3.5:96.5。在面积仅 4.77 平方公里的兴蒙乡，蒙古族高度聚居，人口密度高达 1137 人/平方公里。这种高度聚居的状态，成为保证喀卓语的使用的一个重要因素。

在兴蒙乡这个面积不大、人口高度密集的蒙古族社区里，每家每户、每天每处都在须臾不离地频繁使用喀卓语，形成了一个良好的喀卓语语言环境。正如兴蒙一组（中村）村民杨富学的女儿杨秋月（20 岁，现在昆明卫校学习）所言："相对于学说汉语，我觉得喀卓语好学得多，容易学得多，因为我们兴蒙乡有使用喀卓语的语言环境。"兴蒙幼儿园前园长赵丽英在接受采访时也说道："生活在兴蒙乡这个环境里，喀卓语啥时候也少不了啊！他不说你说，你不说我说，我不说他说，总之大家每天都在使用喀卓语进行交流，每天都挂在嘴边。要想学说喀卓语，来我们兴蒙乡住上一段时间，保准能学得很快！我们兴蒙乡，到你家说喀卓语，到我家也说喀卓语，喀卓语是走到哪儿，说到哪儿，玩到哪儿，说到哪儿，无所不在！"在这样一个身边人都说喀卓语的语言环境里，置身其中，并不需要多么刻意地去学，很自然地就能学会听说喀卓语。

二 长期的族内婚是喀卓语得以保存的一个重要条件

婚姻关系会对语言使用情况产生重大的影响。特别是在一些人口少、经济文化处于相对弱势的民族中，与外族通婚比例的偏大常常会对其本族语言的使用造成强烈的冲击，有时甚至会导致语言的转用。如果长时间持续地奉行族内婚，对这个民族语言的保留能起到积极的作用。

在调查中，我们了解到兴蒙乡蒙古族历来就有不成文的规定——男性可以娶其他民族的女子为妻，妇女却不能外嫁。要是有本族女子嫁给外族男子的话，会受到舆论的压力。通海县原政协副主席、兴蒙乡老乡长王立才说："因为我们（蒙古族）人口少，要生存要发展，就必须这样。男子可以娶其他民族的女子，这些妇女嫁进来没多长时间大多能熟练地说喀卓话。"

兴蒙二组（白阁）共有 285 户家庭，族内婚家庭就有 221 户，占全村户数约 77.5%。其中白阁蒙古族男子娶本村的本族女子为妻的"族内婚兼组内婚"家庭就有 99 户之多,占全村户数约 35%。

改革开放之后,兴蒙乡的蒙古族和外族通婚的人渐渐多起来了。兴蒙乡的外族媳妇与女婿,大部分经过三五年的喀卓语语言环境的熏陶,都能说一口流利的喀卓语;少数不能说的也能听懂一些。如兴蒙二组(白阁)蒙古族村民赵进仙,丈夫贺泽伦是四川汉族,入赘到白阁赵家十多年,在日常生活中也能说一些简单的会话,比如"做饭"、"吃饭"、"洗碗"、"扫地"等。

在兴蒙乡的族际婚姻家庭内部,蒙古族家庭成员都和外族成员说喀卓语,这似乎成为一种习惯。不会因为他们喀卓语说不好而改用汉语。在兴蒙乡这样一个蒙古族高度聚居的地方,时时处处听到的都是喀卓语,外族媳妇及女婿们在这样浓厚的喀卓语环境中不可能不发生程度不同的语言兼用。

三　民族凝聚力是喀卓语得以保存的重要因素

喀卓语不仅是兴蒙乡蒙古族的重要语言工具,它与民族心理、民族习惯、民族感情紧密地联系在一起。兴蒙乡的蒙古族对自己的母语喀卓语都怀有深厚的感情,他们把学习和使用喀卓语与保持自己的民族尊严、联络民族内部成员之间的感情紧密联系在一起。这也是喀卓语得以完好保存的一个因素。

喀卓人使用自己的母语进行交际会有一种亲切感与认同感。所以,他们不管是大人还是小孩,不管是有知识的文化人,还是一般的农民,都愿意说本族的语言。他们认为喀卓人不说喀卓语是件害羞的事,会被人看不起。

兴蒙二组(白阁)村民赵清万的女儿赵艳(19 岁)说:"和本民族同学说自己的母语喀卓语使我感到非常亲切。"兴蒙二组(白阁)村民赵辉的女儿赵洁(20 岁),小时候在家里先跟父母亲学会汉语,三四岁后和小伙伴一起玩耍时因为不会说喀卓语很难打成一片,后来她学会了喀卓语,就能与他们沟通了。

兴蒙六组(桃家嘴)的村民普文发,曾在外当兵,还在天津工作过,普通话说得比较好。有一段时间他尝试在家里说普通话,为两个女儿营造一个良好的学习普通话的语言环境。但是,普文发很快就发觉,在兴蒙乡这样一个蒙古族聚居的社区里,只说普通话是根本行不通的。只要一走出家门,他还是得说喀卓语,如果不说喀卓语,会使自己与周边的环境格格不入。

使用喀卓语使得喀卓人有认同感。正如兴蒙乡乡长官学清所言:"对于我们喀卓人而言,语言与服饰是最鲜明的两大民族特征。有喀卓语这种独立的语言和喀卓妇女独具特色的服饰,才能保证喀卓独立社团的存在。"兴蒙乡村民如果常年在外工作或念书,回家后不说喀卓语了,别人就会觉得很别扭!认为他(她)变得骄傲、清高、忘本,连自己的母语都丢了,很不应该!可见,兴蒙乡的蒙古族说喀卓语,不仅是为了日常交际的需要,更饱含着对本民族的感情。

兴蒙乡蒙古族的民族凝聚力还表现在:即使是走出兴蒙乡,去外地打工或念书的兴蒙乡蒙古族,依然坚持说喀卓语。

兴蒙乡被誉为"鲁班之乡",乡里的成年男子大多能够熟练掌握建筑业的专业技能,出外打工是很普遍的现象。以兴蒙五组(交椅湾)为例,在123户家庭中,近七成家庭的男主人去通海县城或附近的其他城镇从事建筑业,早出晚归。他们的打工具有团队性,即一般都是三五个结伴一同前往的,有的是兄弟或表兄弟,有的是邻居或朋友。他们在工地上与汉族人交流就用汉语,本族人之间则还是习惯于说喀卓语,觉得亲切、自如。还有一些到更远的地方(如玉溪市的其他县区,省城昆明,甚至省外)去打工的兴蒙乡的蒙古族,大多是10人以上的"团队"。改革开放以来,兴蒙乡政府曾多次组织乡内的建筑熟练工成立工程队,远赴深圳、珠海、汕头、厦门等经济特区。尽管身在他乡,这些打工的蒙古族村民仍然没有忘记自己是喀卓人,相互之间的交流全都使用喀卓语。

出外念初中、高中、大学的蒙古族学生仍然有着强烈的民族意识,对自己的母语喀卓语有着深厚的感情。如在通海县第八中学(位于河西镇)念初中的华福艳、赵晓霞、普绕芳、期翠辉、赵海霞等几位蒙古族学生,都是住校生,每个周末大家一起骑单车回家。在回家的路上,她们用喀卓语说笑、聊天。通海县第八中学的学生以汉族学生为主,校园里也是以说汉语为主,但华福艳、赵晓霞、普绕芳、期翠辉四人在同一个班级,下课后相处时还是喜欢说喀卓语。

兴蒙乡没有自己的高中,因此兴蒙乡的初中毕业生考上高中,就必须离开本乡去念书。每年都有三五个,有时甚至是十个以上的蒙古族学生升入高中,就读于通海县第一中学(如:杨晓东、赵斌、杨白玉等)、第二中学(如:王霞、赵艳、杨林熙等)及第三中学(如:赵丹、奎亚兰、杨美艳等)。这些在同一所中学念书的蒙古族学生,大家见面都说喀卓语,亲切自如。他们有的是同班同学,有的是同宿舍的室友,相互之间也还是习惯于说喀卓语。

此外,兴蒙乡每年还有少数蒙古族学生考上昆明的高中,例如,兴蒙二组(白阁)村民赵云标的女儿赵明珠(20岁)、村民杨建军的女儿杨丹(18岁),兴蒙五组(交椅湾)村民赵顺文的女儿赵珍(21岁)、赵翠(19岁)等。还有不少考上云南省内外各大专院校的学生,例如,兴蒙二组(白阁)村民杨映芬的儿子杨赠琦(20岁,现就读于北京理工大学),兴蒙中心小学语文教师王翠英的女儿赵婧(22岁,现就读于昆明的西南林学院)等。这些在昆明或云南省外念书的学生,他们虽然没有本民族的同学在身边,但还是能保持自己的母语,一回家就能与家人熟练地使用自己的母语。现代化通讯设备——电话,在兴蒙乡已经普及,即使他们远在千里之外,也可以经常给家里打电话。

四　家庭是母语保存的重要堡垒

家庭是母语保存的重要堡垒。在兴蒙乡,家庭一直是喀卓语使用最充分、最频繁的场所。上个世纪80年代末以前,汉语的家庭教学还没有得到普遍重视时,兴蒙乡几乎所有的蒙古族家庭都使用喀卓语进行日常交际。上个世纪80年代末至今,虽然家庭内部的汉语教育受到重视,出现了一些以汉语为第一语言的少年儿童,但是大多数家庭内部的用语依然是喀卓语,或以喀卓语为主。

　　女性在喀卓语传承中发挥着至关重要的作用。兴蒙乡蒙古族女性无论在家庭内部，还是在各项社会活动中，都享有与男性同等的地位。她们勤劳肯干，能吃苦，是家庭中必不可少的劳动力。很多蒙古族家庭，男性外出打工，留在家中的女性承担起了家庭的全部重担，包括田里的农活和所有的家务。以烟叶种植为例，培土、育苗、移栽、田间管理、修烟、编烟、烤烟、选烟等一系列工序，主要靠妇女田间操作。

　　兴蒙乡历来没有重男轻女、藐视妇女的陈旧观念，各种祭祀活动妇女都可以自由参加，各种节日庆典，如"鲁班节"、"忆祖节"、"那达慕节"等，妇女都是重要的策划者和参与者。改革开放以来，喀卓妇女地位又得到了很大提升。很多家庭的经济大权都由家中的女主人掌控，家里大大小小各种事宜的处理，妇女也都有自己的发言权与执行权。

　　女性在家庭和社会中具有重要地位，对母语喀卓语的传承也发挥着至关重要的作用。喀卓小孩学说喀卓语大多是跟随母亲或奶奶、阿婆（外婆）学到的。如兴蒙二组（白阁）村民赵清万长年在外打工，每年只有节假日才回兴蒙乡，妻子王翠英是兴蒙中心小学的语文教师，平时工作非常繁忙。他们的女儿赵艳（19 岁）由奶奶带大，因此，赵艳从奶奶那里学到了大量的喀卓语词汇，还学会了许多喀卓语童谣。赵清万在外打工二十多年，很多日常生活中不常用的喀卓语词汇已经记不清了，回家后，他惊喜地发现女儿赵艳的喀卓语词汇量甚至比他的词汇量还要大得多。

第三章　喀卓人兼用汉语的现状及其成因

　　兴蒙乡蒙古族是一个全民双语的民族,他们除了使用自己的语言外,还普遍掌握汉语。早在上个世纪 80 年代,喀卓人除了一些学龄前儿童和个别高龄老人外,就已普遍是双语人。改革开放二十多年来,随着经济的发展,文化教育水平的提高,喀卓人不仅完好地保持了母语喀卓语的活力,而且他们的汉语水平也有了很大的提高。汉语在兴蒙乡蒙古族的社会生活、家庭生活诸方面都起着越来越重要的作用。

第一节　汉语是喀卓人重要的交际工具

一　汉语使用的普遍性

　　从兼用汉语的人口数量来看,喀卓人不分年龄、性别,不问职业、文化程度,人人都能熟练使用汉语,属全民双语型。

　　以下是兴蒙乡五村六组 6 岁以上(含 6 岁)不同年龄段喀卓人汉语能力的统计表:

表 3-1　兴蒙一组(中村)不同年龄段汉语语言能力统计表

年龄段	总人口/人	熟练		略懂		不会	
		人口/人	百分比/%	人口/人	百分比/%	人口/人	百分比/%
1988—2001 年生(6～19 岁)	332	332	100	0	0	0	0
1948—1987 年生(20～59 岁)	631	630	99.8	1	0.2	0	0
1948 年前生(60 岁以上)	186	186	100	0	0	0	0
合计	1149	1148	99.9	1	0.1	0	0

表 3-2　兴蒙二组(白阁)不同年龄段汉语语言能力统计表

年龄段	总人口/人	熟练		略懂		不懂	
		人口/人	百分比/%	人口/人	百分比/%	人口/人	百分比/%
1988—2001 年生(6～19 岁)	269	269	100	0	0	0	0
1948—1987 年生(20～59 岁)	575	575	100	0	0	0	0
1948 年前生(60 岁以上)	172	165	95.9	7	4.1	0	0
合计	1016	1009	99.3	7	0.7	0	0

表 3-3　兴蒙三组（下村）不同年龄段汉语语言能力统计表

年龄段	总人口/人	熟练		略懂		不会	
		人口/人	百分比/%	人口/人	百分比/%	人口/人	百分比/%
1988—2001 年生（6～19 岁）	190	190	100	0	0	0	0
1948—1987 年生（20～59 岁）	452	452	100	0	0	0	0
1948 年前生（60 岁以上）	116	115	99.1	1	0.9	0	0
合计	758	757	99.9	1	0.1	0	0

表 3-4　兴蒙四组（下村）不同年龄段汉语语言能力统计表

年龄段	总人口/人	熟练		略懂		不会	
		人口/人	百分比/%	人口/人	百分比/%	人口/人	百分比/%
1988—2001 年生（6～19 岁）	110	110	100	0	0	0	0
1948—1987 年生（20～59 岁）	236	236	100	0	0	0	0
1948 年前生（60 岁以上）	63	63	100	0	0	0	0
合计	409	409	100	0	0	0	0

表 3-5　兴蒙五组（交椅湾）不同年龄段汉语语言能力统计表

年龄段	总人口/人	熟练		略懂		不懂	
		人口/人	百分比/%	人口/人	百分比/%	人口/人	百分比/%
1988—2001 年生（6～19 岁）	114	114	100	0	0	0	0
1948—1987 年生（20～59 岁）	221	220	99.5	1	0.5	0	0
1948 年前生（60 岁以上）	52	52	100	0	0	0	0
合计	387	386	99.7	1	0.3	0	0

表 3-6　兴蒙六组（桃家嘴）不同年龄段汉语语言能力统计表

年龄段	总人口/人	熟练		略懂		不懂	
		人口/人	百分比/%	人口/人	百分比/%	人口/人	百分比/%
1988—2001 年生（6～19 岁）	334	334	100	0	0	0	0
1948—1987 年生（20～59 岁）	736	736	100	0	0	0	0
1948 年前生（60 岁以上）	196	196	100	0	0	0	0
合计	1266	1266	100	0	0	0	0

表 3-7　兴蒙乡各组汉语熟练人口百分比总表

村民小组	汉语熟练的人口百分比/%
一组	99.9
二组	99.3
三组	99.9
四组	100

（续表）

村民小组	汉语熟练的人口百分比/%
五组	99.7
六组	100
平均值	99.8

　　以上统计显示,在兴蒙乡五村六组 4985 人(6 岁以下的儿童不计)中,除了 10 人汉语水平是"略懂"外,其他人都是"熟练"。汉语"略懂"的 10 人中,除了一组的王富心(57 岁)和五组的杨送还(27 岁)由于久病不常出门,汉语水平不高外,其余 8 人都是 1920 年以前出生,且未受过教育的高龄老人。下面仅列举兴蒙四组(下村)每户、每人的喀卓语使用情况。

表 3-8

序号	家庭关系	姓名	出生年月①	民族	文化程度	汉语是否为其第一语言	汉语水平
1	户主	杨进英	46/02	蒙古	文盲	O	熟练
2	户主	奎兆学	68/08	蒙古	初中	O	熟练
	配偶	管龙珠	72/11	汉	初中	O	熟练
	长子	奎志东	98/11	蒙古	小学	√	熟练
	长女	奎志嘉	02/12	蒙古		√	熟练
3	户主	奎学文	70/06	蒙古	高中	O	熟练
	配偶	奎庆丽	71/09	蒙古	初中	O	熟练
	长女	奎霞	97/09	蒙古	小学	√	熟练
4	户主	赵家位	42/05	蒙古	小学	O	熟练
	配偶	杨传英	42/06	蒙古	文盲	O	熟练
5	户主	赵自华	66/01	蒙古	初中	O	熟练
	配偶	普丽英	63/10	蒙古	高中	O	熟练
	长子	赵文锋	85/10	蒙古	高中	O	熟练
	长女	赵文瑾	96/12	蒙古	小学	√	熟练
6	户主	赵二华	68/07	蒙古	小学	O	熟练
	配偶	期巧芬	71/05	蒙古	小学	O	熟练
	长女	赵海霞	90/04	蒙古	小学	O	熟练
	长子	赵冰	92/10	蒙古	小学	O	熟练
7	户主	赵定华	75/01	蒙古	初中	O	熟练
	配偶	王淑瑶	77/04	蒙古	初中	O	熟练
	长女	赵舒梅	97/04	蒙古	小学	√	熟练
	次女	赵舒敏	03/01	蒙古		√	熟练
8	户主	赵会荣	36/03	蒙古	文盲	O	熟练
	配偶	赵云仙	35/03	蒙古	文盲	O	熟练
9	户主	赵华文	68/11	蒙古	小学	O	熟练
	配偶	王文芬	69/01	蒙古	初中	O	熟练
	长子	赵双云	91/06	蒙古	小学	O	熟练
	次子	赵双龙	91/06	蒙古	小学		熟练

---

　　① 由于 6 岁以下儿童(0—5 岁)的语言能力不甚稳定,所以本书在统计数据时,把调查对象的年龄划定在 6 岁(含 6 岁)之上。但为了保持各村民小组信息的完整性,在逐一列出各村民小组每户家庭的语言使用情况时,也包括了 0—5 岁的儿童的基本信息。

10	户主	赵华学	71/11	蒙古	小学	O	熟练
	配偶	普学英	70/12	蒙古	小学	O	熟练
	长女	赵雪芳	94/08	蒙古	小学	O	熟练
	长子	赵金	96/06	蒙古	小学	O	熟练
11	户主	旃实勇	70/07	蒙古	小学	O	熟练
	配偶	赵自平	76/02	蒙古	小学	O	熟练
	母亲	杨桂仙	25/10	蒙古	文盲	O	熟练
	长女	旃丽娜	96/01	蒙古	小学	√	熟练
	次女	旃丽娟	02/08	蒙古		√	熟练
12	户主	华文彪	54/11	蒙古	小学	O	熟练
	配偶	奎进英	54/06	蒙古	小学	O	熟练
	母亲	赵为英	22/01	蒙古	文盲	O	熟练
	长女	华剑琼	83/04	蒙古	高中	O	熟练
	次女	华玲青	85/02	蒙古	初中	O	熟练
	长子	华剑塔	88/02	蒙古	高中	O	熟练
13	户主	华必善	42/05	蒙古	小学	O	熟练
	配偶	官兰芬	45/07	蒙古	小学	O	熟练
14	户主	华剑喜	69/03	蒙古	小学	O	熟练
	配偶	王富仙	75/04	蒙古	小学	O	熟练
	长子	华群超	94/06	蒙古	小学	√	熟练
	次子	华群文	98/07	蒙古	小学	√	熟练
15	户主	华进明	70/10	蒙古	初中	O	熟练
	配偶	赵艳琼	72/02	蒙古	初中	O	熟练
	母亲	王秀英	37/05	蒙古	文盲	O	熟练
	长子	华贝贝	94/04	蒙古	小学	√	熟练
	次子	华祥虎	98/07	蒙古	小学	√	熟练
16	户主	华进文	68/04	蒙古	初中	O	熟练
	配偶	赵进仙	68/12	汉	初中	√	熟练
	长女	华小霞	89/01	蒙古	初中	√	熟练
	次女	华小琳	97/01	蒙古	小学	√	熟练
17	户主	华俊程	63/08	蒙古	高中	O	熟练
	配偶	赵丽仙	63/05	蒙古	小学	O	熟练
	长子	华福辉	87/01	蒙古	高中	O	熟练
	长女	华福艳	89/05	蒙古	高中	O	熟练
18	户主	华丕新	65/06	蒙古	初中	O	熟练
	配偶	华世英	68/02	蒙古	小学	O	熟练
	长女	华寸丽	89/08	蒙古	初中	O	熟练
	次女	华丽霞	92/02	蒙古	小学	O	熟练
19	户主	华丕有	67/09	蒙古	初中	O	熟练
	配偶	赵自芬	67/05	蒙古	初中	O	熟练
	长子	华江锋	93/03	蒙古	初中	O	熟练
	次子	华江敖	97/01	蒙古	小学	O	熟练

20	户主	华坤林	46/11	蒙古	小学	O	熟练
	配偶	赵如香	46/11	蒙古	初中	O	熟练
	二女	华菊丽	80/07	蒙古	文盲	O	熟练
	二女婿	赵正和	78/01	蒙古	初中	O	熟练
	三女	华菊英	84/07	蒙古	初中	O	熟练
	长孙女	华怡馨	02/06	蒙古		√	熟练
	长孙	华晗斌	06/09	蒙古			
21	户主	普智文	62/10	蒙古	初中	O	熟练
	配偶	杨淑英	63/11	蒙古	小学	O	熟练
	长女	普存芳	86/09	蒙古	初中	O	熟练
	长子	普方敏	89/08	蒙古	中专	O	熟练
22	户主	奎旺芬	32/05	蒙古	文盲	O	熟练
	配偶	华荣兴	33/06	蒙古	小学	O	熟练
23	户主	招玉芬	65/03	蒙古	初中	O	熟练
	配偶	华兆喜	67/04	蒙古	小学	O	熟练
	长子	华伟	91/01	蒙古	小学	√	熟练
	次子	华刚	95/03	蒙古	初中	√	熟练
24	户主	赵丽萍	73/02	蒙古	初中	O	熟练
	配偶	华兆进	70/11	蒙古	小学	O	熟练
	长女	华艳	95/01	蒙古	初中	√	熟练
25	户主	王琼仙	63/05	蒙古	初中	O	熟练
	长女	华跃丽	89/10	蒙古	初中	O	熟练
26	户主	赵汝英	52/03	蒙古	小学	O	熟练
	母亲	杨化玉	31/05	蒙古	文盲	O	熟练
	长女	杨青丽	76/09	蒙古	初中	O	熟练
	长女婿	赵鸿鹏	74/01	蒙古	初中	O	熟练
	二女	杨青艳	81/09	蒙古	初中	O	熟练
	三女	杨青文	83/11	蒙古	中专	O	熟练
	长孙子	杨书	97/05	蒙古	小学	√	熟练
	长孙女	杨帅	02/04	蒙古		√	熟练
27	户主	杨秀琼	70/01	蒙古	初中	O	熟练
	配偶	王林良	56/09	汉	初中	√	熟练
	长子	王沙沙	88/08	蒙古	高中	√	熟练
	次女	王娜娜	92/08	蒙古	初中	√	熟练
28	户主	奎体有	55/05	蒙古	脱盲	O	熟练
	配偶	华汝仙	53/05	蒙古	脱盲	O	熟练
	长女	华映帆	83/04	蒙古	初中	O	熟练
	长子	奎智文	88/06	蒙古	初中	O	熟练
29	户主	华时锁	38/03	蒙古	文盲	O	熟练
	配偶	王普芬	38/08	蒙古	文盲	O	熟练
	长子	华红	77/11	蒙古	初中	O	熟练
	长媳	杨美春	73/12	汉	初中	√	熟练
	长孙	华杰	00/08	蒙古		√	熟练

30	户主	华丕富	50/06	蒙古	小学	O	熟练
	配偶	赵文英	53/03	蒙古	文盲	O	熟练
31	户主	华进	70/01	蒙古	初中	O	熟练
	配偶	王丽英	71/01	蒙古	初中	O	熟练
	长女	华送婷	98/06	蒙古	小学	√	熟练
32	户主	华丕剑	65/03	蒙古	初中	O	熟练
	配偶	官丽芬	70/06	蒙古	初中	O	熟练
	长子	华高才	91/06	蒙古	小学	O	熟练
	长女	华彩霞	93/09	蒙古	小学	O	熟练
33	户主	华四宏	77/12	蒙古	初中	O	熟练
	配偶	王晓庆	80/06	蒙古	初中	O	熟练
	母亲	期存英	50/07	蒙古	小学	O	熟练
	长女	华蓉	02/08	蒙古		√	熟练
34	户主	奎秀英	68/11	蒙古	初中	O	熟练
	父亲	华永诚	32/05	蒙古	小学	O	熟练
	母亲	赵化芬	32/04	蒙古	文盲	O	熟练
	长女	华蕊	91/06	蒙古	初中	√	熟练
	次女	华获	97/01	蒙古	小学	√	熟练
35	户主	华荣寿	42/03	蒙古	小学	O	熟练
	二子	华兆武	68/07	蒙古	初中	O	熟练
	二儿媳	官武芬	68/10	蒙古	初中	O	熟练
	长孙	华凯	95/02	蒙古	小学	√	熟练
	长孙女	华凯艳	97/12	蒙古	小学	√	熟练
36	户主	华兆文	63/05	蒙古	初中	O	熟练
	配偶	期柱英	61/11	蒙古	小学	O	熟练
	长子	华剑明	86/06	蒙古	初中	O	熟练
	长女	华明丽	88/10	蒙古	初中	O	熟练
37	户主	王立文	53/02	蒙古	小学	O	熟练
	配偶	华汝英	53/06	蒙古	小学	O	熟练
	母亲	华黄英	23/06	蒙古	文盲	O	熟练
	长子	王跃辉	77/01	蒙古	初中	O	熟练
	次子	王庆辉	79/10	蒙古	初中	O	熟练
	次子媳	赵金丽	79/10	蒙古	高中	O	熟练
	长孙	王锦寒	03/11	蒙古	文盲	√	熟练
38	户主	王立龙	37/12	蒙古	文盲	O	熟练
39	户主	王剑成	69/10	蒙古	初中	O	熟练
	配偶	施美珍	72/05	彝族	初中	√	熟练
	长女	王艳芬	93/01	蒙古	初中	√	熟练
	长子	王冬伟	96/12	蒙古	小学	√	熟练
40	户主	王剑明	64/04	蒙古	初中	O	熟练
	配偶	杨淑芬	62/04	蒙古	小学	O	熟练
	长女	王自玉	88/01	蒙古	初中	O	熟练
	次女	王自详	91/03	蒙古	小学	O	熟练
	长子	王自松	94/11	蒙古	小学	O	熟练

	户主	华财伟	79/01	蒙古	初中	O	熟练
	配偶	王文锐	79/11	蒙古	初中	O	熟练
41	母亲	华桂仙	45/06	汉	小学	√	熟练
	长女	华小玲	02/02	蒙古		√	熟练
	次女	华小妹	07/05	蒙古			
	户主	华荣文	65/03	蒙古	小学	O	熟练
42	配偶	普玉兰	66/06	彝族	小学	O	熟练
	长女	华海玉	90/09	蒙古	小学	√	熟练
	长子	华海祥	92/01	蒙古	小学	√	熟练
	户主	普智学	55/06	蒙古	小学	O	熟练
	配偶	王富英	55/01	蒙古	文盲	O	熟练
43	母亲	赵所会	17/04	蒙古	文盲	O	熟练
	长子	陈大胞	83/06	蒙古	初中	O	熟练
	次子	陈伟陆	83/06	蒙古	初中	O	熟练
	次子媳	奎达丽	84/10	蒙古	文盲	O	熟练
	户主	杨秀芬	53/06	蒙古	小学	O	熟练
44	配偶	王如团	51/	蒙古	初中	O	熟练
	母亲	赵化阳	18/05	蒙古	文盲	O	熟练
	户主	赵文进	65/12	蒙古	初中	O	熟练
	配偶	赵云芬	66/05	蒙古	小学	O	熟练
45	母亲	赵玉花	28/05	蒙古	文盲	O	熟练
	长子	赵强	90/07	蒙古	初中	O	熟练
	长女	赵翠	91/11	蒙古	初中	O	熟练
	户主	赵文富	62/12	蒙古	初中	O	熟练
46	配偶	招进芬	63/09	蒙古	小学	O	熟练
	长子	赵龙	87/10	蒙古	初中	O	熟练
	长女	赵梅	90/02	蒙古	初中	O	熟练
47	户主	华兆林	39/07	蒙古	高中	O	熟练
	配偶	奎桂仙	38/10	蒙古	文盲	O	熟练
	户主	华剑春	73/02	蒙古	初中	O	熟练
48	配偶	赵晓红	74/10	蒙古	初中	O	熟练
	长女	华伟芳	96/01	蒙古	小学	√	熟练
	次女	华雨娟	00/12	蒙古		√	熟练
	户主	官敬云	54/06	蒙古	小学	O	熟练
	配偶	赵顺英	54/06	蒙古	初中	O	熟练
49	长子	官跃文	79/10	蒙古	初中	O	熟练
	长媳	赵金燕	82/02	蒙古	高中	O	熟练
	母亲	官王氏	24/04	蒙古	文盲	O	熟练
	户主	官学进	46/12	蒙古	小学	O	熟练
50	配偶	王秀仙	48/03	蒙古	文盲	O	熟练
	长女	官芬	79/11	蒙古	初中	O	熟练
	次女	官艳	82/08	蒙古	中专	O	熟练

51	户主	官华	76/08	蒙古	初中	O	熟练
	配偶	王兰英	78/11	蒙古	初中	O	熟练
52	户主	奎来敬	50/09	蒙古	小学	O	熟练
	配偶	华应秀	50/07	蒙古	小学	O	熟练
	母亲	赵会珍	27/07	蒙古	文盲	O	熟练
	次子	奎润金	77/01	蒙古	初中	O	熟练
	次子媳	官美丽	79/12	蒙古	初中	O	熟练
	长孙女	奎若兰	02/10	蒙古		√	熟练
	长孙	奎荣鸿	07/01	蒙古			
	次女	奎全梅	79/11	蒙古	中专	O	熟练
53	户主	奎全融	71/11	蒙古	初中	O	熟练
	配偶	赵玉清	78/06	蒙古	初中	O	熟练
	长子	奎红帆	97/10	蒙古	小学	√	熟练
54	户主	华会有	70/03	蒙古	初中	O	熟练
	配偶	赵秀清	73/01	蒙古	初中	O	熟练
	母亲	官桂英	38/05	蒙古	文盲	O	熟练
	长子	华振南	94/01	蒙古	小学	√	熟练
	次子	华振鑫	98/02	蒙古	小学	√	熟练
55	户主	华会祥	66/05	蒙古	初中	O	熟练
	配偶	官文英	66/08	蒙古	初中	O	熟练
	长子	华吉明	90/10	蒙古	初中	O	熟练
	长女	华吉芳	95/02	蒙古	小学	√	熟练
56	户主	王富春	71/06	蒙古	初中	O	熟练
	配偶	许维丽	77/05	汉	初中	√	熟练
	母亲	华树英	37/10	蒙古	小学	O	熟练
	长女	王澜婷	00/01	蒙古			聋哑人
57	户主	王富明	69/08	蒙古	文盲	√	聋哑人
	配偶	王立会	68/01	蒙古	小学	O	熟练
	长女	王芳润	94/09	蒙古	小学	O	熟练
	长子	王凯	96/10	蒙古	小学	O	熟练
58	户主	官进芬	48/10	蒙古	文盲	O	熟练
59	户主	华建学	63/06	蒙古	初中	O	熟练
	配偶	杨智慧	62/03	蒙古	初中	O	熟练
	长女	华桃红	87/04	蒙古	初中	O	熟练
	长子	华桃春	89/04	蒙古	初中	O	熟练
60	户主	华建文	70/03	蒙古	初中	O	熟练
	配偶	赵爱蓉	78/03	蒙古	初中	O	熟练
	母亲	赵美英	36/06	蒙古	文盲	O	熟练
	长女	华曼妮	01/06	蒙古		√	熟练
	长子	华达尔	05/09	蒙古			
61	户主	王开恩	30/08	蒙古	文盲	O	熟练
	配偶	奎联芳	35/08	蒙古	文盲	O	熟练
	长孙女	留蓉	88/10	蒙古	小学	O	熟练
	长孙	王赢辉	91/01	蒙古	小学	O	熟练

	户主	华金应	63/02	蒙古	初中	O	熟练
	配偶	赵进芬	62/02	蒙古	小学	O	熟练
62	母亲	华赵氏	29/08	蒙古	文盲	O	熟练
	长女	华培蕾	86/08	蒙古	初中	O	熟练
	长子	华培号	88/10	蒙古	小学	O	熟练
	户主	华文明	50/02	蒙古	小学	O	熟练
	配偶	赵树芬	53/04	蒙古	小学	O	熟练
	长女	华春英	82/05	蒙古	初中	O	熟练
63	长女婿	期应华	80/06	蒙古	初中	O	略懂
	三女	华师艳	86/08	蒙古	初中	O	熟练
	长孙女	华宇	03/07	蒙古		√	熟练
	户主	王茂云	50/05	蒙古	小学	O	熟练
	配偶	赵进英	51/01	蒙古	文盲	O	熟练
64	长子	王保明	79/09	蒙古	初中	O	熟练
	长女	王保芳	83/05	蒙古	初中	O	熟练
	长媳	普红兰	81/09	蒙古	初中	O	熟练
	长孙	王文宇	04/12	蒙古		√	熟练
	户主	王茂新	54/03	蒙古	小学	O	熟练
	配偶	王立英	61/12	蒙古	小学	O	熟练
65	长女	王春芬	83/01	蒙古	初中	O	熟练
	次女	王二芬	85/06	蒙古	初中	O	熟练
	长子	王春红	87/11	蒙古	初中	O	熟练
66	户主	李桂英	30/06	彝族	文盲	O	熟练
	配偶	王开德	27/04	蒙古	文盲	O	熟练
	户主	华金明	61/11	蒙古	小学	O	熟练
	配偶	王丽慧	64/08	蒙古	初中	O	熟练
67	长女	华佳梅	86/01	蒙古	高中	O	熟练
	次女	华佳桂	88/10	蒙古	初中	O	熟练
	长子	华保根	94/11	蒙古	小学	O	熟练
68	户主	期进芬	52/02	蒙古	小学	O	熟练
	户主	华丕兆	69/11	蒙古	初中	O	熟练
	配偶	王玉会	70/05	蒙古	初中	O	熟练
69	母亲	官彩顺	25/11	蒙古	文盲	O	熟练
	长女	华雅晴	92/08	蒙古	初中	O	熟练
	长子	华天博	96/05	蒙古	小学	√	熟练
	户主	华丕明	74/01	蒙古	初中	O	熟练
	配偶	招仙	70/12	蒙古	初中	O	熟练
70	母亲	杨进芬	33/09	蒙古	文盲	O	熟练
	长子	华智能	94/11	蒙古	小学	√	熟练
	次子	华智肖	00/09	蒙古		√	熟练
	户主	华丕信	67/05	蒙古	初中	O	熟练
	配偶	赵自丽	68/09	蒙古	初中	O	熟练
71	父亲	华荣祥	29/09	蒙古	文盲	O	熟练
	长女	华顺琼	91/07	蒙古	小学	√	熟练
	长子	华芳伟	93/11	蒙古	小学	√	熟练

	户主	华丕招	50/05	蒙古	小学	O	熟练
	弟弟	华丕应	63/06	蒙古	初中	O	熟练
	弟媳	华丕芬	53/03	蒙古	小学	O	熟练
72	长子	华锦才	81/01	蒙古	初中	O	熟练
	长媳	招丽	85/01	蒙古	初中	O	熟练
	侄女	华锦绣	84/12	蒙古	中专	O	熟练
	长孙女	华柯瑶	07/03	蒙古			
	户主	奎常芬	62/10	蒙古	初中	O	熟练
73	长女	奎圆节	86/09	蒙古	大学	O	熟练
	长子	奎春龙	88/05	蒙古	高中	O	熟练
	户主	赵文芬	56/04	蒙古	小学	O	熟练
74	长媳	杨红霞	83/06	汉	初中	√	熟练
	长孙	王译	05/08	蒙古		√	熟练
	户主	王利红	73/03	蒙古	初中	O	熟练
	配偶	普逢慧	73/11	蒙古	小学	O	熟练
75	母亲	期立英	48/01	蒙古	小学	O	熟练
	长子	王潘	93/10	蒙古	初中	√	熟练
	次子	王泽	96/01	蒙古	小学	√	熟练
76	户主	华荣昌	32/03	蒙古	文盲	O	熟练
	配偶	期汝英	33/04	蒙古	文盲	O	熟练
77	户主	王从信	49/08	蒙古	小学	O	熟练
	配偶	奎如英	51/10	蒙古	小学	O	熟练
	户主	王华	74/01	蒙古	初中	O	熟练
78	配偶	王丽辉	74/11	蒙古	初中	O	熟练
	长子	王金银	96/03	蒙古	小学	√	熟练
	次子	王金群	01/09	蒙古		√	熟练
	户主	王二新	53/12	蒙古	初中	O	熟练
	配偶	杨凤仙	55/05	蒙古	小学	O	熟练
79	长子	王利格	79/05	蒙古	初中	O	熟练
	长媳	王丽芳	81/01	蒙古	高中	O	熟练
	次子	王利文	81/07	蒙古	初中	O	熟练
	孙子	王宇磊	03/10	蒙古		√	熟练
80	户主	王二有	68/12	蒙古	初中	O	熟练
	配偶	奎庆芬	68/11	蒙古	初中	O	熟练
	户主	王诚旭	73/01	蒙古	初中	O	熟练
	配偶	王兆芬	73/08	蒙古	初中	O	熟练
81	母亲	官凤仙	47/06	蒙古	文盲	O	熟练
	长女	王春芽	96/03	蒙古	小学	√	熟练
	次女	王雨婷	00/05	蒙古		√	熟练
	户主	华丕林	56/08	蒙古	小学	O	熟练
82	配偶	王进英	56/09	蒙古	文盲	O	熟练
	长子	华富靖	84/11	蒙古	初中	O	熟练

	户主	华应文	63/02	蒙古	初中	O	熟练
83	配偶	华进英	63/02	蒙古	小学	O	熟练
	长女	华龙丽	88/10	蒙古	初中	O	熟练
	次女	华龙梅	92/02	蒙古	小学	O	熟练
84	户主	普立芬	44/10	蒙古	文盲	O	熟练
	配偶	华荣运	41/02	蒙古	小学	O	熟练
85	户主	赵世芬	32/01	蒙古	文盲	O	熟练
	户主	期德富	43/04	蒙古	小学	O	熟练
86	母亲	官炳仙	23/02	蒙古	文盲	O	熟练
	长孙	期李斌	97/11	蒙古	小学	√	熟练
87	户主	赵应芬	44/07	蒙古	文盲	O	熟练
	户主	期俊祥	78/12	蒙古	初中	O	熟练
88	配偶	期艳丽	81/12	蒙古	初中	O	熟练
	长女	期欣然	05/05	蒙古		√	熟练
89	户主	期绍山	34/09	蒙古	文盲	O	熟练
	配偶	王应仙	41/09	蒙古	文盲	O	熟练
	户主	期立才	65/01	蒙古	小学	O	熟练
90	配偶	华金芬	66/08	蒙古	小学	O	熟练
	长女	期莲芳	88/09	蒙古	小学	O	熟练
	长子	期莲波	90/03	蒙古	小学	O	熟练
	户主	期文贵	64/04	蒙古	初中	O	熟练
	配偶	华进仙	67/01	蒙古	小学	O	熟练
91	母亲	赵义英	31/02	蒙古	文盲	O	熟练
	长女	期寸辉	89/06	蒙古	高中	O	熟练
	长子	期二辉	92/09	蒙古	初中	O	熟练
92	户主	期金喜	52/10	蒙古	小学	O	熟练
	配偶	普竹芬	55/10	蒙古	小学	O	熟练
	户主	期金善	49/10	蒙古	小学	O	熟练
93	配偶	赵为芬	50/10	蒙古	文盲	O	熟练
	长子	期会华	78/12	蒙古	高中	O	熟练
	长媳	蒋芸	81/05	汉	高中	√	熟练
	户主	奎阳仙	63/04	蒙古	初中	O	熟练
94	配偶	杨家荣	68/03	汉	初中	√	熟练
	长女	期美丽	85/06	蒙古	初中	O	熟练
	长子	期美荣	87/07	蒙古	初中	O	熟练
	户主	奎送芬	54/10	蒙古	小学	O	熟练
	长子	期利明	81/05	蒙古	初中	O	熟练
95	长媳	赵立梅	88/13	蒙古	初中	O	熟练
	次子	期吉存	85/01	蒙古	初中	O	熟练
	次子媳	官莹华	85/07	蒙古	初中	O	熟练
	户主	期巧新	62/07	蒙古	初中	O	熟练
96	配偶	赵荣英	66/08	蒙古	小学	O	熟练
	长女	期玉兰	86/11	蒙古	中专	O	熟练
	长子	期玉龙	89/04	蒙古	初中	O	熟练

97	户主	期文林	55/02	蒙古	小学	O	熟练
	配偶	赵柱英	56/03	蒙古	小学	O	熟练
98	户主	代存志	72/05	蒙古	初中	O	熟练
	配偶	华红英	74/11	蒙古	小学	O	熟练
	母亲	杨桂英	36/04	蒙古	文盲	O	熟练
	长女	代箫文	01/02	蒙古		√	熟练
99	户主	赵秀英	44/05	蒙古	文盲	O	熟练
	次子	代晋富	70/12	蒙古	小学	O	熟练
	次子媳	杨丽芬	74/01	汉	初中	√	熟练
	长孙	代杨冬	03/12			√	熟练
100	户主	赵润芬	67/10	蒙古	小学	O	熟练
	配偶	贺泽华	65/02	汉	小学	√	熟练
	长女	代海梅	92/12	蒙古	小学	O	熟练
	次女	代海燕	95/09	蒙古	小学	O	熟练
101	户主	杨东朝	42/04	蒙古	文盲	O	熟练
	配偶	王时妹	44/09	蒙古	小学	O	熟练
102	户主	王时进	42/12	蒙古	小学	O	熟练
	配偶	赵如英	43/02	蒙古	小学	O	熟练
103	户主	王富有	72/02	蒙古	高中	O	熟练
	配偶	赵汝春	75/10	蒙古	初中	O	熟练
	长子	王龙	96/09	蒙古	小学	√	熟练
104	户主	王富云	74/01	蒙古	初中	O	熟练
	配偶	赵富仙	74/05	蒙古	初中	O	熟练
	长子	王涛	93/11	蒙古	小学	√	熟练
	次子	王康	99/09	蒙古	小学	√	熟练
105	户主	王富荣	69/10	蒙古	小学	O	熟练
	配偶	王兆囡	68/09	蒙古	小学	O	熟练
	长子	王鸽	92/09	蒙古	小学	O	熟练
	次子	王超	95/05	蒙古	小学	O	熟练
106	户主	王富应	67/01	蒙古	初中	O	熟练
	配偶	赵秀仙	66/02	蒙古	初中	O	熟练
	长子	王伟	89/06	蒙古	高中	O	熟练
	次子	王敏	91/03	蒙古	初中	O	熟练
107	户主	期金明	31/03	蒙古	文盲	O	熟练
	配偶	王桂仙	30/08	蒙古	文盲	O	熟练
108	户主	期应华	65/10	蒙古	小学	O	熟练
	配偶	赵晓芳	69/11	蒙古	初中	O	熟练
	长子	期波涛	90/08	蒙古	小学	O	熟练
	次子	期跃波	94/08	蒙古	小学	√	熟练
109	户主	期保林	55/04	蒙古	初中	O	熟练
	配偶	杨秀英	55/06	蒙古	小学	O	熟练
	长子	期学润	80/12	蒙古	初中	O	熟练
	长媳	赵玉情	84/05	蒙古	初中	O	熟练
	长孙	期宏峰	05/05	蒙古		√	略懂

110	户主	华秀英	30/06	蒙古	文盲	O	熟练
111	户主	期永祥	62/07	蒙古	初中	O	熟练
	配偶	王琼芬	63/02	蒙古	初中	O	熟练
	长子	期雪冲	85/05	蒙古	初中	O	熟练
112	户主	期金和	31/05	蒙古	文盲	O	熟练
	配偶	期王氏	30/01	蒙古	文盲	O	熟练
113	户主	期文青	71/02	蒙古	小学	O	熟练
	配偶	赵秀丽	71/04	蒙古	小学	O	熟练
	长子	期伟	97/06	蒙古	小学	√	熟练
	长女	期霞	00/10	蒙古		√	熟练
114	户主	期文凤	62/10	蒙古	初中	O	熟练
	配偶	期进仙	65/12	蒙古	初中	O	熟练
	长子	期立波	87/02	蒙古	初中	O	熟练
	次子	期立云	88/12	蒙古	初中	O	熟练
115	户主	华必英	63/02	蒙古	小学	O	熟练
	配偶	许显昌	60/12	蒙古	小学	O	熟练
	长女	期秋霞	89/12	蒙古		O	熟练
	长子	期秋杰	92/01	蒙古	小学	O	熟练
116	户主	期维元	68/06	蒙古	初中	O	熟练
	配偶	杨明英	69/03	蒙古	初中	O	熟练
	长子	期天宇	89/06	蒙古	小学	O	熟练
	次子	期天乾	95/08	蒙古	小学	O	熟练
117	户主	期巧进	75/07	蒙古	初中	O	熟练
	配偶	杨雪冰	80/03	蒙古	初中	O	熟练
	长女	期若楠	01/10	蒙古		√	熟练
	长子	期方亮	07/01	蒙古			
118	户主	期梅华	79/03	蒙古	初中	O	熟练
	母亲	郭会珍	51/12	彝族	文盲	O	熟练
119	户主	奎位	74/11	蒙古	初中	O	熟练
	长女	陈汉蒙娜	03/01	蒙古		√	熟练

再从使用场合看,无论是在家庭内部、村寨内部还是在全乡范围内,汉语都得到了广泛的使用。

一般说来,在喀卓人家庭中,家庭内部使用喀卓语,对外族客人使用汉语。近年来,随着族际婚姻家庭的增多,家庭内部使用汉语有逐渐增多的趋势。改革开放以后,随着经济文化的发展以及对教育的重视,兴蒙乡的许多喀卓人家庭在孩子学话时起就教汉语,孩子一般要到三四岁之后出去玩耍时才向玩伴学会喀卓语。也就是说,在孩子学会喀卓语之前的四五年里,汉语是父母和孩子之间交流的主要语言(详见第五章"青少年语言状况")。

在村寨里,村内成员之间大多用喀卓语交流。但是由于村寨中有一些因婚姻关系迁入的外族人,还有许多以汉语为第一语言的喀卓儿童,因此在村寨内部,很多时候也需要用汉语进行交流。此外,一些汉族干部、技术员(主要是对农民烤烟种植、蔬菜栽培进行指导、提供技术咨询）在村寨中也使用汉语与村民交流。

在学校里，课堂上无论是老师还是学生都使用汉语；而在课后，喀卓同学之间使用喀卓语，若有其他民族的同学在场，则使用汉语。在乡机关，汉语也是通用语。此外，医院、邮电所、集市、饭店等场合也都离不开汉语，一般是见到本族人就说喀卓语，见到外族人就说汉语，既有本族人又有外族人的场合，有时与本族人使用喀卓语，与外族人使用汉语，有时则对本族人也使用汉语。另外，乡里一些群众性的娱乐活动，比如歌会、诗会、"跳乐"中，汉语和喀卓语常常交替使用。

二　汉语水平的差异性

虽然喀卓人基本上都能熟练使用汉语，但是汉语水平在不同性别、不同年龄，以及不同文化程度的人群中存在着差异。

（一）汉语水平在性别上的差异

一般是男性汉语水平高于女性，特别是在老年人中。由于在喀卓人家庭中，男性历来有外出务工的传统，因此与外界接触相对较多，汉语水平也相对较高。女性则主要是在家庭中操持家务，与外界接触较少，因此汉语水平相对低一些。近年来，由于经济形态的转换，农村开始大面积种植经济作物，经济模式也由自给自足的农耕经济向外向型商品经济转变，妇女们即便是在家务农，与外界接触的机会也已逐渐增多，汉语水平也不断提高。但是与经常外出的男性相比，仍相对差一些。

（二）汉语水平与年龄成反比

一般是年龄越小，汉语水平特别是普通话水平越高。我们在入户调查中看到，七八十岁的老人都能熟练使用当地汉语方言，也基本能听懂普通话，但是 60 岁以上的老人一般都不会说普通话。30—60 岁这个年龄段的人，一般都既能熟练使用当地汉语方言，也能用普通话应对一般交际。而 30 岁以下的年轻人，汉语方言及普通话水平就要更高一些。近些年来，有许多青少年第一语言为汉语，因而 18 岁以下的青少年，大多是汉语水平比母语水平高，其普通话水平也较高。

（三）汉语水平与文化程度成正比

从文化程度上看，文化程度越高，汉语水平也越高。兴蒙乡五村六组四千多人中，汉语程度稍差的大多是 1920 年以前出生的，且未受过教育的高龄老人。同一年龄段的人相比，受教育较多的汉语水平比受教育较少的高，特别是普通话水平。一般说来，接受过初中以上正规学校教育的人，不论年龄大小，都已基本掌握了普通话。

第二节　全民兼用汉语的成因和条件

早在上个世纪 80 年代,喀卓人已经普遍掌握双语。如今,喀卓人兼用汉语的现象更为普遍,汉语水平也更高了。那么,喀卓人全民兼用汉语的成因是什么？其中的制约条件又有哪些？本节主要从地理环境、经济形态的转变、社会发展、本民族内部的语言态度、教育的普及以及喀卓语的结构特点等方面,对以上问题进行分析和说明。

一　地理条件

兴蒙蒙古族乡地处通海县西北,全乡总面积仅有 4.77 平方公里。兴蒙乡东与河西镇钱家嘴相连,南与河西镇螺髻、寸村等接壤,西与河西镇解家营相连,北与河西镇石山嘴村的上三营毗邻。兴蒙各村虽然高度聚居,但周围的村镇都讲汉语(村镇除回族的下回村外,都是汉族村,下回村也说汉语)。喀卓人处在汉语单语区的包围之中(见图3-1)。

图 3-1

从历史上看,兴蒙乡曲陀关一带自古皆为滇中交通要冲,是通海各民族与周边民族和地区交往的必经之路,历来与外界往来频繁。90年代末修建的玉通高速横穿全乡,与昆玉、玉元高速公路相连,乡政府驻地白阁村距省会昆明129公里,距玉溪市39公里,距县城所在地秀山镇13公里。便捷的交通条件,为喀卓人与其他民族的交往创造了有利的条件,也为喀卓人学习汉语提供了天然的地理条件和客观的内在需要。

二 经济因素

(一)经济模式的变迁

兴蒙蒙古族从南宋末年进入云南,一边守卫边防,一边牧马放羊。后逐渐聚集定居于杞麓湖畔,他们利用依山傍水的优势,在较短的时间里学会了划船掌舵,在很长一段时间内都以捕鱼捞虾来维持生活。捕捞的鱼虾拿到市场上去卖,再买回大米。由于通海一带除了主体民族汉族外,还有彝、回、哈尼等民族,汉语成为不同民族之间交往的主要语言工具。因此,从很早起,兴蒙蒙古族中就有一定数量的双语人。从明朝中期开始,由于湖面下降,兴蒙蒙古族逐渐开始主动向周边汉族学习农耕技术,从渔民转为农民。在向邻近汉族学习的过程中,他们也必须使用汉语。

时至今日,兴蒙人已不再满足于自给自足的传统农耕,而多转向种植烤烟、瓜果等经济作物及蔬菜。这些经济作物及蔬菜成熟以后,有的由乡政府或各村民小组统一组织人收购加工,还有一部分则由农户个人运送至市场上兜售。农民们的交际范围不再仅仅局限于田间地头;交际对象也不只是亲朋好友、父老乡亲;交际内容也不仅仅只是家长里短,柴米油盐。相比以前,他们的活动范围更加广泛,交际内容更加丰富,交际对象、交际场合有了更多的拓展。这样,仅仅使用喀卓语已满足不了交际需求,必须掌握当地通用的汉语。在入户调查中我们看到,一些八十多岁的老人汉语都很熟练,村民小组组长介绍说"他们卖了一辈子菜,汉语怎么可能不熟练呢"。

总之,喀卓人从牧民到渔民,又从渔民到农民的经济模式的变更,伴随着一个双语人数不断增加,双语程度逐渐加深的过程。

(二)各行各业的发展

喀卓人从事建筑业有悠久历史,这里素有"建筑之乡"的美称。清代和民国期间,已有许多工匠远赴全省各地修建各式建筑。建国后兴蒙乡的建筑设计水平和施工机械化水平日益提高,建筑队伍逐渐扩大,每年出省,甚至出国承建工程的人数也不断增多。据统计,在兴蒙乡农村劳动力中,有23%的人从事建筑业。这些人有的是短期外出,有的则常年在外,与外族人接触的机会更多,因而汉语水平也相对较高。有的人由于常年在外习惯用汉语交流,回到本乡后甚至不再使用本族语。

如白阁村赵为昌、赵清万父子,就是喀卓人不再用本族语而转用汉语的例子。赵为昌,1925年生,蒙古族,十多岁时从军,此后常年在外,1953年起外出搞建筑,1984年回乡。据其孙女赵艳回忆,从未听爷爷说过喀卓语,在家里奶奶跟爷爷用喀卓语交流,爷爷则用汉语对答。

　　赵清万,1957年生,蒙古族,1975年参军,退伍后开始常年在外搞建筑,后逐渐转用汉语。据其女儿赵艳回忆,从记事起就没听父亲说过喀卓话,家中其他家庭成员跟他交流时说喀卓语,他则用汉语回答。

　　近年来,除了农业、建筑业等传统产业,第三产业也开始起步,从事批发零售业及餐饮业的人数在农村劳动力中的比重也逐年上升。这些从事第三产业的劳动者在工作中广泛接触外族人,因此他们的汉语水平也较高。

表 3-9　乡村从业人员统计表　　　　　　　　　　（人）

村民小组	农业	工业	建筑业	交通邮电业	批发零售业	餐饮	其他
兴蒙一组	494	35	138	10	9	16	8
兴蒙二组	477	10	250	6	20	10	0
兴蒙三组	355	10	135	9	5	6	0
兴蒙四组	199	0	80	3	6	0	0
兴蒙五组	199	0	70	0	1	0	0
兴蒙六组	686	2	110	6	0	6	0
合计(3371)	2410	57	783	34	41	38	8
各行业占总劳动力的比例	71.5%	1.7%	23.2%	1.0%	1.2%	1.1%	0.3%

　　各行业的从业人数占兴蒙全乡总劳动力数的比例如图 3-2 所示:

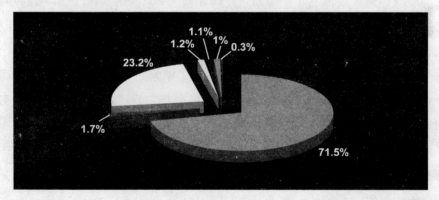

图 3-2

三　社会因素

(一) 婚姻观念的变化

　　为了本民族的延续和发展,喀卓人在很长的历史时期内有一条不成文的规定,即男子可以娶其他民族的女子,女子不能外嫁。因此,在相当长的时间内,喀卓人普遍实行族内婚。但是,改革开放以后,随着对外交往的密切,原来那种"半封闭"的婚姻观念也发生了变化,与外族通婚的人渐渐多了起来。据统计,全乡六个村民小组都有一些族际婚家庭,因婚姻关系迁入的人中有汉、彝、白、哈尼、回、傣、拉祜、瑶等民族。

表 3-10 （人）

单位名称	总计	蒙古族	汉族	彝族	白族	哈尼族	回族	傣族	拉祜族	瑶族
一组	1284	1237	34	5		1	1	5		1
二组	1117	1092	18	4	1	2				
三组	867	837	22	6		1	1			
四组	427	415	6	5		1				
五组	433	417	10	3		1		1	1	
六组	1388	1355	26	3		3			1	
乡机关	104	71	31	2						
合计	5620	5424	147	28	1	9	2	6	2	1

　　由于族际婚家庭的增多,不论是在家庭内部还是村寨中,不同民族之间交往就需要一个族际共同语,而汉语作为当地主体民族的语言,自然就成为了最便利的族际共同语。

（二）媒体的普及

　　上世纪 70 年代,兴蒙乡成立了广播站。广播站每天除了用喀卓语通知、宣传本乡事务外,还定时播出用普通话播音的新闻。随着经济的发展,人民生活水平逐渐提高,收音机、电视机等各种家电也迅速普及。据调查统计,兴蒙乡除了乡机关外,全乡共有电视机 1584 台,有电视机的家庭占全乡户数的 96.7%。有线电视网络通到了家家户户,能接收到本地和国内其他城市四十多个频道的电视节目。如今,内容丰富多彩的电视节目已占据了人们工作、劳动之余的大部分休闲时间。我们在入户调查中了解到,村里老人和小孩看电视的时间较长,一些老人对当前的时事要闻都耳熟能详,两三岁的孩子也能模仿电视节目的人物说话或表演,中青年晚上也常以看电视来消闲,学生们课余和寒暑假也经常看电视。这种强大的媒体传播,是喀卓人学习汉语普通话的大课堂。

四　文化认同与开放的语言态度

　　喀卓人定居杞麓山初期,信奉原始宗教,崇拜天、地、日、月、星、辰。至正年间,儒教传入,在先祖阿喇帖木耳、荫檀的倡导下,下村古城建造了孔圣殿,殿内正堂中央画着孔夫子真身的壁画,供村民供奉。明代,道、佛两教传入兴蒙乡;下村首先在原孔圣殿遗址上新建了道、佛、儒三教合一的三圣殿。随后,各村又先后建起了土地殿、关圣宫（供奉关羽）、观音寺、北海寺等庙宇。各姓宗族也纷纷建宗立祠,各户各家中设立家堂,供奉"天地国亲师神位"、本家"司命灶君神位"等。这些信仰习俗的变化说明汉文化对喀卓人的深度影响,以及喀卓人长期以来对汉族文化的高度认同。

　　喀卓人对汉文化的高度认同决定了他们对汉语持一种开放的态度。我们在语言观念调查中看到,虽然一些本族干部和知识分子怀着强烈的民族感情,对喀卓人不讲喀卓语表示不能理解,认为"喀卓语和兴蒙蒙古族的服饰一样,是我们民族的重要标志,不会讲喀卓语就不能算纯正的蒙古族"。但是更多的村民却认为蒙古族在外地学习或工作几年后回到家乡不再说喀卓语是可以理解的。对于喀卓人成为汉语单语人的态度,大多数人觉得应该顺其自然。

　　语言态度的开放性还表现在对汉语和喀卓语的期望值上。出于对汉语的实用价值的考虑,人们普遍认为学习汉语是很有必要的,认为学习汉语是大势所趋。"个个都在说汉语,我们也要跟着形势走"(王培芬,女,蒙古族,中村人,44岁)。"学习汉语是很有用的,我们这种话(喀卓语)就只能在我们乡跟本族人交流的时候用得着,出了兴蒙乡,要和人交流就必须会汉语,只有学好汉语才能更好地与外族人交流"(赵丽英,女,蒙古族,白阁人,46岁)。很多人出于更实际的考虑,认为只有学好汉语才能找到好工作,得到更多的收入。在选择"当地方言、普通话、喀卓语"重要程度次序的民意测验中,绝大多数人首选的都是普通话和当地汉语方言。

　　家长们对汉语的高期望值也体现在家庭教育中。许多家长为了让孩子接受更好的教育,从孩子学话起就开始给他们教授汉语,绝大多数家长更愿意把孩子送到用汉语授课的学校。而对于喀卓语,家长们的期望值普遍偏低。有的家长认为喀卓语只要会说一点儿就可以了,对于家里的孩子不会说喀卓语或者是不肯说喀卓语,他们并不担心,如王粉丽(女,蒙古族,交椅湾人,35岁)说"不会说喀卓语也没多大影响,最担心的是不会说汉语"。

五　教育发展变化

(一)学校教育的发展

　　兴蒙蒙古族历来有重视教育的传统。元时入滇的蒙古族都元帅阿喇帖木耳,曾在距河西镇约15公里的曲陀关修建学校和文庙,开河邑文人之始。到民国时期,白阁村建立了一所初级小学和一所高级小学,在校生达百余人。1941年,国立的仙岩乡中心小学成立。新中国建立后,特别是改革开放以后,教育事业在原有基础上迅速发展。1965年创办了农业中学,1988年农业中学升级为乡办中学,2000年兴蒙乡中学与全县中学统一排名,改为通海县第十三中学。2005年,原十三中并入十五中。

　　1978年,兴蒙乡办了自己的学前班,1983年学前班改为幼儿园。儿童从幼儿园开始就接受汉语教育。在兴蒙乡中心小学,我们看到校园里醒目地印着"请讲普通话,请写规范汉字"的标语。兴蒙乡初中学生主要就读于十五中,十五中隶属于九街乡,九街乡是一个汉族聚居乡,十五中的学生以汉族为主。原十三中的所有蒙古族学生并入后被分散到各个汉族班级,每个班有十多个蒙古族学生。加之十五中与兴蒙乡相距约10公里,学生都住校,只在周末回家,因此学生在学校用汉语和普通话交流的频率高过使用喀卓语。到高中阶段,能考取的大多数都到位于河西镇的通海二中和位于秀山镇的通海一中就读。这两个中学的高中学生都住校,喀卓学生大部分时间都是用汉语与老师同学交流。

目前,全乡已经全面完成"普六"、"普九"教育。大多数青少年从进入幼儿园到初高中毕业,至少有十多年的时间都在接受系统的汉语教育。学校教育的普及,为更多的人接受系统的汉语教育创造了有利条件。

(二)家庭教育的新变化

据现年 67 岁的通海县原政协副主席王立才回忆,长期以来,兴蒙乡里正规的学校教育都使用汉语教学。解放前,蒙古族学生入学即接受汉语教育,但学生从对汉语的懵懂无知到逐渐适应汉语教学需要一个很长的过程。上个世纪 70 年代末 80 年代初,兴蒙乡办了学前班和幼儿园,大多数儿童在进幼儿园之前都不会汉语,因此老师在学前教育阶段都用双语教学。学龄前儿童经过学前班或者幼儿园阶段的汉语学习之后就具备了基本的汉语听说能力,但还不能熟练表达,因此在小学低年级阶段,有时还需要用喀卓语辅助教学。随着社会经济的发展,人们对教育也越加重视,喀卓人开始重视家庭教育。学校和家长都发现,如果孩子从出生就只学喀卓语,孩子入学之后会有很长时间跟不上学校的汉语教学进度,影响学习成绩。因此,80 年代中期以后,学校老师开始要求家长在家里多教孩子使用汉语。很多家长为了让孩子接受更好的教育,也主动在家里教孩子说汉语。因此,80 年代中期以后到 90 年代初期出生的青少年,其第一语言多为汉语。90 年代以后,80% 以上的儿童第一语言都是汉语。以汉语为第一语言的儿童,汉语水平与同龄汉族儿童基本相当,能很快适应学校汉语教育,不需要喀卓语辅助教学。这种家庭教育的新变化,对喀卓人的汉语水平的提高起了重要的作用(详见第五章)。

六 语言本身的包容性

由于喀卓人对汉文化的高度认同,并且长期接受汉文化教育,因而喀卓语在其形成、发展、演变的过程中,不论是语音方面,还是词汇、语法方面都受到汉语的深刻影响。

从语音方面来看,喀卓语的韵母多为单元音,还有一部分复合元音,无辅音韵尾。由于受汉语影响,很多汉语中有鼻音韵尾的借词,在一些年轻人的口语里也带上了鼻音尾或鼻化色彩,如:"散",年轻人读"$sa\eta^{35}$",中老年人读"sa^{35}","神"年轻人读"$s\tilde{\varepsilon}^{323}$",中老年人读"$s\varepsilon^{323}$"。

词汇方面,喀卓语吸收了大量的不同时期的汉语借词。一些较早进入的汉语借词与喀卓语固有语素和词紧密结合,已经融入了喀卓语的基本词汇系统中,如:εo^{24}"香"、s_1^{35}"柴(薪)"、ni^{31}"土(泥)"、$f\varepsilon^{35}$"肺"、ka^{33}"肝"、$s\varepsilon^{35}$"肾"、$s\varepsilon^{33}$"虱"等。此外随着经济文化的发展,解放以后,特别是改革开放以后,一些政治、文化、经济等各专业领域的新词术语大量被喀卓语吸纳到自己的词汇系统,成为喀卓语词汇系统中的有机成分。如:$ka^{35} pu^{35}$"干部"、$ko^{33} t\varepsilon h\varepsilon^{323}$"工钱"、$su\varepsilon^{35}$"税"、$tso^{33}$"钟"、$si^{33} tsh_1^{33}$"星期"、$phu^{33} ts_1^{24}$"膨胀"等。

随着汉语借词的大量进入,喀卓语的语法结构也随之发生变化,如词组结构顺序发生位移,汉语的一些副词、助词、连词,如"因为、虽然"等也被借入喀卓语中表达各种语义关系。还有一些汉语句型也被借入喀卓语,如:"又……又……"、"一……就……"等。

喀卓语这种开放和包容的语言结构特点,决定了喀卓语的母语人更易于接受汉语、学会汉语。

七 小结

喀卓人虽然全民都兼用汉语,但汉语水平（特别是普通话水平）在不同性别、不同年龄、不同文化程度的人中存在差异。一般说来,男性汉语水平普遍高于女性。青少年汉语水平比中老年高。同一年龄段的人中,受教育较多的人汉语水平也较高,即汉语水平与年龄大小成反比,与受教育程度成正比。

喀卓人之所以能够全民熟练使用汉语,既取决于地理、经济、社会、文化、教育等外部因素,也与喀卓语自身开放包容的语言结构特点有关。随着经济、文化、教育等方面的全面发展,汉语在喀卓人的家庭生活和社会生活中将占有更为重要的地位。

这种全民兼用汉语的状况是由多种因素和条件决定的,其中包括地理条件、社会发展、经济形态的转变、教育普及等外部因素,还有本民族内部的语言态度以及喀卓语自身的结构特点等内部因素。

第四章　喀卓语与汉语接触引起的变化

半个多世纪以来,喀卓人与当地汉族交往密切、接触频繁,在政治、经济、文化、教育等各个领域都受到汉文化全面、深入的影响。如今,喀卓人已普遍成为"喀卓—汉"双语人,喀卓语也通过不断吸收汉语成分来保持自身的语言活力。因此,汉语的影响在喀卓语的发展演变中是一个不可忽视的因素。怎样认识喀卓语受汉语影响发生的变化,是研究喀卓语的一个重要课题,对语言学理论的研究也具有一定的价值。

本章以语言接触背景下喀卓语受到的汉语影响为研究对象,分析、解释汉语在词汇、语音、语法方面对喀卓语产生的影响,力求归纳这种语言影响的基本特点和内在规律,并进一步揭示影响的成因。

第一节　喀卓语中的汉语借词

词汇是语言结构中最具开放性的语言要素,也是最易于受到影响的部分。社会、经济、文化的变化,都会直接反映在词汇变化上。所以,从词汇上最容易捕捉到社会变迁对语言的影响。研究语言影响,先从词汇入手是一条最直观、最便捷的途径。

汉语对喀卓语语言本体的影响主要体现在语音、词汇和语法三个方面。其中,尤以词汇受汉语影响最深。长期以来,特别是新中国成立以来,大量汉语借词进入了喀卓语词汇系统,使喀卓语的词汇系统与时俱进,始终能够满足不同时期的交际需要。喀卓语词汇受汉语影响的主要特点有:

一　借词的义类范围具有广泛性、全方位性

在我们所收集的 2453 个基本词汇中,汉语借词有 811 个,占统计总数的 33%(其中包括少部分汉语借词和本语词结合而成的借词)。有许多核心词已被汉语借词所替代。例如:tɕi³³ tsʅ³¹ "金子"、tho³²³ "铜"、ni³¹ "土"、nau³¹ sui³¹ "脑髓"、fɛ²⁴ "肺"、ka³³ "肝"、khu³¹ ta³¹ "胆"、kɯ³¹ "给"、sɛ²⁴ "涩"、pa³³ "搬"、tsha²⁴ "唱"、lui³⁵ "累"、sua³⁵ "算"、thɛ³¹ "抬"等①。

---

① 这些词在彝缅语支语言里,都有自己的本语词,而且不同语言的本语词之间大多具有同源关系。由此可以证明,喀卓语已经不用固有词,而是使用汉语借词。

汉语借词广泛分布于喀卓语的各个义类中,涵盖了喀卓人生活的各个领域。其不同类别的借词比例不同,列表如下:

表 4-1

类 别	词汇总数（个）	本语词数/个及比例/%	汉语借词数/个及比例/%
天文、地理	96	64,67	32,33
人体器官	132	77,58	55,42
人物、亲属	120	60,50	60,50
动物	155	117,75	38,25
植物	121	72,60	49,40
食品	57	40,70	17,30
衣着	63	42,67	21,33
房屋建筑	66	34,52	32,48
用品、工具	222	92,41	130,59
文化娱乐	39	17,44	22,56
宗教、意识	58	24,41	34,59
方位、时间	113	72,64	41,36
数量	159	113,71	46,29
代替、指示、疑问	44	41,93	3,7
性质、状态	205	137,67	68,33
动作、行为	770	610,79	160,21
虚词	33	30,91	3,9

借词举例:

1. 天文、地理

kua³³ 光　　　　　o³⁵lo³⁵ 雾　　　　　to³⁵ 洞

tha²⁴ts₁³¹ 池塘　　khɯ³¹khɯ³³ 坑　　pa³⁵ts₁³¹ 平坝

tshɛ³⁵xui³³ 尘土　　khua²⁴ 矿　　　　lui³³ 铝

s₁²⁴pɛ³³ 碑　　　　tɕɛ³¹ 碱　　　　　s₁²⁴xui³³ 石灰

ti²⁴fa³³ 地方　　　tɕa³³ɕa³³ 家乡

2. 器官、人物

sɛ³³ts₁³¹ 身子　　　lɛ³⁵sɛ³³fu²⁴ 连鬓胡　　ɕo³³pu³⁵ 胸

ta³⁵khua³¹ 大腿　　ɕau⁵³khua³¹ 小腿　　tu³⁵tsh₁³⁵ʑɛ³²³ 肚脐

pau³³ 胎盘　　　　tsɛ³⁵vɛ³²³ 皱纹　　　ta³³ʑɛ³³phi³¹ 单眼皮

so³³ʑɛ³³phi³¹ 双眼皮　sa³³ʑɛ³³phi³¹ 三眼皮　tɕo³¹o³³ 酒窝

xa³²³mau²⁴ 汗毛　　sa³³khɯ³¹ 伤口　　　ts₁³⁵ 痣

pa³³ 疤　　　　　tɕi³³ 筋　　　　　　mɛ³⁵ 手脉

ku²⁴sui³¹ 骨髓　　xɛ²⁴lo³³ 喉咙　　　lɛ³⁵pa³³ku³⁵ 肋骨

ɕɛ³⁵tie³¹ 头旋　　tsa²⁴tshu³¹ 藏族　　lau³³tsu³¹ko⁴⁴ 祖宗

kuɤ³²³ wa³³ 国王　　　　li³¹ tau²⁴ 领导　　　　tsɤ⁵³ 贼

sɛ²⁴ mi³⁵ 生命　　　ni³²³ pa³³ tɕa²⁴ 泥瓦匠　　　tɕha³²³ tau³⁵ 强盗

3. 动植物、食品

sɛ³³ khɯ³¹ 牲口　　　lo³⁵ tsʅ³¹ 骡子　　　ɕau⁴⁴ thu³⁵ 兔子

o³²³ 鹅　　　　　ko²⁴ tsʅ³³ 鸽子　　　zɛ³³ sɛ²⁴ 野兽

lo³¹ 龙　　　　xua³²³ tshu³¹ la³³ 黄鼠狼　　la³¹ 狼

fu³¹ li³¹ 狐狸　　　pa³³ tɕo³³ 斑鸠　　　kho³¹ tɕho²⁴ 孔雀

wu³³ kui³³ 乌龟　　　tɕhi³³ wa³³ 青蛙　　　ma²⁴ sɛ³³ 臭虫

fu²⁴ tiɛ²⁴ 蝴蝶　　　o²⁴ ko⁵⁵ 蜈蚣　　　tsha³²³ 蚕

pa³⁵ kho³¹ 蚌　　　kɯ³²³ to³¹ 蓓蕾　　　za⁵³ 芽儿

sui³²³ ko³³ 水果　　　liu³³ su²⁴ 柳树　　　sui³¹ sa³³ 杉树

pa³³ tɕau³³ ko³¹ 芭蕉　　phi²⁴ ko³¹ 苹果　　phu³¹ thau³³ 葡萄

xɯ²⁴ thau³³ 核桃　　li²⁴ tsʅ³¹ 李子　　　tso³³ tɕa³³ 庄稼

miɛ³²³ xua³³ 棉花　　tɕha³¹ 茶　　　　la²⁴ tsʅ³¹ 辣椒

xo²⁴ tshu²⁴ 红薯　　to³³ kua³³ 冬瓜　　　na³²³ kua³³ 南瓜

xua³²³ kua³³ 黄瓜　　wa³³ tɛ³⁵ 豌豆　　　tɛ³⁵ za³²³ 豆芽

ɕa³³ liau³⁵ 香料　　tsʅ³³ ma³³ zo³²³ 芝麻油　　m²⁴ ɤ³¹ 木耳

kua³⁵ miɛ³⁵ 面条　　xui³²³ ɕa³³ 茴香　　　zɛ³²³ sui³⁵ 香菜

sua³³ tshu³⁵ 醋　　sa²⁴ tha³¹ 砂糖　　　tsha³²³ pau³³ 茧

tɕo³¹ tshɛ³⁵ 韭菜

4. 亲属称谓

lau³³ thɛ²⁴ thɛ⁴⁴ 太奶奶　　lau³³ ti³³ 爷爷　　　nɛ³³ nɛ³³ 奶奶

pa³¹ pa³¹ 父亲　　ku³³ zɛ³³ 女婿　　　ko³³ ko³³ 哥哥

tsi³¹ tsi³¹ 姐姐　　su³¹ su³¹ 叔叔　　　tɕo³⁵ tɕo³⁵ 舅父

tɕo³⁵ m³¹ 舅母　　zʅ³¹ ti³³ 姨父　　　zʅ³¹ ɳa³³ 姨母

ko³³ ti³³ 姑父　　ko³³ ma³³ 姑母　　　wɛ³⁵ fu³⁵ 岳父

wɛ³⁵ m³¹ 岳母　　kua³³ fu³⁵ 寡妇　　　ku³³ ɤ²⁴ 孤儿

lau³³ tiɛ³³ 公公　　nɛ³³ nɛ³³ 婆婆

5. 生活用品

tsha³²³ sʅ³³ 丝　　tshɛ²⁴ tsʅ³¹ 绸子　　tuɤ³⁵ tsʅ³¹ 缎子

mau³³ ni³³ 呢子　　thɛ²⁴ tɕi³³ 头巾　　　pha³⁵ 头帕

wi²⁴ zau³³ 围裙　　va³⁵ tsʅ³¹ 袜子　　　pa³¹ thui³¹ 裹腿

tsu³³ tsu³³ 珍珠　　miɛ³²³ sʅ³⁵ 棉絮　　tsa³³ tsʅ³¹ 毡子

zu²⁴ tsʅ³¹ 褥子　　thi³³ tsi²⁴ 院子　　　mɛ³³ khua³³ 门框

m³²³ thɛ³³ 木头　　　　　xo²⁴ xo³³ 盒子　　　　　ʐa²⁴ tɕɛ³¹ 肥皂

thu³¹ ku³²³ 桶箍儿　　　　ɣ²⁴ xo³²³ 胡琴　　　　　pa³¹ tɛ³⁵ 椅子, 凳子

ɕa²⁴ tsɿ³¹ 箱子　　　　　tɛ³³ tsau³⁵ 灯罩　　　　tɛ³³ lo³³ 灯笼

po³³ liɛ³²³ 玻璃　　　　　ma³¹ pu³⁵ 抹布　　　　ko³³ tsha³¹ 锅铲

tau³³ pɛ³⁵ 刀背　　　　　la²⁴ tsu³²³ 蜡烛　　　　xo³¹ sɿ²⁴ 火石

xo³¹ pa³³ 火把　　　　　tsɛ³³ lo³³ 蒸笼　　　　phi³²³ phi³²³ 瓶子

sui³¹ fu²⁴ 水壶　　　　　sa³¹ 伞　　　　　　　tshɿ²⁴ 尺子

sa³³ tɕo²⁴ tɕa³⁵ 三脚架　xo³¹ tɕhɛ³³ 火钳　　　xo³¹ tho²⁴ 吹火筒

la³¹ la³³ 篮子　　　　　sa³⁵ tsɿ³¹ 扇子　　　　sua³⁵ pha³²³ 算盘

tshɛ³⁵ 秤　　　　　　　tɛ³¹ 斗　　　　　　　tɕa³⁵ tɕhɛ³²³ 价钱

li³⁵ sɿ³³ 利息　　　　　suɛ²⁴ 税　　　　　　　tsa³⁵ 债

ma⁵³ tshɣ³³ 马车　　　　ua³³ ta³³ 牛轭　　　　tsa³⁵ pho³¹ 帐篷

tɕau³⁵ tsɿ³²³ 轿子　　　ma⁵³ tɛ²⁴ 马蹬子　　　tshui³²³ 锤子

tsu³¹ 凿子　　　　　　tsho³⁵ 锉　　　　　　pau³¹ fu³³ 包袱

tɕau³³ sui³¹ 胶水　　　so³³ tsɿ³¹ 梭子　　　　thiɛ³¹ tɕhau³³ tɕhau³³ 锹

tsha³¹ tsha³³ 铲子　　khɣ³¹ tɛ³⁵ 麻袋　　　pɛ³⁵ lo³¹ 背篓

tsho²⁴ tsɿ³³ 撮箕　　　pi⁵³ ta²⁴ 扁担　　　　sui³¹ tshau²⁴ 水槽

kha³¹ tau³³ 柴刀　　　ka³¹ tsɿ³³ thɛ³²³ 矛　　wɛ³³ tau³³ 弯刀

phau³⁵ 炮　　　　　　ko³¹ 弓　　　　　　　xo³¹ ʐo²⁴ 火药

tɕɛ³⁵ 剑　　　　　　tu²⁴ ʐo²⁴ 毒药　　　　tso³³ 钟

ɕau³³ 笛子　　　　　si³⁵ 信　　　　　　　su⁵⁵ 书

pi³¹ tsɿ²⁴ pɛ³¹ 本子　po³⁵ tsha⁵³ 鞭炮　　　miɛ³⁵ xu²⁴ 糨糊

ku³⁵ sɿ³⁵ 故事　　　　ɕau²⁴ xua²⁴ 笑话　　　phau³³ tɕho³²³ 球

mi³⁵ pa³³ 篱笆　　　　ti³⁵ tɕhɛ³²³ 本钱

6. 宗教、意识、方位

sɛ³²³ si³³ 神仙　　　　ɕo³⁵（烧的）香　　　miɛ³¹ 命运

ʐɛ³⁵ tshɿ³⁵ 运气　　　tsui³⁵ 罪　　　　　　sɿ³¹ tsɿ³²³ 事情

tau²⁴ li³¹ 道理　　　　pa²⁴ fa³²³ 办法　　　phi³¹ tshɿ³⁵ 脾气

si²⁴ kɣ³²³ 性格　　　xau³⁵ 记号　　　　　sɛ³³ xo³²³ 生活

li³¹ vu²⁴ 礼物　　　　si³⁵ 姓　　　　　　　mi³²³ tsɿ³⁵ 名字

tsho³⁵ vu³⁵ 错误　　　ui³²³ ɕɛ³²³ 危险　　　tshɿ³³ piɛ³²³ 区别

fɣ³⁵ 份儿　　　　　　fo³⁵ 裂缝　　　　　　pa³³ 痕迹

tsa³³ tsa³³ 渣滓　　　ʐo⁵³ 样子　　　　　　ʐɛ³²³ sɣ²⁴ 颜色

li²⁴ xuɛ³³ 离婚　　　fu²⁴ xuɛ³³ 复婚　　　fa³³ ɕa³⁵ 方向

　　pha³²³piɛ³³ 旁边

7. 时间、数量

ʑɛ³²³tshu³³ 月初　　　　　　ʑɛ³²³ti³¹ 月底　　　　　　ku³¹sʅ³²³xɛ³⁵ 古时候

zʅ³¹tɕhe³²³ 以前　　　　　　khɛ³¹sʅ³⁵ 开始　　　　　　tsʅ³⁵tɕɛ³²³ 季节

tshui³³thiɛ³³（mɛ⁴⁴）春　　ɕa³⁵thiɛ³³（mɛ⁴⁴）夏　　tɕho³³thiɛ³³（mɛ⁴⁴）秋

to³³thiɛ³³（mɛ⁴⁴）冬　　　sa³³sʅ³⁵ 除夕　　　　　　tɕɛ³²³zʅ³²³（mɛ⁴⁴）节日

li³³ 零　　　　　　　　　　pau³³（一）袋（烟）　　　tshe³²³（两）层（楼）

fo³³（一）封（信）　　　　phi³²³（一）瓶（酒）　　　xo²⁴（一）盒（药）

pa⁵³/⁴⁴tsʅ²⁴ 半斤　　　　　tɕhe²⁴（两）钱（酒）　　　tɛ³¹（一）斗（米）

se³³（一）升　　　　　　　li³¹（一）里　　　　　　　tshʅ²⁴（一）尺

tsa³⁵（一）丈　　　　　　tshui³⁵（一）寸　　　　　　fɛ³³（一）分

khuɛ³¹（一）元　　　　　　tɕo³²³（一）角　　　　　　m³¹（一）亩

pɛ³⁵（一）倍

8. 性质状态

ni³³ɕi⁵⁵ 立刻　　　　　　o³³ 凹　　　　　　　　　　khua⁵⁵ 宽

tsui³¹（打得）准　　　　　tse²⁴ 窄　　　　　　　　　khu²⁴ 空

phiɛ³¹ 瘪　　　　　　　　xui³³ 灰（灰的）　　　　　sʅ³⁵fa³³ 方

tsɛ²⁴miɛ³⁵ 正面　　　　　fa³¹miɛ³⁵ 反面　　　　　　tɕa⁵³ 假

tsʅ³³ 直（直的）　　　　　lu⁵⁵ 绿　　　　　　　　　la³²³ 蓝

lia³⁵ 亮（亮的）　　　　　ɲa⁵³ 黏　　　　　　　　　tshui³⁵ 脆

lia³²³ 凉快　　　　　　　luɤ³⁵ 乱　　　　　　　　　xo²⁴ 对

tsɛ³³ 真　　　　　　　　　nɛ³³ 嫩（植物嫩）　　　　ɕa²⁴ 闲

fo³³fu³⁵ 丰富　　　　　　ʑɛ²⁴nau³⁵ 热闹　　　　　　tsi³⁵ 安静

si⁵⁵ 新鲜　　　　　　　　tshʅ³³kuɛ³⁵ 奇怪　　　　　ʑo³²³zʅ³⁵ 容易

xua³³ 慌　　　　　　　　xua³³ 花（花的）　　　　　tsho³³mi³²³ 聪明

li³²³ 机灵　　　　　　　lau³¹sʅ²⁴ 老实　　　　　　　tɕau³¹xua³²³ 狡猾

tɕau³³au³⁵ 骄傲　　　　　xo²⁴sʅ³⁵ 合适　　　　　　ʑo³¹ka³²³ 勇敢

o²⁴ 凶恶　　　　　　　　li³⁵xai³⁵ 厉害　　　　　　khɤ³¹tshʅ³⁵ 客气

ɕau⁴⁴tshʅ³⁵ 吝啬　　　　tɕhau³¹ 巧　　　　　　　　nu³¹li³²³ 努力

lo³³so³³ 啰唆　　　　　　sin³⁵fu³²³ 幸福　　　　　　tɕi³¹ 急躁

tshu³³sʅ²⁴ 粗细　　　　　xɛ²⁴xuɛ³²³ 后悔　　　　　tsho³⁵ 错

phi³²³a³³ 平安　　　　　　xo³¹tshʅ³⁵ 和气　　　　　khɤ²⁴tshʅ³⁵ 客气

9. 动作行为

ɛ³⁵ 爱（吃）	pɛ²⁴ 败	pa³³tsu³⁵ 帮助
pɛ³⁵ 背（书）	pi²⁴sʅ³³ 必须	tshe³²³ 猜
tsha³⁵ 插（牌子）	fu³¹tsɤ³¹ 搀扶	tshɛ³²³zɛ²⁴ 承认
tsho³⁵（用水）冲	tshuɤ³¹ 喘	tshui³⁵ 催
tsho²⁴ 锉	ta²⁴ 搭（架子）	pi³¹ 打（手势）
tɛ⁵³ 戴	ta³³ko²⁴ 耽误	ta³³ 当（兵）
tu³¹ 挡（风）	tau³⁵ 倒（过来）	pɛ³⁵no⁵³ 凋谢
xa³²³ 叼	tiau³⁵ 钓（鱼）	tɛ³¹ 抖（灰）
to²⁴（肉）冻	tɕɛ³³tu³¹ 赌博	to³⁵ 剁（肉）
fa²⁴o³¹si³³ 恶心	tshɛ³²³ 发愁	fa²⁴si³³ 放心
tsha³³ 扶（栏杆）	ka⁵³ 赶（牛）	kua⁵⁵ 管
kua⁵³ 刮（毛）	kua³⁵ 挂（在墙上）	kuɛ³⁵ 怪（你）
xua³⁵ 画（画儿）	ko⁵³ 过（年）	xɯ³⁵ 恨
xɯ³³ 哼（呻吟）	khɛ³³xui³⁵ 开会	ko⁵⁵ 经过
kha⁵³ 卡住	khu³³ 枯萎	khua³³ 夸奖
khɤ²⁴ 刻	lɛ²⁴ 勒	liɛ³⁵ 炼（铁）
tsa²⁴tui³⁵ 排（队）	thi²⁴ 赔（本）	tɛ⁵³ 佩带
li³⁵ 滤	pho³⁵ 破（篾）	phu³³ 铺
tshʅ³³fu³⁵ 欺负	tɕha³¹ 抢	tɕhau³⁵ 翘（尾巴）
tɕhau³⁵ 撬	tsha³³ 缺	zau³⁵ 绕（道）
xua³⁵ 溶化	sa³⁵ 散（了）	lia³²³ 量
ʐo³³ 用	ɕau³³ 闩（门）	sua³⁵ 涮
sɛ³³tsʅ²⁴ 升起	sua³³（腿）酸	tha³⁵ 烫（手）
thau³³ 掏	tso²⁴kuɛ³⁵ 淘气	thau³⁵ 套
thiɛ³²³ 填（坑）	tho³³tsʅ³³ 通知	li³⁵tɕhɛ³²³ 离开
tshɛ³³ 伸	sʅ³⁵ 试	

10. 虚词

tso²⁴ 着	ko⁵³ 过	tɤ⁴⁴ 得
to³³ 都	tɕo³⁵ 就	xɛ³⁵ 还
ʑi³²³tsʅ²⁴ 一直	tɛ³¹miɛ³⁵ 一面，一边	zu²⁴ko³¹ 如果
tɕa⁵³zu²⁴ 假如	tsʅ³⁵za³³ 既然	ʑi³³wi³⁵ 因为

11. 四音格词、固定短语

kɤ³²³pi³²³li³²³sɛ²⁴ 邻居	tsi³¹tsi³¹mɛ³⁵mɛ³⁵ 姐妹	ko³³ko³³mɛ³⁵mɛ³⁵ 兄妹

tsi³¹ tsi³¹ ti³⁵ ti³⁵ 姐弟　　　　fu³²³ li³³ fu³²³ thu³²³ 糊里糊涂　　　xua²⁴ li²⁴ xua²⁴ tsa²⁴ 慌慌张张

lo³³ li³³ lo³³ so³³ 啰里啰唆　　　pa³²³ s₁³³ pu³¹ tɕo³⁵ 半新不旧　　　pa³⁵ ʐɛ³⁵ sa³³ kɯ³³ 半夜三更

ta³⁵ tɕi³³ ɕau³³ kuɛ³⁵ 大惊小怪　　ma³³ ma³³ fu³³ fu³³ 马马虎虎　　　s₁²⁴ s₁²⁴ tɛ³²³ tɛ³²³ 世世代代

ts₁³¹ ts₁³¹ sui³³ sui³³ 子子孙孙　　kau³³ kau³³ s₁³⁵ s₁³⁵ 高高兴兴　　sui³³ lu³³ lu³³ 水淋淋

lu⁵⁵ kɤ³¹ kɤ³¹ 绿油油

以上的统计数字是就喀卓人在日常生活中经常使用的基本词汇而言的。实际上，在现代化进程中，由于新事物、新概念层出不穷，喀卓语陆续从汉语中借入了大量的新词术语，分布在不同人群、不同语境中，是无法做出完全统计的。所以，上述 33% 的借词比例只是从基本词汇统计而来的一个基数，未能全面地反映喀卓语汉语借词的实际比例。

二　汉语借词具有两个层次

汉语借词是适应不同历史时期的社会需要而借入的，因而具有层次性。大致可分为两个层次，一是新中国成立以前的老借词，二是建国后的新借词。二者之中，以后者的数量居多。这两个不同层次的词，还有一些至今仍在并用。例如（逗号前的为老借词，逗号后的为新借词）："煤"——tshau³¹ mɛ²⁴"草煤"，mɛ³¹ tha²⁴"煤炭"；"钉子"——ʐa³²³ ti³³"洋钉"，ti³³ ts₁³¹"钉子"；"轮子"——ku³³ lu³³"轱辘"，lui³²³ ts₁³¹"轮子"；"监狱"——tɕɛ³³ lau³²³"监牢"，tɕɛ³³ zi³¹"监狱"等。

新中国成立后，由于社会经济文化发生根本变化，大量表示新制度、新生活的词语进入了喀卓语。这些词语具有鲜明的时代特征，是喀卓语原有词汇系统中完全没有的，而且是无法用固有成分创造出来的。例如：

ko³²³ tɕa³³	国家	ko³⁵ tsha³¹ ta³¹	共产党
zɛ³¹ mi³¹	人民	tho³¹ ts₁³⁵	同志
sɤ²⁴ xui²⁴ tsu³¹ z₁²⁴	社会主义	ko³⁵ tsha³¹ tsu³¹ z₁²⁴	共产主义
li³¹ tau³⁵	领导	su³³ ts₁³⁵	书记
khuɛ³⁵ ts₁³⁵	会计	tshu³¹ na³¹	出纳
mo³¹ fa³⁵	模范	zo³³ ɕo³⁵	优秀
ɕɛ³⁵ tsa³¹	县长	tsui³³ tsa³¹	村长
kho³³ tsa³¹	科长	tsu³¹ tsa³¹	组长
no³²³ mi³²³	农民	ko³³ zɛ²⁴	工人
piɛ³³ tɕa³³	边疆	tsɛ³⁵ ts₁³⁵	政治
z₁³⁵ s₁³³	意思	tɕi³³ zɛ³⁵	经验
si³⁵ zo³⁵ sɤ³⁵	信用社	zo³²³ tiɛ³⁵ so³¹	邮电所
tsh₁³³	区	ɕɛ³⁵	县
lia³²³ kua³¹ so³¹	粮管所	ui³⁵ sɛ³³ so³¹	卫生所

ko³³a³³tɕo³²³	公安局	ko³³sa³³so³¹	工商所
tsha³¹tsa³¹	厂长	tɕi³³li³¹	经理
ko³³lo⁵⁵	公路	xo³¹tshɤ³³	火车
fɛ³³tsɿ³³	飞机	tshɿ³⁵tshɤ³³	汽车
pu³⁵tui³⁵	部队	tshɛ³²³sɿ³⁵	城市
fa³⁵tsui³⁵	犯罪	tɕɛ³¹fa³⁵	解放
fa³³tsa³¹	发展	tsi³⁵pu²⁴	进步

由于学校教育的普及,喀卓人得到了入学接受正规教育的机会。因而在喀卓语里也吸收了大量与文化教育有关的词。例如:

ɕo³²³ɕau³⁵	学校	ɕo²⁴sɛ³³	学生
zi³³vɛ³¹	语文	su²⁴ɕo³¹	数学
thi³³ʐo³¹	体育	thu³¹xua³⁵	美术
vu³¹li⁵³	物理	xua³⁵ɕo³¹	化学
li³¹sɿ⁵³	历史	ti³⁵li⁵³	地理
ka³³pi³²³	钢笔	khɛ³³tsɿ³²³	橡皮
mɤ³²³sui³¹	墨水	la³²³tɕho³²³	篮球
ɕau⁵³ɕo³²³	小学	tso³³ɕo³²³	中学
ɕau³⁵tsa³¹	校长	kho³⁵tha³²³	课堂
sa³⁵kho³⁵	上课	fa³⁵ɕo³²³	放学
zɛ³¹tsɿ³³piɛ³¹	圆珠笔	tɕhɛ³³piɛ³¹ᐟ²⁴	铅笔
phu³¹tho³³xua³⁵	普通话	khau³¹sɿ³⁵	考试
su⁵⁵pɛ³⁵	背书	pi²⁴niɛ²⁴	毕业

改革开放以来,随着现代化生活方式的提高和改变,一些反映现代生活的词语也逐步进入了喀卓语中,有些甚至已经成为他们日常生活中所不可缺少的常用词语。例如:

tiɛ³⁵sɿ³⁵	电视	pi³³ɕa⁴⁴	冰箱
sɛ³¹piau³¹	手表	ta³³xo³³tsɿ⁴⁴	打火机
sɛ³¹tsɿ³³	手机	tiɛ³⁵xua³⁵	电话
zɿ³³tshu³²³	衣柜	wa³¹kui³⁵	碗柜
ɕa³³tsau³⁵	香皂	tiɛ³⁵tho³³	电筒
thi⁵⁵ko³³	铁锅	zɛ³⁵xua³⁵tsau³⁵	液化灶
tiɛ³⁵tshɿ³¹	电池	wi³²³tɕi³³	围巾
fo³¹zɛ³³tsɿ³³	缝纫机	tsho³³tiɛ³⁵tshɿ³⁵	充电器
lɛ³²³fa³²³	楼房	pha³²³tsɿ³¹	盘子
tsɛ³¹la³²³	走廊	sui³¹ni³²³	水泥

ua³³ fa²⁴	瓦房	pi³³ kua³¹	宾馆
kɣF³³ vu³¹ thi⁴⁴	歌舞厅	kha³¹ la³³ o³¹ khɛ³³	卡拉 OK
tshu³²³ tsu³³ tshɣ⁴⁴	出租车	tiɛ³⁵ fa³⁵ pau³³	电饭煲
ma²⁴ thɛ⁴⁴	馒头	pau³³ tsʅ³¹	包子
phi³²³ ko³¹	苹果	phu³¹ thau³³	葡萄
ko³³ to²⁴	果冻	nɛ³¹ tha²⁴	奶糖
sui³¹ ko³¹ tha²⁴	水果糖	pi³¹ ka³³	饼干
phi²⁴ tɕo³¹	啤酒	wa³¹ pa³³	网吧
tiɛ³⁵ nau³¹	电脑	zo³¹ sʅ³⁵	游戏
xa³⁵ khu³⁵	汗裤	tɕho³²³ ɕɛ³²³	球鞋
ŋo³¹ tsɛ³³ khu²⁴	牛仔裤	sau³³ khau³¹	烧烤
pi³³ tshʅ³¹ li³¹	冰淇淋	kha³³ fɛ³³	咖啡
tɕhau⁴⁴ khɣ³¹ li³¹	巧克力	sa³³ fa²⁴	沙发

喀卓语虽有一套固有的本语数词,但现在计算、称量十以上的数目、组合序数词以及表达电话、手机号码时,喀卓人都几乎毫无例外地习惯于使用汉语借词。例如:

tshu³³ zʅ³⁵ 初一	tshu³³ ɣ³⁵ 初二	tshu³³ sa³³ 初三
zʅ³²³ ʑɛ³²³(fɛ³⁵)一月	ɣ³⁵ ʑɛ³²³(fɛ³⁵)二月	sa³³ ʑɛ³²³(fɛ³⁵)三月
sʅ²⁴ ʑɛ³²³(fɛ³⁵)四月	u⁵³ ʑɛ³²³(fɛ³⁵)五月	lu³¹ ʑɛ³²³(fɛ³⁵)六月
tshʅ³¹ ʑɛ³²³(fɛ³⁵)七月	pa³¹ ʑɛ³²³(fɛ³⁵)八月	sʅ³¹ ʑi³¹ ʑɛ³²³(fɛ³⁵)十一月
sʅ³¹ ɣ³⁵ ʑɛ³²³ fɛ³⁵ 十二月	si³³ tshʅ³³ zʅ³¹ 星期一	si³³ tshʅ³³ ɣ³⁵ 星期二
si³³ tshʅ³³ sa³³ 星期三	si³³ tshʅ³³ sʅ³⁵ 星期四	si³³ tshʅ³³ vu³²³ 星期五
si³³ tshʅ³³ lu³¹ 星期六	si³³ tshʅ³³ thiɛ³³ʹ⁴⁴ 星期日	tiɛ³⁵ ʑi³¹;tiɛ³⁵ zʅ³²³ 第一
tiɛ³⁵ ɣ³⁵ 第二	va³⁵ 万	zʅ³⁵ 亿

喀卓语的亲属称谓词也大多使用了汉语借词,这是词汇深度影响的标志(举例见上)。

三 汉语借词融入了喀卓语的词汇系统

汉语借词适应、充实了喀卓语词汇体系,与本语固有词构成一个系统。① 二者的关系主要有以下几点:

(一)互补关系

1. 借词和本语词在语义上有所分工,形成互补。例如:

田地:m³²³ ti³³(大地);m³²³(田,本语词);ti³⁵(菜地,汉语借词)

---

① "本语固有词"以下简称"本语词"。

主人：tsu³¹ʑɛ³¹（汉语借词，用于第三者向别人介绍主人）；xɯ³³pɛ³³kua⁵⁵la²⁴ʑo³⁵（本语词：管家庭的人，用于主人自称）

小伙子：ɕau³³xo³¹tsɿ³³（汉语借词，带有开玩笑的语气，非常用词）；sɿ³²³la⁵⁵za³¹（本语词，用于十五六岁以上的男性，常用词）

大姑娘：ta²⁴ku³¹ɳa³¹（汉语借词，带有开玩笑的语气，非常用词）；za³¹m³¹za³¹（本语词，用于十五六岁以上的女性，常用词）

一月（正月）：zɿ³²³ʑɛ³²³（fɛ³⁵）（汉语借词，阳历）；tsɛ³³ʑɛ³⁵khu³³（汉语借词加本语词，阴历）

十月：sɿ³¹ʑɛ³²³（fɛ³⁵）（汉语借词，阳历）；tshi³³la³³khu³³（汉语借词加本语词，阴历）

十一月（冬月）：sɿ³¹zi³¹ʑɛ³²³（fɛ³⁵）（汉语借词，阳历）；to³³ʑɛ³³khu³³（汉语借词加本语词，阴历）

十二月（腊月）：sɿ³¹ɣ³⁵ʑɛ³²³fɛ³⁵（汉语借词，阳历）；la³⁵ʑɛ³⁵khu³³（汉语借词加本语词，阴历）

银行：ʑɛ³²³xa²⁴（汉语借词，银行，常用词）；tɕhɛ³²³ta⁵⁵la²⁴ɳa⁵³（本语词：存钱的地方）

2. 借用汉语近义词、同义词，丰富喀卓语的词义结构。例如：

表 4-2

汉义	借词一	借词二
钨丝	tɛ³³sɿ³³（灯丝）	wu³³sɿ³³（钨丝）
欠（钱）	tɕhe³⁵（欠）	tsha³³（差）
胃	wi³⁵（胃）	tu³¹tsɿ³³（肚子）
后退	tau³⁵（倒）	thui³⁵（退）

（二）融合关系

1. 汉语借词与本语词一起构成有活力的新词

汉语借词进入喀卓语词汇系统后，有一部分与本语词语素有机地融为一体，具有能产性，可以构成新的合成词。其构词方式有以下几种：

（1）汉语借词与表达相同概念的本语固有词语可以并用于同一结构中，形成词素语义的重复叠置。例如：

la⁵³ŋ³⁵　　tsɿ²⁴　　手指　　　　　　tshɿ³¹ka³³　　phi⁵³　　屁股

手指（本）　指（汉）　　　　　　　　屁股（本）　屁（汉）

（2）概念相近的汉语借词叠置于同一结构之中。例如：

tiɛ³⁵tɛ³³　　xo³¹　　电灯　　　　　　sɛ³³　　tshɿ³⁵　　声音

电灯（汉）　火（汉）　　　　　　　　声（汉）　气（汉）

（3）部分词汇由汉语借词与固有词语义融合构成，并为本族人所广泛认同与接受。这一

类融合最为常见,数量也最多。例如:

ti³⁵	fɤ³³	旱地	tho³³	sɤ²⁴	黄铜
地(汉)	干(本)		铜(汉)	黄(本)	
la⁵³ m⁵⁵ tsʅ⁵⁵	kuɛ³¹ kuɛ³³	肘	m³¹	to²⁴ tsʅ³¹	驮子
肘(本)	拐拐(汉)		马(本)	驮子(汉)	
ko³³ ko³³	niɛ³²³ zo³⁵	兄弟	tsʅ³¹ tɕa³⁵	tsho³³	亲戚
哥哥(汉)	弟弟 个(本)		自家(汉)	人(本)	
sʅ³⁵	tsha³⁵	树枝	sa²⁴	mau³¹ mau³³	麦芒
树(本)	权(汉)		麦子(本)	毛毛(汉)	
li³³ ti³⁵ so³³	zo³²³	花生油	sa²⁴ tha³¹	tshʅ³³	白糖
花生(本)	油(汉)		砂糖(汉)	白(本)	
mi³²³ xua³³	tho³³	棉衣	phi³²³ ta³¹	tɕɛ³³ tɕɛ³³	刀尖
棉花(汉)	衣(本)		刀(本)	尖尖(汉)	
m³¹	ma³³ tsa³¹	马掌	m³¹	tshau³²³	马槽
马(本)	马掌(汉)		马(本)	槽(汉)	
kɯ³⁵ lo⁵³	mɛ⁴⁴	角儿	kui³¹	thɛ³²³	狡猾
角落(汉)	(本)		鬼(汉)	很(本)	
piɛ³³ piɛ³³	ta²⁴	边儿	tshi³³	va³⁵	十万
边边(汉)	(本)		十(本)	万(汉)	
xa³²³	va³⁵	百万	tu²⁴	va³⁵	千万
百(本)	万(汉)		千(本)	万(汉)	
tɛ³¹	tsʅ²⁴ pa⁵³	一斤半	sɛ³¹ ma³¹ ta²⁴		舍不得
一(本)	斤半(汉)		舍(汉)不(本)得(汉)		
tshuɤ³²³	tɕhɛ³²³	(消息)传开	za⁴⁴	to⁵³	发芽
传(汉)	开(本)		芽(汉)	发(本)	
mɛ³¹	ta⁵³	发霉	phi⁵³ᐟ⁴⁴	tɕhɛ²⁴	剖开
霉(汉)	上(本)		劈(汉)	开(本)	
m³¹ tshʅ³¹	lia³⁵	天亮	m³¹	lo²⁴ tho²⁴	马笼头
天(本)	亮(汉)		马(本)	笼头(汉)	

但是也有少数复合词,不用本语固有的语素,而借用汉语语素构成。例如"荞麦"的本语词是 ka³¹,但表示"荞麦包子"时,不用 ka³¹ 来构词,不说 ka³¹ pau³³,而用汉语借词,说成 tɕhau³²³ pau³³"荞包"。这种现象,有逐渐增多的趋势。

2. 汉语借词融入喀卓语的方式

汉语借词有两种融入喀卓语的方式:一是分析重构型。使用者能够分析汉语借词的语素,

按照本语的结构规则重新排序,使之和固有词一样,符合本语的句法结构要求。例如:

tɕhɛ³³	tu³¹	赌博	tsha³⁵ ko³³	tsha³⁵	唱歌
钱	赌		歌	唱	
ɣɤ³⁵	ta⁵³	打嗝儿	su⁵⁵	pɛ³⁵	背书
嗝	打		书	背	

二是整体借用型。整体借用又可分成两种类型,一类是在不违背本语构词规则的情况下,整体借入汉语借词,不用已有的本语语素替换其中的语素。例如"衣服、碗"在喀卓语中分别有本语词,但仍然整体借入了"衣柜、碗柜"等汉语借词:

zɹ³³ tshu³²³	衣柜	wa³¹ kui³⁵	碗柜
衣　橱		碗　柜	

另一类是在违背本语构词规则的情况下,仍然整体借入汉语借词,即同时借入汉语语素及汉语构词结构。例如:

fa³⁵ ɕo³²³	放学	ta³¹ tu³¹	打赌
放　学		打　赌	

一些汉语离合词如"放假、开学"等,也被作为整体借入了喀卓语,不改变原有的语序规则。例如:

fa³⁵ tɕa³⁵	放假	tso³⁵ tsau³³	做操
放　假		做　操	

但也有些离合词在意义被理解之后可以改变语序,变成符合喀卓语句法规则的宾动式。例如:

xui³⁵ khɛ³³ ; khɛ³³ xui³⁵	开会	ta³¹ fɛ³³ ; fɛ³³ ta³¹	打分
会　开　开　会		打分　分打	

"开会、打分"等离合词有两种并存的语序,说明它们正处于由整体借用向理解分析过渡的状态。

量词借用中也有这个现象。喀卓语数量名短语的正常语序为"名＋数＋量",但汉语借词的进入使得这个语序规则也被打破,直接使用了汉语的"数＋量＋名"语序。但这种情况目前还比较少,而且不稳定。两种语序在不同人、不同语境下存在差异。例如,喀卓语"一代人",目前就有两种形式和两种语序同时并存:

te³¹	tɛ³⁵	zɛ³¹	一代人	tsho³³	tɛ³¹	tɛ³⁵	一代人
一(本)代(汉)人(汉)				人(本)	一(本)代(汉)		

总之,汉语借词的融入,不仅没有削弱喀卓语的使用活力,而且还对丰富发展喀卓语的表达能力起到了积极的促进作用。

3. 汉语借词融入后产生新的义项

汉语借词进入喀卓语词汇体系之后,逐步发展出新的义项,表达新的概念。例如:

汉语借词 ʐo³³ "用"，借入后增加了义项，具有"要"的意思。例如：

ʑi³³ ʑi³²³ ʐo³³ ʐa³³.　　　　　　　　他得去。

他　去　用（助）

ta³³ sɿ³³ ma³¹ ʐo³³.　　　　　　　　不用担心。

担心　不　用

ʑi³²³ ma³¹ ʐo³³.　　　　　　　　　　不用去。

不　用　去

a³³ tsɿ³⁵ ʐo³³ ʐa³³.　　　　　　　　要安静。

安静　要（助）

thuɣ²⁴ tɕɛ²⁴ ʐo³³ ʐa³³ , tsɿ³¹ xɣ³³ ma³¹ mo⁵⁵. 要团结，不要吵架。

团结　　用（助）吵架　　不　要

（三）竞争关系

汉语借词和喀卓语固有词在相辅相成、和谐发展中也存在着竞争。其中，有的是固有词的生命力比借词旺盛；有的是汉语借词战胜了固有词；有的是势均力敌，不相上下。有的是构词中使用本语词，在单用时则使用汉语借词。汉语借词在不同的言语社团中，语用上存在一定的差异。

当汉语借词与表达同一概念的固有词语并用时，在使用上，不同年龄层借词、固有词的使用频率不同。具体表现为：

1. 部分汉语借词使用频率高于本语词

青少年汉语借词的使用频率通常高于固有词。他们一般听得懂本语固有词，但交际时则使用汉语借词。而且目前部分青少年已经听不懂出现频率较低的本语固有词，汉语借词在青少年语言竞争中具有明显的优势地位。中老年人为了与本族青少年及与其他民族交际的便利，直接使用汉语借词的现象现在也比较常见。例如：

表 4-3

汉　义	汉语借词	本语词语
心脏	si³³ tsa³²³	ŋ³⁵ ma³³
膀胱	ʐɛ³¹ sui³³ phau³³	ʑi³⁵ sɿ³¹ so³¹ phu³¹
弟弟	ti³⁵ ti³⁵	niɛ³²³
士兵	piɛ³³、pi³³（自由变读）	tsho²⁴ kha³¹ la²⁴ ʐo³⁵
尼姑	ni³²³ ku³³	a³¹ sɿ⁵⁵ ma³³
仇人	tshɛ³¹ ʐɛ³¹	tɕhi³¹ tso²⁴ la²⁴ ʐo³⁵
英雄	ʑi³³ ɕo³²³	xɣ³²³ the³²³ la²⁴ ʐo³⁵
哑巴	ʐa⁵⁵ pa³³	tɕhi³¹ ȵa³¹ ma³¹ li³²³ la²⁴ ʐo³⁵
医院	ʐɿ³³ ʐɛ³⁵	na²⁴ ŋ²⁴ la²⁴ ȵa⁵³

（续表）

汉　义	汉语借词	本语词语
监狱	tɕɛ^{33} lau^{323}	tsho^{33} tɕha^{55} tɕa^{24} la^{24} n̩a^{53}
派出所	phɛ^{35} tsho^{31} so^{31}	tsho^{33} tɕha^{55} tsʅ^{323} la^{24} n̩a^{53}
棚子	pho^{24} tsʅ^{31}	fu^{24} xɤ^{33}
烟（吸的烟）	zɛ^{33}	m^{35} khu^{31}
锥子	tsui^{33} tsʅ^{31}	le^{53} la^{24}
（一）卷（布）	(tsʅ^{55} khu^{31} te^{31}) tɕɛ^{31}	(tsʅ^{55} khu^{31} te^{31}) tho^{323}
（一）排（房子）	(xɤ^{33} te^{31}) phe^{323}	(xɤ^{33} te^{31}) tsʅ^{55}
弯（弯的）	ko^{53}	fu^{55}
欺骗（借）	phie^{35}	tɕi^{55} ka^{33}
塞进（瓶子）	tsu^{24} tɕi^{33}	tse^{31} kɯ^{33} zi^{33}
城市	tshɛ^{323} sʅ^{35}	nu^{323} me^{44}
电视	tie^{35} sʅ^{35}	zi^{53} xa^{33} tɕhe^{31} la^{24} tɕa^{35}
缝纫机	fo^{31} ze^{33} tsʅ^{33}	tho^{33} sa^{24} la^{24} tɕa^{35}
乱七八糟	luɤ^{35} tshʅ^{323} pa^{323} tsa^{33}	xui^{35} ma^{31} kua^{55} (ni^{33})

2．少数固有词使用频率高于汉语借词

少数本语固有词比并用的汉语借词使用频率更高。从语义分布上看，这类固有词通常是与喀卓人日常生活联系非常密切、长期频繁使用的词语。因此，即使借入了同义汉语借词，这批固有词仍然占据优势地位。例如：

表 4-4

汉　义	汉语借词	本语词语
蚕豆	tsha$^{53/55}$ tɛ^{35}	no^{53}
猫头鹰	mau^{33} thɛ^{31} zɛ^{33}	pɛ^{55} ɣu^{53}
商店	xo^{31} tso^{31} sɤ^{31}；sa^{33} tie^{35}	n̩o^{31} ŋ^{31} la^{24} n̩a^{53}
筛子	se^{33} lo^{33}	wa^{24} tsʅ^{53}
生日	sɛ^{33} zʅ^{323}	sɛ^{33} ŋ^{33} xa^{53} me^{44}
年纪	n̩ɛ^{323} tsʅ^{35}	kho^{53} tha^{31}
时间	tso^{33} thɛ^{323}	ŋ^{33} xa^{53}
（两天）以后	(ŋ^{31} ŋ^{323}) zʅ^{31} xe^{35}	(ŋ^{31} ŋ^{323}) ŋa^{323} tu^{33}
乖（乖孩子）	kue^{33}	tɕhi^{31} na^{24}
缝	fe^{33}	sa^{33}
捞	lau^{33}	vu^{323}
敲	khau^{33}	ka^{24}
漱（口）	sua^{35}	za^{35}
甩（丢掉）	suɛ^{31}	tɕhe^{31} xa^{33}
像	ɕa^{35}	sa^{44}

反观借词固有词并用而借词使用频率占优势的词，通常是日常生活中不太常用或者较少能够亲眼见到的事物。如心脏、皇帝、监狱等。

3．还有少数汉语借词和本语词在使用频率上不相上下、势均力敌的。例如：

表 4-5

汉　义	汉语借词	本语词语
强盗	tɕha^{323} tau^{35}	tsho^{33} tɕha^{31} la^{24} zo^{35}
医院	zɿ^{33} zɛ^{35}	na^{24} ŋ^{24} la^{24} ṇa^{53}
象	ɕa^{35}	sa^{44}
工钱	ko^{33} tɕhɛ^{323}	la^{53} phu^{31}

第二节　喀卓语语音受汉语影响引起的变化

喀卓人是一个全民讲"喀卓语—汉语"双语的群体,除了母语外,汉语掌握得较好。因而,喀卓人除了掌握喀卓语的语音系统外,还另外掌握汉语通海方言和汉语普通话两套语音系统。即喀卓人掌握了四套语音系统,其中,一套是用来拼读喀卓语的;一套是拼读喀卓语中的汉语借词的;一套是拼读汉语当地方言的;还有一套是用来拼读普通话的。喀卓人在日常生活中,能够根据实际交际的需要,自如地转换使用四套语音系统。现分别描写如下:

一　喀卓语的语音系统

喀卓语与同属彝缅语的亲属语言相比,声、韵系统比较简单。但声调却比其他语言复杂得多,这在彝缅语中是比较突出的,使它区别于其他彝缅语。现以兴蒙乡白阁村的语音为例,将其语音特点分析如下。

(一) 声母

喀卓语共有声母 24 个,除半元音 w 外,都是单辅音声母,没有复辅音声母。声母依发音方法分塞音、塞擦音、擦音、鼻音、边音等五类。塞音、塞擦音上的声母有清音无浊音;有送气与不送气的对立;擦音有清浊对立;无清化的鼻音、边音。声母排列如下:

表 4-6

发音方法＼发音部位		双唇	唇齿	舌尖前	舌尖中	舌面中	舌根
塞音	不送气	p			t		k
	送气	ph			th		kh
塞擦音	不送气			ts		tɕ	
	送气			tsh		tɕh	
擦音	清		f	s		ɕ	x
	浊		v	z		ʑ	ɣ
鼻音	浊	m			n	ṇ	ŋ

（续表）

发音方法＼发音部位		双唇	唇齿	舌尖前	舌尖中	舌面中	舌根
边音	浊				1		
半元音		w					

声母例词：

p	pa⁵⁵	公（鸡）	po³⁵	翻	
ph	pha⁵⁵	（一）只（脚）	pho³⁵	劈（柴）	
m	ma⁵⁵	教	mo³¹	老	
f	fu³⁵	埋	fɤ³³	（天）干	
v	vi⁵³	穿（衣）	vɤ³³	圆的	
t	ta⁵⁵	摆（着）	to³²³	喝	
th	tha⁵⁵	尖（的）	tho³³	衣服	
n	na⁵³	黑	no⁵³	豆	
l	la⁵³	手	lo⁵³	够	
ts	tsa³¹	吃	tsʅ⁵⁵	借（钱）	
tsh	tsha³¹	盐	tshʅ⁵⁵	发烧	
s	sa³¹	肉	sʅ⁵⁵	知道	
z	za³¹	儿子	zʅ⁵⁵	秧	
tɕ	tɕa⁵⁵	遮	tɕi⁵³	哄（小孩）	
tɕh	tɕha⁵⁵	抓	tɕhi⁵³	咬	
ȵ	ȵo²⁴	生味	ȵa⁵³	眼睛	
ɕ	ɕo²⁴	撒（种子）	ɕi⁵³	八	
ʑ	ʑo³⁵	（一）个（人）	ʑi⁵³	割	
k	ka⁵³	赶（牛）	kɯ³⁵	硬	
kh	kha⁵³	卡（住）	khɯ³⁵	扣（住）	
x	xa⁵⁵	煮（芋头）	xɯ²⁴	烘（干）	
ɣ	ɣa⁵⁵	松	ɣɯ³⁵	鸭子	
ŋ	ŋa⁵⁵	借（物）	ŋɛ³³	是	
w	wa⁵³	猪	wo³¹ma³³	萝卜	

声母说明：

1. 舌尖前音有些人发音时，舌位略抬起，接近舌叶音。例如：tsʅ⁵⁵khu³¹"布"、tshɤ³³"油"、po³⁵po³⁵sua³¹"布谷鸟"、sɛ³³mɛ⁴⁴"虱子"。

2. m、ŋ能自成音节，是个辅音切主的音节。例如：m³³"做"，ŋ²⁴"红"。但有的人 m 可以变读为 mu。例如：m³³"碎"，（a²⁴thiau³¹）m³³打（喷嚏）。

3. ɣ声母在有些年青人的口语中脱落了，读为零声母音节。特别是出现在 a 韵母前的，脱落现象更普遍。例如：ɣa³¹"力气"，ɣa⁵³"编（篮子）"，ɣa⁵³"鸡"，ɣɯ³⁵"鸭子"，ɣɤ³¹"大"。

4. x 声母的发音部位比较靠后，实际发音接近[χ]。例如：xa⁵⁵"煮"，xa³³"献"，xɯ⁵⁵"擤"；xua⁵⁵"雪"。

（二）韵母

喀卓语的韵母共有 17 个。其中单元音韵母 8 个，没有松紧对立；复元音韵母 9 个；没有带辅音尾的韵母。排列如下：

ʅ i ɛ a o u ɤ ɯ

iɛ ia io ui uɛ uɤ ua au iau

韵母例词：

ʅ	tshʅ³³	白	tsʅ³¹		疮
i	tshi³³	十	si³³		三
ɛ	tshɛ³³	稻谷	nɛ³¹		长（芽）
a	tsha³³	热	na³¹		歇（夜）
o	tsho³³	人	ko⁵⁵		一些
u	tshu³³	胖	ku⁵⁵		打（雷）
ɤ	kɤ³⁵	挖	kɤ⁵⁵		汗
ɯ	kɯ³⁵	硬	kɯ⁵⁵		救（命）
iɛ	niɛ³²³	弟弟	niɛ³¹		（肿）消
ia	lia³²³	量	lia³⁵		亮
io	lio³¹	刘（姓）	lio³⁵		瘤
ui	tɕau³³sui³¹	胶水	xui³²³		（一）回
uɛ	kuɛ³⁵	怪	kuɛ³³		乖
uɤ	khuɤ³¹	打	kuɤ³²³		疯癫
ua	xua⁵⁵	雪	kua³³ŋa³⁵		乌鸦
au	khau³³	敲	thau³⁵		（一）套（衣服）
iau	tiau³⁵	钓（鱼）	thiau³⁵		跳

韵母说明：

1. u 单独做韵母时，实际音值是唇齿辅音[ʋ]，而且音值较紧。例如：tshu³³"胖"，tsu⁵⁵"戳"。在复合韵母（主要出现在汉语借词上）中读为[u]。例如：khua⁵⁵"村子"，kua⁵⁵"管"。

2. i 的实际发音近似[ɿ]，有轻微的滑动。例如：zi³²³"汁、浆"、si³³"三"。

3. 有些人把单韵母 ɛ 读为[ɛi]。例如：thɛ³²³"很"，tɛ³¹"一"。

4. 高平调音节的元音略紧,声母前带喉塞音-ʔ。例如:tu⁵⁵"皱"、tha⁵⁵"锋利"。

5. iau、ui、uɛ、iu 等复合元音韵母大多出现在汉语借词中。例如:ɕa³³ liau³⁵"香料",kua³⁵ miɛ³⁵"挂面"。

6. ɯ 在双音节的前一音节中,有些地区和有些人(主要是中村)读为 ɛ。例如:kɯ³³ thɛ⁵⁵ "兜着";kɯ³³ xua³⁵"藏(物)"。

7. 汉语的带鼻辅音尾的韵母,借入喀卓语后,中老年人都用口元音代替,而青少年或用鼻化元音韵母,或用带鼻辅音尾的韵母。

8. 普通话的 w 借入喀卓语后,中老年人读为 v,青少年则读为 w。例如:kuɣ³²³ wa³³"国王",wu³³ kui³³"乌龟"。

(三) 声调

喀卓语的声调共有八个:高平 55、次高平 44、中平 33、高升 35、中升 24、降升 323、高降 53、低降 31。例词见下:

高平	sɛ⁵⁵ 抹	m⁵⁵ 蹲	kɯ⁵⁵ 救(命)
次高平	sɛ⁴⁴ 人家	mɛ⁴⁴(量词)	tɣ⁴⁴(长)得(高)
中平	sɛ³³ 虱子	m³³ 做	kɯ³³ 进(去)
高升	sɛ³⁵ 劁(猪)	m³⁵ 闭(嘴)	kɯ³⁵ 硬
中升	sɛ²⁴ 涩	m²⁴ 高	kɯ²⁴ 硌(脚)
降升	sɛ³²³ 神(仙)	m³²³ 水田	kɯ³²³ to³¹ 蓓蕾
高降	si⁵³ 杀	m⁵³ 吹	kɯ⁵³ 踩
低降	sɛ³¹ 桃子	m³¹ 马	kɯ³¹ 给

声调说明:

1. 声调除了担负区别词义的功能外,还区别某些语法意义和词汇意义。区别语法意义的主要是区别自动、使动义。如:to³²³"喝"～to³³"使喝"、tɕo⁵³"害怕"～tɕo³⁵"吓唬"。也有区别词类的 ŋ³³"天"～ŋ³²³"(一)天",此外,还能区别某些相关的词义。如:sa³³ "富"～sa⁵⁵"穷"。

2. 44 调大多出现在汉语借词和变调上。如:wa⁵³ ⁄ ⁴⁴(kho⁵³)"猪年",zʅ⁵³ ⁄ ⁴⁴ m³³"压碎"。

3. 低降调的韵母多带后喉塞音。如:ȵa³¹[ȵaʔ³¹]"多"、khuɣ³¹[khuɣʔ³¹]"打"。

4. 常见的变调有:双音节词的前一音节为 53 调时,变为 44 调。如:no⁵³ ⁄ ⁴⁴ ma³³"石头"、ʑa⁵³ ⁄ ⁴⁴ po³⁵"芽儿"。基数词在组成多位数时,有的也出现变调。如:tshi³³ si³³ ⁄ ²⁴"十三"、tɕho⁵³ ⁄ ⁵⁵ tshi³³"六十"。名词重叠后一音节时,有的也出现变调。后一音节为 33 调时,不变调;后一音节为 323 调时,变为 44 调。例如:sʅ³⁵ tɕɛ³³ tɕɛ³³"树梢"(不变调);sɛ³¹ tsɣ³²³ tsɣ⁴⁴"桃树"(变调)。

(四) 音节结构

喀卓语的音节结构有以下五种形式,其中 1 和 3 的形式最多。

1．元音：o³¹"菜"。

2．辅音：m³⁵"闭（嘴）"。

3．辅音＋元音：ma³¹"不"。

4．辅音＋元音＋元音：xui³²³"（一）回"。

5．辅音＋元音＋元音＋元音：thiau³⁵"跳"。

（五）汉语对喀卓语语音系统的影响

语音的影响要通过词语的吸收来实现。汉语借词的大量进入使喀卓语的语音系统发生了一些变化。喀卓语和汉语的音节结构均由声母、韵母和声调组成，结构上的近似性使喀卓语的语音系统较易受到汉语语音系统的影响。主要表现为：

1．在声母方面

中老年人始终保持 ɣ 声母不变，青少年的 ɣ 声母在一定条件下则会脱落。具体条件为：当韵母是 a 时，声母 ɣ 就脱落。例如：ɣa⁵³"鸡"、ɣa³¹"力气"、ɣa⁵⁵"松"、ɣa⁵³"编，织"等；当韵母是 ɣ 时，声母 ɣ 可保留可不保留，处于两读状态。例如：ɣɤ³¹"大"、ɣɯ³⁵"鸭子"、ɣɯ³¹"莲花"、ɣɯ⁵³"针"、ɣɤ³⁵"嗝"、ɣɯ³²³"割"、ɣɤ⁵³"划（船）"等。

2．在韵母方面

（1）借入了复合元音韵母 iau、ui、uɛ 等新的韵母，原有的韵母体系改变了。汉语韵母的借入丰富了喀卓语的语音系统。

（2）一部分青少年的汉语借词增加了鼻音韵尾，或者使用鼻化元音。例如：kuã³³"光"。

（3）部分青少年出现了 u 韵母，并因而带来了相应的复元音韵母 iu。

（4）青少年三合元音多于中老年人。例如：wai³⁵ ko³³"外国"，青少年是三合元音；成年人是二合元音 wɛ³⁵ ko³³。

二　喀卓语中的汉语借词语音系统

喀卓人在说喀卓语时，借用了大量的汉语借词。汉语借词的读音，是喀卓人将当地汉语读音加以改造而成的。这些读音自成一个体系，我们称之为"汉语借词语音系统"或简称"借词音系"。

（一）声母

喀卓语中用于汉语借词的声母共有 23 个，比喀卓语固有词少一个 ŋ 声母。借词声母及例词排列如下：

p	pa⁵⁵	半（夜）	po⁵³	饱
ph	pha³⁵	头帕	pho³⁵	破（篾）
m	ma³⁵	溢	mo³³	（锯）末

声母	例词	义	例词	义
f	fa^{33}	方	fo^{35}	裂缝
v	va^{35}	万	vɛ^{323}	（皱）纹
t	ta^{31}	胆	to^{31}	朵
th	tha^{35}	烫（手）	tho^{33}	拖（木头）
n	na^{31}	难	no^{323}	农（民）
l	la^{323}	蓝	lo^{31}	龙
ts	tsa^{35}	债	tso^{33}	钟
tsh	tsha^{35}	插（牌子）	tsho^{35}	锉
s	sa^{35}	散（了）	so^{33}	梭子
z	zɛ^{24}nau^{35}	热闹	zɿ^{33}zɛ^{35}	医院
tɕ	tɕa^{53}	假	tɕo^{35}	就
tɕh	tɕha^{31}	抢	tɕho^{33}	秋（天）
ȵ	zɿ^{31}ȵa^{33}	姨母	ȵɛ^{323}tsɿ^{35}	年纪
ɕ	ɕa^{31}	想（起）	ɕo^{31}	削
ʐ	ʐa^{31}	痒	ʐo^{323}	油
k	ka^{35}	（树）干	ko^{53}	过
kh	kha^{53}	卡（住）	kho^{31}	（蚌）壳
x	xa^{323}	叼	xo^{24}	盒
ɣ	ɣa^{33}	（马）鞍		
w	wa^{33}	瓦	kuɣ^{323}wa^{323}	国王

声母说明：

1. m 在借词中也能自成音节。例如：m^{323}“麻木”。

2. 喀卓语用 ȵ、ʐ、ɣ 三个声母，来拼写汉语借词。这是当地汉语所没有的声母。例如：xɛ^{35}ȵa^{323}“继母”、ʐa^{53}“芽儿”、ɣa^{33}“（马）鞍”。

3. ɣ 声母在有些年青人的口语中脱落了，读为零声母音节。例如：ɣa^{33}“（马）鞍”读为 a^{33}。

（二）韵母

汉语借词的韵母共有 17 个。借词韵母及例词排列如下：

韵母	例词	义	例词	义
ɿ	tshɿ^{24}	尺子	tsɿ^{31}	子（后缀）
i	tshi^{33}tshu^{31}	清楚	si^{35}	信
ɛ	tshɛ^{323}	层	mɛ^{323}	煤
a	tsha^{35}	插（牌子）	tsa^{24}	赚（钱）
o	tsho^{35}	（用水）冲	ko^{53}	渡（河）

u	tshu³³	初	ku²⁴sui³¹	骨髓
ɣ	tshɣ³³	车	sɣ³⁵	射（箭）
ɯ	kɯ³¹	给	kɯ²⁴	硌（脚）
iɛ	tie³⁵	电	thiɛ³²³	填（坑）
ia	lia³²³	梁	lia³⁵	亮
io	lio³¹	刘（姓）	lio³⁵	瘤
ui	tsa²⁴ tui³⁵	排队	xui³³	灰（灰的）
uɛ	kuɛ³⁵	怪	khuɛ³¹	（一）元
uɣ	tshuɣ³⁵	错	kuɣ³²³ ua³²³	国王
ua	xua³³	慌	kua³⁵	挂（在墙上）
au	tsau³⁵	照（镜子）	tau³⁵	倒（过来）
iau	tiau³⁵	钓（鱼）	thiau³⁵	跳

韵母说明：

1．u 单独做韵母时，实际音值是唇齿辅音[ʋ]，而且音值较紧。但年青人受了普通话的影响，有的读为标准元音[u]。例如 tɕhɛ³³ tu³¹“赌博”，khu³³“枯萎”。

2．年青人的单韵母 ɛ，由于受到普通话的影响，有时读为复元音[ai]。例如：ai³⁵“爱（吃）”，khai³³ xui³⁵“开会”。

3．年青人的复元音韵母 io，由于受到普通话的影响，有时读为[iu]。例如：liu³¹ su²⁴“柳树”，pau³¹ liu³²³“保留”。

4．普通话读为鼻音韵母的汉语借词，喀卓年青人有的读为鼻化韵母，有的读为带[ŋ]尾的鼻韵母。例如：kuã³³“光”，zɿ³³ɕoŋ³²³“英雄”。

（三）声调

汉语借词的声调也有八个：高平 55、次高平 44、中平 33、高升 35、中升 24、降升 323、高降 53、低降 31。例词见下：

高平	khua⁵⁵ 宽	lu⁵⁵ 绿	ko⁵⁵（经）过
次高平	tɣ⁴⁴ 得	pi³³ɕa⁴⁴ 冰箱	ma²⁴thɛ⁴⁴ 馒头
中平	ka³³ 肝	pa³³ 搬	kua³³ 光
高升	to³⁵ 洞	lui³⁵ 累	sua³⁵ 算
中升	sɛ²⁴ 涩	tsha²⁴ 唱	kɯ²⁴ 硌（脚）
降升	sɛ³²³ 神（仙）	m³²³ 麻（木）	tho³²³ 铜
高降	te⁵³ 戴	ȵa⁵³ 黏	tsɣ⁵³ 贼
低降	thɛ³¹ 抬	ni³¹ 土	kɯ³¹ 给

声调说明：

1. 当地汉语方言通海话只有四个声调,但喀卓语里的汉语借词使用了音系中的八个声调分别拼读。

2. 44 调主要出现在变调上。例如:$ɕau^{53/44}thu^{35}$"兔子",$ɕau^{53/44}tsh_1^{35}$"杏薔"。

(四)音节结构

汉语借词的音节结构有以下五种形式,其中 3 和 4 的形式最多。

1．元音:o^{33}"凹"。

2．辅音:m^{323}"麻木"。

3．辅音 + 元音:ka^{53}"赶(牛)"。

4．辅音 + 元音 + 元音:lui^{33}"铝"。

5．辅音 + 元音 + 元音 + 元音:$thiau^{35}$"跳"。

三　喀卓人说当地汉语方言的语音系统

喀卓人与当地汉族接触的过程中,普遍掌握了当地汉语方言。当地汉语方言通海话属西南官话,喀卓人说的通海话,与当地汉族说的相差不远。现归纳喀卓人说通海话的语音系统如下:[①]

(一)声母

喀卓人的通海话声母共有 19 个。声母及例词排列如下:

p	po^{44}	波	pa^{44}	疤
ph	pho^{44}	坡	pha^{323}	趴
m	mo^{44}	摸	m^{31}	木
f	$fɛ^{44}$	飞	fo^{44}	风
v	va^{53}	网	vu^{323}	雾
t	tau^{323}	到	tui^{44}	堆
th	$thau^{323}$	套	$thui^{44}$	推
n	nau^{53}	脑	nui^{323}	嫩
l	lau^{53}	老	lui^{323}	累
ts	$tsau^{53}$	早	$tsui^{323}$	最
tsh	$tshau^{53}$	草	$tshui^{323}$	脆
s	sau^{53}	少	sui^{323}	碎

---

① 王培芬,44 岁,蒙古族,通海县兴蒙乡。小学毕业,读到初一辍学。父母都是蒙古族。在白阁村出生长大,1986 年嫁人中村。下面的音系是以王培芬为发音合作人整理而成。

z	zau⁵³	绕	zu³¹	如
k	kau⁴⁴	高	kui³²³	贵
kh	khau⁴⁴	敲	kho³¹	渴
x	xau⁵³	好	xui³²³	会
tɕ	tɕau⁴⁴	教	tɕo³¹	脚
tɕh	tɕhau³²³	翘	tɕho³¹	雀
ɕ	ɕau⁵³	小	ɕo³¹	学

声母说明：声母 m 可以自成音节。例如：m³¹ "木"。但年青人有的读为 mu³¹。

（二）韵母

喀卓人的通海话韵母共有 17 个。借词韵母及例词排列如下：

ɿ	zɿ⁵³	雨	tsɿ⁴⁴	鸡
i	mi⁵³	米	tɕhi⁴⁴	清
ɣ	sɣ³¹	色	ɣ⁴⁴	耳
ɛ	tshɛ⁵³	丑	kɛ⁴⁴	跟
ai	ai⁵³	解（开）	ai⁴⁴	恩
a	ta⁵³	胆	sa⁴⁴	桑
uɣ	tuɣ⁵³	短	tshuɣ⁴⁴	穿
o	xo³¹	和	to⁴⁴	东
u	ku²⁴	顾	pu³²³	布
ia	ia⁵³	样	tɕia³²³	架
iɛ	tiɛ⁵³	点	tɕiɛ⁴⁴	间
io	io⁵³	永	tio⁴⁴	丢
ua	kua⁴⁴	瓜	xua⁴⁴	花
uɛ	kuɛ³²³	怪	kuɛ³²³	快
au	pau⁵³	保	sau⁴⁴	烧
iau	thiau³¹	条	tɕiau⁴⁴	教（书）
ui	kui³²³	桂	ui⁴⁴	温

韵母说明：

1. 韵母 i 的实际发音是[ɿi]，舌位有轻微的滑动。但是，由于汉语普通话的影响，在双唇音后面可与标准元音[i]变读。例如：mi⁵³ "米"。

2. 韵母 ɛ 的实际发音读为[ɛi]，舌位有轻微的滑动。例如：mɛ³²³ "妹"。

3. 韵母 u 的实际发音读为[ʮ]，有轻微的唇齿音。例如：lu³¹ "六"。

4. 韵母 io 在舌尖中辅音声母后，实际发音接近[iu]。例如：lio³¹ "流"，tio⁴⁴ "丢"。

（三）声调

喀卓人讲通海话的声调共有 4 个。声调及例词排列如下：

表 4-7

调 类	成年人调值	例词	年青人调值
阴平	44	天、千、刀、灯	44
阳平	31	门、堂、平、茶、民、明	31
上	53	碗、纸、扁、老、点	33
去	323	垫、骗、背、税、万、味、闹	24

声调说明：

1. 年青人上声读 33，成年人上声读 53，但实际音值略低于本族语的 53 调，接近于 42 调。这可能是本语 53 调和汉语通海方言 31 调结合作用的结果。

2. 年青人去声读 24，成年人去声读 323。

3. 年青人四个调分别读为 44、31、33、24。其中，中年人读 53 的，年青人读为 33 调，与通海话相应调类的调值相同。

四　喀卓人说普通话的语音系统

喀卓人学习汉语主要是通过学校教育（包括学前班）来实现的，大多接受了较长时间的普通话教育。喀卓人聚居的兴蒙乡下至幼儿园，上至初级中学，教师都用普通话教学。加上广播、电视的普及，现在 70 岁以下的喀卓人基本都听得懂普通话，30 岁以下或高中以上文化水平的喀卓人基本都会讲普通话。我们在整个调查过程中，都可用普通话与他们交谈，他们也能用普通话回答。

喀卓人说普通话的难点主要是带鼻音尾的韵母，因为喀卓语只有开口元音，没有带鼻辅音尾的韵母，所以要通过反复练习才能掌握好。普通话韵尾有"-n""-ŋ"两套，而喀卓人的普通话通常读成鼻化元音或带"-ŋ"舌根鼻音韵尾。

喀卓语固有词里复合元音韵母较少，但喀卓人掌握复合元音韵母不太难，一般都能发音，只是三合元音掌握起来有点难。

（一）声母

普通话用汉语拼音标音。

普通话：　　　b　　　　p　　　　m　　　　f

喀卓读音：　　p　　　ph　　　m　　　　f
　　　　　　　-----------------------------------
　　　　　　　d　　　　t　　　　n　　　　l

　　　　　　　t　　　　th　　　　n　　　　l

g	k	h	
k	kh	x	
j	q	x	
tɕ	tɕh	ɕ	
z	c	s	
ts	tsh	s	
zh	ch	sh	r
ts	tsh	s	z

对应	普通话	喀卓读音	例字
b~p	bā	pa⁴⁴	八
p~ph	pá	pha³⁵	爬
m~m	mā	ma⁴⁴	妈
f~f	fǎ	fa³⁵	法
d~t	dā	ta⁴⁴	搭
t~th	tā	tha⁴⁴	他
n~n	nà	na⁵¹	那
l~l	lā	la⁴⁴	拉
g~k	gē	kɤ⁴⁴	哥
k~kh	kě	khɤ²¹³	可
h~x	hē	xɤ⁴⁴	喝
j~tɕ	jī	tɕi⁴⁴	基
q~tɕh	qǐ	tɕhi²¹³	起
x~ɕ	xī	ɕi⁴⁴	西
z~ts	zá	tsa³⁵	杂
c~tsh	cā	tsha⁴⁴	擦
s~s	sǎ	sa²¹³	洒
zh~ts	zhā	tsa⁴⁴	扎
ch~tsh	chá	tsha³⁵	查
sh~s	shā	sa⁴⁴	沙
r~z	rù	zu⁵¹	入

声母说明：

1. 普通话舌面音 tɕ、tɕh、ɕ 与 i 结合的音节,喀卓人大多读为舌尖音 ts、tsh、s 与舌尖元音 ɿ 结合的音节。但普通话水平较高的喀卓人读音与普通话相同。例如（前面为普通话水平较高

的发音,后面为水平较低的发音):

tɕi⁴⁴tshu²¹³ ～ tsʅ⁴⁴tshu³¹　　　基础　　　tɕi⁴⁴taŋ⁵¹ ～ tsʅ⁴⁴ta⁵¹　　鸡蛋

tɕhi⁵¹tshɤ⁴⁴ ～ tshʅ⁵¹tshɤ⁴⁴　　汽车　　　tɕhi³⁵ma³¹ ～ tshʅ³⁵ma³¹　　骑马

ɕi⁴⁴kua⁴⁴ ～ sʅ⁴⁴kua⁴⁴　　　　西瓜　　　ɕi²¹³xuaŋ⁴⁴ ～ sʅ³¹xua⁴⁴　　喜欢

2. 普通话舌面音 tɕ、tɕh、ɕ 与 y 结合的词,喀卓人有的也读为舌尖音 ts、tsh、s 与舌尖元音 ʅ 结合的音节。例如"拘留"的"拘",普通话水平高的喀卓人读为 tɕy⁴⁴,普通话水平较低的则读为 tsʅ⁴⁴。

3. 普通话的舌尖后塞擦音、擦音声母 tʂ、tʂh、ʂ、ʐ,在喀卓人普通话里分别读为 ts、tsh、s、z,与舌尖前塞擦音、擦音声母合为一套。

4. 零声母的 uen,喀卓人增加了声母 v。例如:vɛŋ³⁵"文",vɛŋ⁵¹"问"。

(二) 韵母

韵母对应:

普通话	喀卓读音
ɑ	a
o	o
e	ɤ
i	i
u	u
ü	y
ɑi	ai
ɑo	au
ɑn	aŋ
ou	ɛi
ei	ɛi
en	ɤŋ
iɑ	ia
ie	iɛ
in	iŋ
uɑ	ua
uo	o
ün	yŋ
üe	yɛ
ɑng	aŋ

ong	oŋ
eng	ɛŋ
iao	iau
ian	iɛŋ
ing	iŋ
iou	iou
uai	uɛi
uan	uaŋ
uei	uei
uen	uɛŋ
üan	yɛŋ
iang	iaŋ
iong	ioŋ
uang	uaŋ
ueng	oŋ

韵母说明：

1. 普通话的 ü，喀卓人大多读为[i]。普通话水平较高的人能够发出[y]元音，但不稳定，有时还读为[i]。例如（前面为普通话水平较高的发音，后面为水平较低的发音）：

$y^{35} \sim i^{35}$　　　　鱼　　　　$yŋ^{35}、\tilde{y}^{35} \sim i^{35}$　　　云

$yɛ^{51} \sim iɛ^{51}$　　　　月　　　　$yɛŋ^{35}、y\tilde{ɛ}^{35} \sim iɛ^{35}$　　圆

2. 因母语的负迁移，韵母 u 经常读为唇齿音[ʮ]。例如：wu^{213}"五"，nu^{213}"努（力）"。

3. 普通话的 ai 大多读为单元音[ɛ]。例如：$ɛ^{51}$"恋爱"，$thɛ^{35}$"抬"。但水平较高的人能够读出复合元音[ai]。

4. 普通话水平较低的人 ou、ei 不分，全部读为[ɛi]。例如：$ɛi^{213}$"藕"，$mɛi^{213}$"美"。

5. 普通话复元音韵母 uo 被读为单元音[o]。例如：o^{213}"我"，xo^{35}"活"。

6. 普通话的前、后鼻音韵尾在喀卓人的普通话里，一般读为不带鼻韵尾的口元音。但普通话水平较高的人中，可以读出带轻微 ŋ 的鼻音尾音节。但不甚稳定，有时也读成鼻化元音。大致是高元音带 ŋ 尾的多，低元音带鼻化或读为口元音的多。这种自由变读现象，反映了喀卓人接受鼻韵尾音节影响的渐变性。例如（前面为普通话水平较高的发音，后面为水平较低的发音）：

$aŋ^{44}、\tilde{a} \sim a^{44}$　　　　安　　　　$ɛŋ^{44}、\tilde{ɛ}^{44} \sim ɛ^{44}$　　　　恩

$miŋ^{35}、mi\tilde{}^{35} \sim mi^{35}$　　民　　　　$yŋ^{35}、\tilde{y}^{35} \sim i^{35}$　　　　云

$aŋ^{35}、\tilde{a}^{35} \sim a^{35}$　　　　昂　　　　$loŋ^{35}、l\tilde{o}^{35} \sim lo^{35}$　　　龙

$tɛŋ^{44}、t\tilde{ɛ}^{44} \sim tɛ^{44}$　　　灯　　　　$iɛŋ^{44}、i\tilde{ɛ}^{44} \sim iɛ^{44}$　　　烟

iŋ⁴⁴、ĩ⁴⁴ ～ i⁴⁴	英	uaŋ⁴⁴、uã⁴⁴ ～ ua⁴⁴	弯
uɛŋ⁴⁴、uɛ̃⁴⁴ ～ uɛi⁴⁴	温	yɛŋ⁴⁴、yɛ̃⁴⁴ ～ iɛ⁴⁴	冤
iaŋ⁴⁴、iã⁴⁴ ～ ia⁴⁴	央	ioŋ²¹³、iõ²¹³ ～ iou³¹	永
uaŋ⁴⁴、uã⁴⁴ ～ ua⁴⁴	汪	oŋ⁴⁴、õ⁴⁴ ～ o⁴⁴	嗡

韵母例字：

对应	普通话	喀卓读音	例字
ɑ～a	ā	a⁴⁴	啊
ai～ai	ài	ai⁵¹	爱
ɑo～au	bāo	pau⁴⁴	包
ɑn～aŋ	ān	aŋ⁴⁴	安
ɑng～aŋ	bāng	paŋ⁴⁴	帮
o～o	bō	po⁴⁴	波
ou～ɛi	tōu	thɛi⁴⁴	偷
ong～oŋ	chōng	tshoŋ⁴⁴	冲
e～ɣ	è	ɣ⁵¹	饿
ei～ɛi	měi	mɛi	美
en～ɛŋ	bèn	pɛŋ⁵¹	笨
eng～ɛŋ	tēng	tɛŋ⁴⁴	灯
i～i	yī	i⁴⁴	一
iɑ～ia	yā	ia⁴⁴	压
iɑo～iau	piāo	phiau⁵¹	漂
iɑn～iɛŋ	biān	piɛŋ⁴⁴	边
iang～iaŋ	yàng	iaŋ⁵¹	样
iou～io	yòu	io⁵¹	又
iong～ioŋ	yǒng	ioŋ³⁵	勇
ie～iɛ	tiē	thiɛ⁴⁴	贴
in～iŋ	pīn	phiŋ⁴⁴	拼
ing～iŋ	tíng	thiŋ³⁵	停
u～u	tǔ	thu²¹³	土
uɑ～ua	guā	kua⁴⁴	刮
uɑi～uai	huài	xuai⁵¹	坏
uɑn～uaŋ	chuān	tshuaŋ⁴⁴	穿
uang～uaŋ	guǎng	kuaŋ²¹³	广
uei～uei	wēi	uei⁴⁴	危

uen～uɛŋ	wēn	vɛŋ^{44}	温
ueng～oŋ	wēng	oŋ^{44}	嗡
uo～uɤ	huǒ	xuɤ^{213}	火
ü～y	jú	tɕy^{35}	局
üɑn～yɛŋ	juān	tɕyɛŋ^{44}	捐
üe～yɛ	yuè	yɛ^{51}	月
ün～yŋ	jūn	tɕyŋ^{44}	军

(三) 声调

喀卓人说普通话也用四个声调,但调值与普通话不同,对比如下:

声调对应:

对应	普通话	喀卓读音	例字
55 调— 44 调	shī	sʅ^{44}	诗
35 调—35 调	shí	sʅ^{35}	时
214 调—213 调	shǐ	sʅ^{213}	使
51 调— 51 调	shì	sʅ^{51}	是

声调说明:

部分喀卓人的上声字,是 213 调和 31 调自由变读。普通话水平较高的人读为 213 调,接近汉语普通话的 214 调。普通话水平较低的人读为 31 调。

第三节　喀卓语语法受汉语影响引起的变化

喀卓语与汉语同属于分析性语言,语法上存在诸多共同性,而且喀卓人长期以来与汉文化接触密切,又普遍兼用汉语,因而喀卓语语法也受到了强势语言汉语的一些影响。主要表现在以下几个方面:

一　借用部分虚词

借用的虚词主要包括副词、连词和结构助词。

1. 借用的副词主要有 ʑi^{24}fa^{33}“越来越”、xɛ^{35}“还、在”、ʐo^{35}“又”、tsɛ^{35}“再”、tsɛ^{33} tsɛ^{33} ni^{31}“真是”、tɕo^{35}“就”等。例如:

ʑi^{24} fa^{33} ʑi^{24} fa^{33} ni^{33} lia^{35} tɤ^{33} wa^{33}.　　　　　　越来越亮了。
愈发　愈发　地 亮 (助)

ʑi³³ ʑi²⁴ fa³³ ŋ²⁴ kɤ³²³ sa³³ .　　　　　　　　她越来越好看了。

她　愈发　　好看　（助）

nɛ³³ xɛ³⁵ ma³¹ tsa³¹/³⁵ ?　　　　　　　　　你还没吃？

你　还　没　吃

ʑi³³ kɤ³¹ ni³¹ zo³⁵ kɤ³¹ thiau³⁵ ni³¹ zo³⁵ thiau³⁵ .　　他又跑又跳。

他　跑（助）又　跑　跳　（助）又　跳

tɛ³¹ thɤ⁵⁵ kɛ³³ na³¹ ʑi³²³ , tsɛ³⁵ ŋa³¹ .　　　　先停一下，然后再说。

一会儿（助）停（助）　再　说

nɛ³³ tɛ³¹ thɤ⁵⁵ ɕa²⁴ tsɛ³⁵ ka³²³ .　　　　　　你休息一下再走。

你　一会儿休息再　走

pɛ³²³ tɛ³³ ma³³ tsɛ³³ tsɛ³³ ni³¹ m²⁴ ʐa³³ .　　　这山真是高。

山　这　座　真是　　　高（助）

ŋa³¹ tɕo³⁵ ka³²³ wa³⁵ .　　　　　　　　　　我就要走了。

我　就　走（助）

ʑi³³ tsa³¹ tɕhe⁵³ ni³¹ tɕo³⁵ to⁵³ ʑi³³ wa³³ .　　　他吃完就出去了。

他　吃　完（助）就　出去（助）

na⁵³ ta⁵⁵ ya⁵³ tɛ³¹ mɤ³²³ ni³¹ , ŋa³³ tɕo³⁵ ka³¹ tsʅ³³ .　早上鸡一叫，我就起床。

早上　鸡　一叫　（助）我　就　床　起

喀卓语固有词里已有 sɛ³¹ "还"这个副词，同时还借入了汉语副词 xɛ³⁵ "还"。汉语借词借入喀卓语之后，服从本语的句法规则，可以用在语气助词之后。例如：

ʑi³³ kho⁵³ tha³¹ ma³¹ ɤ³¹ sɛ³¹ .　　　　　　　他年纪还不大。

他　年纪　　不　大　还

m³¹ ma²⁴ mɛ⁴⁴ m³¹ ma²⁴ xa³³ tɤ³³ ʐa³³ sɛ³¹ , ŋ⁴⁴ li³²³ tsho³³ tɛ³¹ ko⁵⁵ mɛ⁴⁴ li³²³ ʐa³²³ .

天　　量雨　　下　在（助）还　但是　人　一　些　很　来（助）

天还在下雨，但是已经来了很多人。

ʑi³³ ɳa³¹ li³²³ wa³⁵ xɛ³⁵ , m³³ to³³ m³³ li³²³ ʐa³³ .　　　他会说，做也会做。

他　说　会（助）还　做　也　做会（助）

汉语借词 xɛ³⁵ "还"还可以和本语的 sɛ³¹ "还"并用于同一个句中，表示程度的加深，或"又……又……"。例如：

xɛ³⁵ ŋ²⁴ ka³³ ʐa³³ sɛ³¹ .　　　　　　还要看。

还　看　（助）还

ʑi³³ kɤ³¹ tsɤ³¹ wa²⁴ xɛ²⁴ thiau³⁵ tsɤ³¹ ʐa³³ sɛ³¹ .　　他又跑又跳。

他　跑　着　（助）还　跳　着　（助）还

2. 借用的连词主要有"因为"、"所以"、"虽然"、"但是"、"既然"、"如果"、"假如"等。例如：

zi³³ wui³⁵ zi³³ na³²³ la³⁵ wa³³ , za³⁵ ta³¹ ni³³ ma³¹ li³²³ .   因为他生病了，所以没有来。

因为　他病（助）　所以　　没来

zi³³ wui³⁵ ŋa³³ tshɤ³¹ ma³¹ ɕa²⁴ , so³¹ zๅ³²³ tɕo³⁵ ma³¹ li³³ la³¹ wa³³ .

因为　我们　没空　　所以　就　没来（助）

因为我们没空，所以就没有来。

sui³³ za³²³ ŋa³³ na³²³ ti⁵³ tso³²³ to³³ ŋa³³ m³³ ɤ³⁵　za³³ sɛ³¹ .

虽然　我病点有　也我　做得动（助）还

虽然我有一点病了，但是我还是做得动。

za³¹ ni³¹ za³¹ ʑo³⁵ thiau³⁵ phi³¹ ŋɛ³³ , ta³⁵ sๅ³⁵ ŋ³³ ȵɛ³³ ŋa³³ mɛ⁴⁴ ma⁵⁵ kɤ³³ o²⁴ za³³ .

小孩　　个调皮　　　是　但是　（强调）我　很　教　得　严（助）

小孩虽调皮，但是我管得很严。

nɛ³³ tsๅ³⁵ za³³ ȵa⁵³　tɤ⁴⁴ li³³ ᐟ ³²³ , xa³³ ma³⁵ ta⁵³ ni³²³ ma³¹ li³³ ŋa³¹ ?

你　既然　说（连）来　　为何　　的话　没来　（助）

你既然说要来，为什么又没来呢？

zu²⁴ ko³¹ sๅ³³ nɛ³³ mo⁵⁵ tsa²⁴ ni³¹ , 　ŋa³³ tɕo³⁵ vɤ³²³　tɤ⁴⁴ nɛ³³ kɯ³¹ .

如果　是你想　吃　的话我　就　买（连）你给

如果你想吃，我就买给你。

tɕa⁵³ zu²⁴ nɛ³³ zi³¹ m³⁵ tshๅ⁵³ ta⁵³ li³³ , ŋa³³ tɛ³¹ tsɛ³⁵ tɕo³⁵ nɛ³³ ma³¹ tsa²⁴ zi³²³ wa³³ .

假如　你今晚　　　上来　我　现在　就你不　找去（助）

假如你今天晚上来，我现在就不去找你了。

3．借用的结构助词主要有 tsɤ³¹ "着"、tɤ⁴⁴ "得、地"等。例如：

la²⁴ tsɤ³¹　　　　　　　　　　　拦着

拦着

to³²³ tsɤ³¹　　　　　　　　　　　喝着

喝着

su⁵⁵ pɛ³¹ tɛ³³ pɛ³¹ ni³¹ zi³³ xa³³ ni³³ pie³⁵ tɤ⁴⁴ ŋ²⁴ ka³³ ko⁵³ wa³³ . 这本书他看过几遍了。

书　　这本（助）他几　　遍（地）看　　过（助）

二　借用一些复句格式

喀卓语借用了一些汉语的复句格式（连同虚词一起），这在一定程度上丰富发展了喀卓语固有的复句格式和表达方式。

例如：

tho³³ tsa²⁴ sui³³ za³²³ ŋ²⁴ kɤ³¹ sa³³ za³³ , ta³⁵ sๅ³³ sɤ²⁴ ŋɛ³³ .

衣服　　虽然　好看（助）　但是　长是

衣服虽好看，但是长了些。（使用汉语复句格式，包括借用连词）

tho³³ tsa²⁴ ŋ²⁴ kɤ³¹ sa³³ za³³ , ŋ⁴⁴ li³³ sɤ²⁴ tsʅ³²³ ŋɛ³³ .

衣服　　　好看　　（助）但是 长　过　是

衣服虽好看，但是长了些。（使用本语句尾词和连词表达复句格式）

zi³³ sui³³ za³²³ kho⁵³ tha³¹ niɛ²⁴ ŋɛ³³ʹ³⁵ , ta³⁵ sʅ³³ ɣa³¹ ŋ³³ thɛ³²³ za³³ .

他 虽然　年纪　　 小　是　　但是 力气有很　（助）

他虽年纪小，但是力气大。（使用汉语复句格式，包括借用连词）

zi³³ kho⁵³ tha³¹ niɛ²⁴ za³³ sɛ³¹ , ŋ⁴⁴ li³³ ɣa³¹ ɣɤ³¹ za³³ .

他 年纪　　小（助）还　但是 力气大（助）

他虽年纪小，但是力气大。（使用本语句尾词和连词表达复句格式）

zi³³ wi³⁵ m³¹ ma²⁴ ɣɯ²⁴ ma³³ xa³³ , ŋa³³ tɕo³⁵ zi³²³ tɕa⁵³ phi⁵³ zo³³ .

因为 雨　大　　下 我 就　水　　放　（助）

因为下了大雨，所以我要去放水。（使用汉语复句格式，包括借用连词）

m³¹ ma²⁴ ɣɯ²⁴ ma³³ xa³³ ni³²³ , ŋa³³ zi³²³ tɕa⁵³ tɕhɛ³¹ zi³³ .

雨　 大　　下（助）我 水　　 使开 去

因为下了大雨，所以我要去放水。（使用本语句尾词和助词表达复句格式）

三　出现一些新型语序，与固有语序并存共用

如喀卓语数量词本语通常必须放在名词之后，但当数词超过十时，偶尔也有人使用"数＋量＋名"语序。例如：

ŋ³¹ sʅ³²³ o³¹ kɤ²⁴　　　　　 十五头牛　　　　 sʅ³²³ o³¹ kɤ²⁴ ŋ³¹　　　　 十五头牛

牛 十五　头　　　　　　　　　　　十五 头 牛

而且，受汉语影响，当数词超过"十"时，出现了较多的不用本语固有量词，直接借用汉语量词的现象。例如：

tsho³³ ko⁵⁵ wu³¹ sʅ²⁴ kɤ²⁴ tso³²³ ŋɛ³³ . 人有五十个。（本语量词是 zo³⁵）

人 们 五十 个 有 是

pa³⁵ sʅ³³ ko⁵⁵ tshʅ³²³ sʅ³²³ kɤ²⁴ tso³²³ ŋɛ³³ . 碗有七十个。（本语量词是 ma²⁴）

碗　 些 七十 　个 有 是

又如，在小句、单句内，喀卓语稳定保持着"SOV"语序，但在汉语借词中，偶有"VO"型借词进入。例如：

fa³⁵ ɕo³²³　　　　　 放学　　　　 fa³⁵ tɕa³⁵　　　　　　 放假

放 学　　　　　　　　　　　　放 假

四　带来两种并存的使动格式和被动格式

语言接触带来了两种并存的使动格式和被动格式，丰富了喀卓语表示使动、被动的语义类

型。分述如下：

1. 并存的使动格式

喀卓语中有本语固有的使动标记。例如：

po³³ liɛ³²³ phi³²³ phi³²³/³³ mɛ⁴⁴ ni³¹，ʑi³³ kɛ³³ ku³³ kɤ⁵³（kɯ³¹/²⁴）wa³³．

玻璃　　杯子　　（量）（助）他（助）弄　碎　（给）　　（助）

玻璃杯被他打碎了。

ku³³是本语的使动标记，是表达使动的原始形式。

但受汉语的影响，现在喀卓语多不采用使动标记ku³³，而是用隐性的词汇形式表示使动。例如：

po³³ liɛ³²³ phi³²³ phi³²³/³³ mɛ⁴⁴ ni³¹，ʑi³³ kɛ³³ to³¹ kɤ⁵³ wa³³．

玻璃　　杯子　　（量）（助）他（助）打　碎（助）

玻璃杯被他打碎了。

上例中的 ku³³ kɤ⁵³ "弄碎"用 to³¹ kɤ⁵³ "打碎"表示，"碎"就是隐性的使动格式。这种使动自动合一的格式有可能是受汉语的影响产生的。又如：

ku³³ na⁵³ 　　　　弄黑　　　lɤ³¹ na⁵³；xɯ³³ na⁵³ 　　　　染黑

弄　黑　　　　　　　　　　染　黑 染　黑

ku³³ thɛ³³ 　　　　弄断　　　tɛ³¹ thɛ³³ 　　　　　　拉断

弄　断　　　　　　　　　　拉　断

汉语的影响使喀卓语在句法上出现使动自动合一的格式，同时，由于大量新词新语直接借用汉语的语素和结构，造成同一个词上固有显性使动格式与新借隐性使动格式并用的局面。以动词"开"为例：

"开"在汉语里是一个多义词。在不同的义项上，喀卓语有不同的对应词。有的直接借用了汉语词 khɛ³³ "开"，有的还用本语固有词。使用借词时，自动使动合一，使用隐性的使动格式；使用本语固有词时，在同等语音条件下会出现变调，以声调屈折来区别自动使动，使用显性的使动格式。其中 tɕhɛ³¹/²⁴ 是自动的"开"，本调 tɕhɛ³¹ 是使动的"开"。例如：

tshɤ³³ khɛ³³ 　　　　开车　　　xui³⁵ khɛ³³；khɛ³³ xui³⁵ 　　　　开会

车　开　　　　　　　　　　会　开 开　会

pie³³ tɕhɛ³¹/²⁴ 　　　　裂开　　　ka³²³ tɕhɛ³¹/²⁴ 　　　　　　走开

裂　开　　　　　　　　　　走　开

nɛ³³ ŋ³⁵ ma³³ mɛ⁴⁴ tɛ³¹ ti⁵³ tɕhɛ³¹ khua⁵⁵ ʐɛ²⁴．　　　　你把心放宽一点。

你　心　（量）一点 使开宽　（助）

ŋa³³ tshɤ³¹ tɛ³¹ thɛ³²³ fo³³ tsɛ³³ tɕhɛ³¹ ʑi³³．　　　　我们一起去放风筝。

我们　　一起　风筝 使放去

m³¹ ma²⁴ ɣɯ²⁴ ma³³ xa³³ ni³¹，ŋa³³ ʑi³²³ tɕa⁵³ tɕhɛ³¹ ʑi³³．下了大雨，所以我要去放水。

雨　　大　　下（助）我 水　　使开 去

2. 并存的被动格式

喀卓语的被动标记用介词"给"表示,有可能是受汉语影响而产生的。当地汉语方言也常用这种被动格式。例如:

po^{33} lie^{323} phi^{323} phi$^{323/33}$ mε^{44} ni^{31},ʑi^{33} kε^{33} to^{31} kɤ^{53} kɯ$^{31/24}$ wa^{33}.

玻璃　杯子　　　（量）（助）他（助)打 碎（给）　（助）

玻璃杯被他打碎了。

上例中的汉语借词 kɯ^{31}"给"可用可不用。不用 kɯ^{31} 是隐性的被动格式,用了 kɯ^{31} 就构成显性的被动格式。被动标记介词 kɯ^{31}"给"来自动词"给"。例如:

ŋa^{33}ʑi^{33} kɯ^{31}. 我给他（东西）。

我　他　给

第四节　喀卓语受汉语影响的主要特点

在长期的历史发展过程中,喀卓语受到汉语的巨大影响,产生了各种变异。其中,有主有次,有表层有深层。怎么判断喀卓语受汉语影响的性质,怎样认识喀卓语受汉语影响的特点,这不是容易认识到位的,需要有一个深入研究的过程。这里,仅把喀卓语受汉语影响的基本特点做个粗略的梳理归纳。喀卓语受汉语影响的主要特点有:

一 词汇的影响深入核心领域,改变了喀卓人的语言认知特点

在喀卓语中,基本词汇中的汉语借词数量至少在 33% 以上。我们统计了 2400 多个常用词,其中汉语借词有 811 个,占基本词汇的 33%。这些常用词不包括新词新语和专业术语等。事实上在他们的口语中,经常用到大量的诸如"手机、摩托车、乡政府、县委、书记、乡长、改革、开放、缴税、打工、考试"等新词术语。新词术语是开放的,无法形成可显示词汇水平的测试数据。因此我们没有把它们纳入常用词中来统计。如果加上这些新词术语,汉语借词的比例至少是 40% 以上。一部分核心词已经借用了汉语词。

名词如:

sε^{33} tsʅ^{31} 身子	ta^{35} khua^{31} 大腿	pa^{33} 疤
tɕi^{33} 筋	lε^{35} pa^{33} ku^{35} 肋骨	ɕau^{44} thu^{35} 兔子
pa^{33} tɕo^{33} 斑鸠	tɕhi^{33} ua^{33} 青蛙	wu^{33} kui^{33} 乌龟
fu^{24} tie^{24} 蝴蝶	sui^{323} ko^{33} 水果	pa^{33} tɕau^{33} ko^{31} 芭蕉
mie^{323} xua^{33} 棉花	tɕha^{31} 茶	la^{24} tsʅ^{31} 辣椒
lau^{33} ti^{33} 爷爷	ne^{33} ne^{33} 奶奶	pa^{31} pa^{31} 父亲
ku^{33} ʑɤ^{33} 女婿	ko^{33} ko^{33} 哥哥	tsi^{31} tsi^{31} 姐姐

su^{31}su^{31} 叔叔 　　 tɕo^{35}tɕo^{35} 舅父 　　 thɛ^{24}tɕi^{33} 头巾

mɛ^{33}khua^{33} 门框 　　 m^{323}thɛ^{33} 木头 　　 xo^{31}pa^{33} 火把

pa^{31}tɛ^{35} 椅子，凳子 　　 mi^{323}tsʅ^{35} 名字 　　 fo^{35} 裂缝

动词如：

tsha^{35} 插（牌子） 　　 tiau^{35} 钓（鱼） 　　 xua^{35} 溶化

ka^{53} 赶（牛） 　　 kua^{53} 刮（毛） 　　 kua^{35} 挂（在墙上）

pho^{35} 破（篾） 　　 phu^{33} 铺 　　 sa^{35} 散

thau^{33} 掏 　　 tɛ^{53} 戴 　　 xa^{323} 叼

形容词如：

phiɛ^{31} 瘪 　　 xui^{33} 灰（灰的） 　　 lu^{55} 绿

nɛ^{33} 嫩（植物嫩） 　　 lia^{35} 亮（亮的） 　　 ȵa^{53} 黏

tshui^{35} 脆 　　 tsɛ^{33} 真 　　 tsʅ^{33} 直（直的）

虚词如：

tso^{24} 着 　　 ko^{53} 过 　　 tɤ^{44} 得

to^{33} 都 　　 tɕo^{35} 就 　　 xɛ^{35} 还

ʐi^{323}tsʅ^{24} 一直 　　 tɛ^{31}miɛ^{35} 一面，一边 　　 zu^{24}ko^{31} 如果

tɕa^{53}zu^{24} 假如 　　 tsʅ^{35}za^{33} 既然 　　 ʐi^{33}ui^{35} 因为

新词术语基本上都借自汉语。例如：

ka^{35}pu^{35} 　　 干部 　　 sau^{35}ɕɛ^{33}tui^{35}ʐɛ^{33} 　　 少先队员

ta^{31}ʐɛ^{24} 　　 党员 　　 tho^{323}ʐɛ^{24} 　　 团员

tui^{24}tsa^{31} 　　 队长 　　 sɛ^{31}tsa^{31} 　　 省长

ko^{33}sʅ^{33} 　　 公司 　　 ʐɛ^{323}xa^{24} 　　 银行

phɛ^{35}tsho^{31}so^{31} 　　 派出所 　　 fa^{31}ʐɛ^{35} 　　 法院

kho^{33}ɕo^{323} 　　 科学 　　 kho^{33}tsʅ^{35} 　　 科技

sɛ^{33}vu^{31} 　　 生物 　　 ʐɛ^{33}zʅ^{53} 　　 英语

tshu^{33}tso^{33} 　　 初中 　　 kau^{33}tso^{33} 　　 高中

mo^{31}tho^{31} 　　 摩托 　　 la^{31}liɛ^{35} 　　 拉链

ʐo^{31}tshʅ^{323} 　　 油漆 　　 tshʅ^{35}ʐo^{33} 　　 汽油

tɕo^{31}tiɛ^{35} 　　 酒店 　　 pu^{35}ɕɛ^{323}kɛ^{33} 　　 步行街

汉语借词进入喀卓语后，有许多已具有造词能力，与本语构词语素有机融合，参与创造新词。例如：

ɕo^{24} 　　　　 tshʅ^{31} 　　　　 锈 　　　　 sʅ^{35} 　　　　 ka^{35} 　　　　 树干

锈（汉） 　　 屎（本） 　　　　　　　　　 树（本） 　　 干（汉）

li²⁴ tsʅ³¹	tsɤ³²³	李树	sʅ³⁵	tɕɛ³³ tɕɛ³³	树梢
李子（汉）	树（本）		树（本）	尖（汉）	

tɛ³¹	tiɛ³¹ tso³³	一点钟
一（本）	点钟（汉）	

有些汉语借词进入喀卓语后，与本语同义、近义固有词语构成竞争关系，长期并用。有的在使用频率上处于优势地位。例如：

汉语借词	本语词语	汉义
mɛ³⁵ mɛ³⁵	niɛ²⁴ ma³³	妹妹
xo³²³ sa³⁵	a³¹ sʅ⁵⁵ pha³¹	和尚
zʅ³³ sɛ³³	na³²³ ŋ²⁴ la²⁴ ʐo³⁵	医生
tɕɛ³³	tha⁵⁵	尖
sɛ³¹ piau³¹	a³³ ŋ³⁵ ȵa⁵³ thi³¹	手表
（mù³³）na³¹	（mu³³）sa⁵⁵	难（做）

由于汉语对喀卓语词汇的影响已经深入到词汇系统的核心领域，因此在一定程度上改变了喀卓人的语言认知特点。如词与词的组合关系上吸收了汉语的组合模式。如汉语的"打"一词，除了用于"用手击打目的物"之外，还可用于非击打的动作或非动作目的物上。喀卓语的 tsʅ³¹"打"原来只用于"用手击打目的物"上，现在受汉语影响，增加了义项，也能与其他的词语结合，用在其他的短语和复合词中。例如：

tshʅ³⁵ tsʅ³¹	打气	tsho³⁵ tsʅ³¹	打枪
气　打		枪　打	
ɣɯ⁵³ tsʅ³¹	打针	sua³⁵ pha³¹ tsʅ³¹	打算盘
针　打		算盘　　打	
tiɛ³⁵ xua³⁵ tsʅ³¹	打电话	phɛ³²³ tsʅ³¹	打扑克
电话　　打		牌　打	
ma³²³ tɕa³⁵ tsʅ³¹	打麻将	tsʅ³¹ sa³⁵	打散
麻将　　打		打　散	

另外还直接借用了汉语的 ta³¹ 打，并在部分词语上出现了汉语的 VO 语序。例如：

tɕhiu³²³ ta³¹ᐟ³³	打球	ɣɤ³⁵ ta³¹ᐟ⁵³	打（嗝儿）
球　打		嗝儿　打	
ta³¹ fɛ³³；fɛ³³ ta³¹	打分	ta³¹ tu³¹	打赌
打分　分打		打　赌	
ta³¹ᐟ⁵⁵ pa³⁵	打扮		
打　扮			

二 语言接触在年龄段等方面存在层次性的差异

语言接触与社会的因素密切相关,会因社会因素的差异而出现不同的层次。喀卓语受汉语影响的层次性,主要出现在年龄层次的差异上。此外,因不同的历史时期还存在不同的历史层次,还因说话人文化素质的不同、性别的不同存在不同的影响层次。

在年龄层次上,年青人和老年人反映出了明显的语言影响层次。即使是处于高度聚居状态的喀卓人,不同年龄社团之间的语言影响差异仍然很大。主要表现为:60 岁以上的老人本族语受汉语的影响较小;20 岁以下青少年的本族语受汉语影响最大;20 至 59 岁之间的成年人本族语受汉语影响的程度居于前二者之间。日常生活中较少用的词语,如"臭虫、蜻蜓、桨、脚踝"等词,老人通常使用本语固有词,而青少年则通常使用汉语借词。老人表达反义概念通常使用反义本语词或本语加否定的形式,而青少年通常借用汉语的反义词来表达。喀卓青少年还经常出现固有成分与借入成分同时并用的现象。例如(例 1 为通用句,例 2 为部分青少年使用的句子,句中并用了汉语借词"因为……所以"和本语词"因为"):

(1) ŋa³³ na³²³ la³⁵ wa³³, za⁵³ ni³¹ ma³¹ zi³²³ la³¹.　　　　因为生病了,所以我没去。

　　我　病(助)　　所以　没　去(助)

(2) zi³³ ui³⁵ ŋa³³ na²⁴ ni²⁴, so³¹ zi³¹ ŋa³³ ma³¹ zi³²³ la³¹.　　因为生病了,所以我没去。

　　因为　我　病(助)　所以　我　没　去(助)

在历史层次上,建国前汉语对喀卓语的影响面较小,而建国后影响面逐渐扩大,涉及语言结构的方方面面。这一点在词汇上反映尤为明显。旧时代的汉语借词在数量上远远没有建国后的汉语借词多。建国以来,尤其是改革开放以来,汉语对喀卓语的影响程度日益加深,汉语借词大量增加。这种层次,主要是由建国前后喀卓人社会地位及经济文化发展的差异决定的。

本族语吸收汉语成分时,文化素质较高的人,由于对汉语的理解较好,能够将汉语成分和本语特点有机地融合在一起;而文化素质较低的人,吸收汉语成分时容易出现"囫囵吞枣"的现象,外来成分与本语结构规则不甚协调。例如:

mau³⁵ so³¹ sʅ³³ tɕhe³⁵ to³³ ma³¹ tso³²³ wa³¹ xɛ³⁵ tsa³¹ la²⁴ to³³ ma³¹ tso³²³.

别　说　是钱　也　没　有　(助)连　吃的　也　没　有

别说没钱,连吃的都没有了。

按照喀卓语的 OV 语序规则,"别说是"应该放在句末,而上例受汉语影响把汉语的语序也照搬了进来。原有的语序应该是:

tsa³¹ la²⁴ tɕi⁵⁵ ma³¹ tso³²³, tɕhɛ³⁵ tɕi⁵⁵ tɕo³⁵ zi²⁴ fa³³ ŋa³¹ ma³¹ zo³³ wa³³.

吃的　(量)没　有　钱　(量)就　愈发　说　不　用(助)

吃的都没有,钱就更不用说了。

在性别上,男性受汉语的影响多于女性。这是因为,男性在外的活动比女性多,而且汉语能力也较强。改革开放后,喀卓女性与外界的交流增多了,与男性的语言差异正在逐渐缩小。

三　汉语影响正处于由表层向深层过渡的阶段

语言影响有表层影响和深层影响之分,这是两种不同质的影响。如何对喀卓语接受汉语的影响进行科学的估量,是一个值得研究的理论问题。

表层影响,通常指只是部分改变受语的面貌、并未触及到受语核心特征的影响,如非基本词汇的借用、个别音位的增加或减少、个别结构的借用等。而深层影响,通常指触及到语言核心特征的影响,如核心词的借用、替换,有规则的、系统的音系变化,大量功能词、句法结构的借入等。深层影响甚至能够改变受语的基本面貌,使之在特征上逐渐接近源语。统观喀卓语目前的特点,我们认为,汉语对喀卓语的影响目前正处于由表层向深层过渡的阶段。具体表现在:

汉语对喀卓语的词汇影响最大。汉语借词的数量大,而且语义分布广泛,涉及喀卓族生活的方方面面。许多汉语借词在与表达同一概念的固有词并用时,已经占据优势地位。喀卓语的部分核心词已被汉语借词替换,而且汉语借词词素能够参与构词,具有能产性。这些特点说明,汉语对喀卓语词汇的影响已经处于深层影响阶段。

汉语对喀卓语语法和语音的影响目前正处于表层向深层的过渡阶段。在语法上,喀卓语的语法系统已借入了一些汉语虚词,如表补语的结构助词 $t\gamma^{44}$ "得",表持续状态的助词 tso^{31} "着",表"频率"的副词 xe^{35} "还、再"等。此外,喀卓语中还引入了一些与固有语序并存共用的新型语序、新型句式。但喀卓语固有语序、固有的语法手段(如体貌特征的固有句尾助词),则没有因为汉语的影响而发生变化。本语固有特点仍然是喀卓语目前基本的语法特点。汉语对喀卓语语音系统的影响,主要表现在韵母中的复合元音韵母上。声母和声调受汉语影响不明显。从整个系统上看,汉语的语音影响并没有带来全局性的改变。

汉语对喀卓语不同结构成分的影响,存在深浅的不平衡,与结构成分的特点有关。在比较容易受影响的词汇上,汉语影响表现出了巨大的威力,无所不及,接触深入到核心领域,进入了深层影响的阶段。但在难以接受外来成分影响的语法和语音上,汉语的影响力较小,接触仍停留于表层,本语的语序、句法结构仍然占优势,汉语的影响是片面的。

四　汉语影响与喀卓人的双语制存在相辅相成关系

喀卓人是一个全民双语的群体。双语的形成和发展不仅对喀卓人的语言生活产生了重要的影响,而且对喀卓人的社会经济、文化教育等的发展起了重要的作用。

但是必须看到,汉语对喀卓语的影响与喀卓人的双语制存在相辅相成的关系。汉语的大量影响,使得喀卓语与汉语的特点差异缩小了,也使得第二语言习得时母语的负迁移降低了。第一语言和第二语言矛盾的缩小,有助于推进喀卓人学习汉语、兼用汉语,使他们能在较短的时间内实现全民双语。而喀卓人实现了全民双语后,又为他们更多地吸收汉语成分创造了有利的条件。而且,兼语的水平越高,全民的文化教育水平也越高,也就越容易保持自己的母语。

第五节   汉语影响对喀卓语的独立存在有重要作用

一种语言受其他语言的影响,特别是受强势语言的影响,是使这种语言丰富发展,增强了交际功能,还是削弱了这种语言的活力,甚至走向衰退?对这个问题,人们的认识尚未取得一致的意见。就喀卓语而言,它受强势语言汉语的影响,结果是增强了语言的表达能力,丰富发展了语言的功能,使其能够适应社会的发展,不断增强自己的语言活力,保持语言的独立性。试想,如果喀卓语中没有这些汉语成分,它又怎能在今日的现代化进程中,完好地表达喀卓人的各种日新月异的思想和变化? 如果没有用汉语借词表达的新概念、新事物,又怎能进行经济文化的交流? 因而,汉语成分的广泛吸收,有助于喀卓语的独立存在。

过去有的观点认为,少数民族语言吸收汉语成分容易导致本语特征的消失,甚至造成语言衰退或语言濒危。但从喀卓语的情况看来,并非如此。正是由于喀卓语按照需要有机地吸收汉语成分,才使得它能够与时俱进,在不同的历史时期始终保持其语言活力。也就是说,喀卓语吸收汉语成分来丰富自己,能够不断增强自身的表达能力,符合社会交际的需要,保证它在语言的相互竞争中能够独立存在。如果不吸收汉语,喀卓语就可能出现僵化,不能适应社会生活的变迁,就有可能被本族群众所抛弃,转用别的语言。

语言的独立存在主要靠两点,一是它能够适应社会发展的需要,能够较好地完成社会交际的任务;二是它有自己的独立特点和系统。语言接触即便是深层接触,也不可能完全改变一个语言的特点,特别是它最重要的基本特点。如果连基本特点都改变了,就不是语言接触而是语言转用了。因此,如果一个语言有自己的基本特点,即便受到外来影响,吸收了大量的外来成分,还是一个独立的语言。例如壮侗语、苗瑶语、白语等都已经吸收了大量汉语成分,但这些语言还是独立的语言。喀卓语也是如此。

第五章　青少年语言状况

青少年阶段是语言社团中反映语言变化最为敏感、最为迅速的年龄段。语言的一些变化，往往是在青少年中最先出现的。所以，研究青少年的语言状况，对于认识这个语言的走向是有价值的。

上个世纪 80 年代，喀卓人已经实现了全民双语。《新蒙乡双语调查报告》中记录了当时有 4 千多人口的新蒙乡（现为兴蒙乡）除了一些学龄前儿童和个别高龄老人外，已普遍都是双语人。[①] 改革开放 20 多年来，随着经济的发展，文化教育水平的提高，兴蒙乡蒙古族的语言使用状况又有了很大的变化。除了双语的使用更为普遍，汉语水平进一步提高之外，青少年的双语使用情况也出现了一些新的变化。

本章将对兴蒙乡的青少年语言生活状况做定性、定量的微观分析，对其双语生活的特点进行分析，并探索母语习得过程中的问题及成因。

第一节　青少年的语言生活概述

一　青少年普遍掌握双语

所谓双语，是指在一个多语社会里，一个民族或个人除了使用自己的母语外还兼用另一种语言的现象。根据我们实地的调查统计：在兴蒙乡五村六组中，6—19 岁的青少年共有 1349 人，除了四个较为特殊的个案外，全部都能熟练使用喀卓语和汉语（见表 5-1）。

表 5-1　兴蒙乡青少年语言使用情况统计表

村民小组	总人口/人 (1988—2001 年出生)	喀卓语熟练/人	百分比/%	汉语熟练/人	百分比/%
兴蒙一组（白阁）	332	330	99.4	332	100
兴蒙二组（中村）	269	269	100	269	100
兴蒙三组（下村）	190	189	99.9	190	100

---

① 参见戴庆厦、刘菊黄、傅爱兰《新蒙乡双语调查报告》，载《西南民族学院学报》，1988 年第 2 期。

（续表）

村民小组	总人口/人（1988—2001年出生）	喀卓语熟练/人	百分比/%	汉语熟练/人	百分比/%
兴蒙四组（下村）	110	109	99.9	110	100
兴蒙五组（交椅湾）	114	114	100	114	100
兴蒙六组（桃家嘴）	334	334	100	334	100
合计	1349	1347	99.9	1349	100

喀卓语不熟练的四人分别是：

一组，赵雪玲，女，1998年8月出生，汉语熟练，喀卓语略懂。父母、祖父母都是蒙古族，但是家庭成员有意识地只与她说汉语。长辈之间使用喀卓语。

一组，王婷，女，1999年2月出生，汉语熟练，喀卓语不会。母亲是汉族，常年随母亲在外。

三组，刘志东，男，1999年6月出生，汉语熟练，喀卓语略懂。父亲是汉族。

四组，期李斌，男，1997年11月出生。汉语熟练，喀卓语不会。由于父亲早逝，随母亲李文香（汉族）居住在临沧地区。

二   不同年龄段青少年双语水平的差异性

兴蒙乡蒙古族青少年大多既能熟练使用汉语，又能熟练使用喀卓语。但不同年龄段青少年的双语水平，尤其是母语水平，仍存在一些层次性的差异。在入户调查中我们了解到，大部分儿童在3岁以前，在家庭中都是由父母或其他长辈教授汉语。3岁左右的儿童，其汉语水平与同龄的汉族儿童大致相当。在3—5岁阶段，儿童走出家庭，在村里与其他孩子一同玩耍，提高了语言能力。在村落这个大的母语环境中，他们逐渐习得了喀卓语。在这个年龄段，第一语言为汉语的儿童，逐渐具备了一定的母语听说能力，但母语水平仍明显低于汉语水平。在6—9岁这个年龄段，他们开始在学校里接受系统的强化汉语教育。并在校园中接触到更多同龄的或年龄稍大的使用母语的儿童，使得他们的母语水平有了较大的提高。但是，与第一语言为喀卓语的儿童相比，其母语能力仍相对较差。10—14岁这个阶段，儿童的母语能力得以进一步提高。由于儿童母语习得的途径主要是在游戏中，男孩接触外界语言环境的时间和频率比女孩要多，因此，同一年龄段的男孩和女孩相比，前者掌握的母语词汇量要多于后者。15—19岁是青少年母语能力的形成期，我们在定量的词汇测试中，看不出第一语言为汉语的儿童与第一语言为母语的儿童存在差异，说明其母语能力已完全形成。

三   青少年双语使用场合的互补和谐

双语并行的民族通常不可避免地存在着双语的竞争。强势语言与弱势语言之间双语竞争的结果，可能是两种语言在竞争中相互消长，长期共存；也可能是处于相对弱势语言的走向衰变，甚至濒危，逐渐被强势语言所替代。在兴蒙蒙古族这个普遍双语的群体中，我们看到双语关系的主流是互补和谐的。这种互补和谐表现在,母语喀卓语和兼用语汉语在各自的范围、场合之内发挥着不同的作用,两种语言互补构成了一个基本满足人们日常交际需要的语言功能系统。

兴蒙蒙古族对外交往时通常使用汉语,在家庭和村寨内部则多使用喀卓语。这种互补的和谐在青少年的语言使用中有着鲜明的表现。我们在入户调查中了解到,在家庭内部,部分青少年与长辈交谈时有时使用汉语,有时使用喀卓语;有的跟祖父母交流使用喀卓语,跟父母交谈却是使用汉语。还有一部分儿童,在学龄前阶段使用汉语,入小学后渐渐改用喀卓语。在学校教育中,课堂用语一般都是汉语,而在课后与本族同学玩耍时则使用喀卓语。在医院、商店、政府机关等交际场合则因对象不同而使用不同的语言,与本族人交谈时用喀卓语,与外族人或陌生人交谈就用汉语。相对而言,青少年日常生活中汉语的使用频率及重要性比成年人要高一些。

总之,汉语和喀卓语无论是在语言使用的场合,还是在交际对象方面,都形成一种和谐与互补。

第二节　青少年双语生活的特点

一　语言习得中第一语言与母语的"错序"

第一语言是与第二语言相对的一个概念,是从习得顺序的角度对双语人所使用的语言作出的界定。母语是指一个民族使用的本民族的语言。一般情况下,儿童首先习得的第一语言即为母语。

调查材料显示,在20世纪80年代,兴蒙乡青少年的第一语言多为喀卓语。据兴蒙乡中心小学的王翠英老师(曾在兴蒙乡幼儿园从事幼教工作)介绍,直到80年代中后期,大部分四五岁以下的儿童还基本听不懂汉语,更不会用汉语进行表达。幼儿园阶段,老师都需要用双语教学,经过幼儿园两三年的学习,儿童才能基本听懂汉语,但仍不能熟练自如地使用汉语。在小学低年级阶段,有时仍需要老师用喀卓语辅助教学。二十年后的今天,我们发现在村头巷尾嬉戏玩耍的儿童,在一起玩耍时使用喀卓语,与外人交谈时,即便是三四岁的儿童都能用汉语交谈。甚至一些年龄较小的儿童,汉语水平明显高于喀卓语。我们也了解到,近二十年来,为了让孩子获得更好的教育,许多家长自孩子学话起就教他们汉语,儿童先学会的第一语言往往不是喀卓语而是汉语。显然,在儿童习得语言的"关键期",第一语言与母语发生了"错序"。

经调查统计,兴蒙乡从1988—2001年出生(6—19岁)的1349个青少年中,第一语言为汉语的有938人,占青少年总人口的69.5%。而90年代以后出生的985人中,有755人的第一语言为汉语,占90后出生人口的80.5%。我们在村寨中看到,一些第一语言为汉语的学龄前儿童,可以熟练地用汉语交流,但喀卓语却说不好,或者会听不会说,母语水平明显低于第一语言汉语的水平。但是这些第一语言为汉语的儿童到五六岁后也基本都能熟练使用喀卓语,只不过喀卓语的习得时间通常是在3—5岁这个阶段。比如:

赵志超,男,蒙古族,下村人,八岁半,小学三年级。父母都是蒙古族。从小父母就只教汉语,第一语言是汉语。四五岁时与小朋友在一起玩时学会喀卓语。现家庭内部使用喀卓语。

杨凯,男,蒙古族,中村人,八岁半,小学三年级。父亲是蒙古族,母亲是澄江汉族。第一语言是汉语。父母之间也使用汉语。据祖母和他本人回忆,他的喀卓语是在4岁左右跟小朋友一起玩时逐渐学会的。

赵双蓉,女,蒙古族,交椅湾人,10岁,小学四年级。父母都是蒙古族,第一语言是汉语,三四岁时逐渐学会喀卓语。如今父母之间使用喀卓语,父母和子女之间使用双语。据她母亲称,当发现赵双蓉自己学会喀卓语后,就开始跟她说喀卓语,但她偶尔也会用汉语与父母交流。

儿童在语言习得过程中第一语言与母语发生的这种"错序",带来了一些新的理论问题。如:母语习得顺序的改变给兴蒙喀卓人的母语传承带来什么影响?两种语言在青少年语言习得、语言能力形成的整个过程中又是如何达到了互补与和谐?以下我们从两种语言的习得途径、习得方式,以及不同年龄段语言水平的差异等方面,解释上述的问题。

(一) 习得途径

母语能否传承,是衡量一种语言能否延续下去的重要标志。作为语言延续必要条件的语言代际传承,主要是通过两条途径来实现:一是在家庭内部,父母有意识地将母语作为第一语言传授给子女;二是在母语社区之内,儿童从母语语言社区中自然地习得母语。但是,在兴蒙乡蒙古族青少年语言能力形成的过程中,由于第一语言不是母语,其第一语言的习得途径与母语习得的途径也有所不同。

汉语为第一语言的青少年,其汉语能力是在家庭中自然习得的,他们自出生起,父母就有意识地向他们传授汉语。到三四岁,汉语水平与同龄的汉族儿童大致相当。但在父母刻意教授子女汉语的同时,在家庭内部,父母之间、父母与祖父母之间仍使用喀卓语,因此儿童在三四岁之前习得汉语的同时,已经在家庭母语环境的耳濡目染下具备了一定的母语的"听"的能力。"说"的能力则主要是在与同伴的玩耍中形成的。在村寨中,我们经常可以看到一群群孩子在追逐嬉戏,大一点的孩子常常带着小几岁的弟弟妹妹一起玩。他们在一起时相互之间都是使用喀卓语。但一些两三岁的孩子还不会说喀卓语,只会"听一点"。到五六岁以后,一般都能基本掌握喀卓语,渐渐地开始在家庭中也使用母语。而父母看到孩子自己学会喀卓语后,也就不再刻意跟他们讲汉语。这样,儿童不仅在村寨与小伙伴玩耍时讲喀卓语,在家庭中也多使用喀卓语。而汉语的使用就仅限于学校、政府机关等场合或者是与外族人交流的特殊场合了。

（二）习得方式

语言能力的形成有两种方式：一种是"自然习得"，一种是"课堂学得"。所谓"自然习得"，是一种无意识地、自然而然地学习语言的过程。儿童母语能力的形成过程，通常就是一种"自然习得"的过程。所谓"课堂学得"，是指有意识、有组织地通过教师的课堂活动掌握所学语言的过程。包括在课堂讲解语言现象和语法规则，并辅之课外有意识地练习、记忆等活动。第二语言能力的形成，尤其是成年人第二语言能力的形成，更多的是一种"课堂学得"的过程。对于兴蒙乡的青少年而言，母语喀卓语都属于一种自然习得；而汉语是在父母为他们创造的语言环境中习得的，也属于自然习得，只是两种语言的习得环境不同。在入户访谈中，我们发现家长们从来不担心孩子不会讲喀卓话。问及孩子的喀卓语是否需要专门教授时，家长们大都回答"不消教嘛，不教他自己也会的"。当问到孩子是如何学会喀卓语的问题时，父母与孩子本人的回答都比较一致："出去玩的时候跟小伴儿（朋友）学的。"孩子们是在一种轻松的环境中自然而然地学会了喀卓语。而汉语是从襁褓中起，在父母刻意给他们创造出的汉语环境中习得的，习得环境是人为创造的，从某种意义上说是"非自然"的。

二　母语习得中的"空档"与"补足"

母语习得中的"空档"，是指儿童在 3 岁之前未能习得母语，而是在长大后渐渐习得的。即儿童在 3 岁之前习得的第一语言不是母语，这个阶段就是母语习得中的"空档"。如果儿童在错过了最佳语言习得期后仍能习得母语，就是母语能力的"补足"。通常，儿童在家庭中学到的第一语言即为母语。但在兴蒙乡的许多蒙古族家庭中，母语与第一语言并不统一。虽然青少年大都既能熟练使用汉语，也能熟练使用喀卓语。但是不同年龄段的青少年，其双语水平，尤其是母语水平仍存在一些差异。这种差异主要是由于母语与第一语言的"错序"造成的。但最终这种"错序"造成的母语习得的"空档"又都能得以"补足"。以下我们分四个年龄段：3—5岁、6—9 岁、10—14 岁、15—19 岁来讨论青少年母语习得的"空档"与"补足"的过程。

（一）3—5 岁

由于对 3—5 岁年龄段儿童语言习得作定性定量测试有很大难度，因此对这个年龄段儿童的语言情况主要采用家长访谈的方式来了解。大多数儿童，自牙牙学语时起，父母就有意识地教他们说汉语，因而，他们的第一语言多为汉语。至 3 岁后，其汉语水平已与同龄的汉族儿童相当，但母语水平远低于汉语水平。3 岁之前这个阶段就是母语习得中的"空档"期。由于在家庭内部，父母之间，父母与祖父母之间仍使用喀卓语，因此在 3 岁之前这个阶段，通过家庭内部的母语环境，儿童已具备了一定的"听"的能力，但还不具备"说"喀卓语的能力。3 岁之后，在年龄稍长的孩子的引领下出去玩耍，逐渐地学会了喀卓语。因此，在 3—5 岁这个阶段，已在家庭语言环境耳濡目染下具备一定的母语能力的孩子开始逐渐"学会"喀卓语。但总体来看，该年龄段的儿童，汉语的听说能力要高于母语。

（二）6—9 岁

词汇习得是一个人终生认知的过程。语言表达能力的高低，在词汇上反映得最为明显。我们从基本词汇中抽选了 400 个最基本的词，通过随机抽样测试，对 6—9 岁、10—14 岁、15—19 岁三个阶段的青少年进行母语能力的考察。

在测试中，将调查对象对每个词的掌握情况分为四级：A 级表示熟练说出；B 级表示想后说出；C 级表示提示后能懂；D 级表示不懂。

通过测试，我们发现在 6—9 岁这个年龄段：一方面随着年龄的增长，青少年的母语词汇量在增加，另一方面也可以看出，第一语言为喀卓语儿童，其喀卓语的词汇量显然比第一语言为汉语的儿童大。

统计结果如下：

表 5-2

序号	姓名	性别	年龄	家庭所在地	第一语言	四百词能力分段统计				
						A	B	C	D	A＋B
1	赵润雪	女	6	白阁	喀	241	21	104	34	262
2	赵那星	男	7	交椅湾	汉	265	29	91	15	294
3	杨凯	男	8	中村	汉	159	34	147	15	193
4	赵志超	男	8	下村	汉	209	53	122	16	262
5	王路明	男	9	白阁	汉	278	13	85	24	291

四百词测试中，6—9 岁这个年龄段的儿童，A 级的平均值为 230 个，而年龄最小，第一语言为喀卓语的赵润雪明显高于这个平均值；第一语言为汉语的杨凯和赵志超，掌握的词汇量又低于平均值。同样是 8 岁的杨凯和赵志超相比，两人的第一语言都是汉语，但赵志超掌握的词汇量明显较大。原因何在？经过访问得知，杨凯母亲为澄江汉族，家庭内父母之间使用汉语。而赵志超父母双方都是蒙古族，父母之间使用喀卓语，并且在他五六岁学会喀卓语后，父母就不再有意识地用汉语与他交流，改用了喀卓语，因此他接触喀卓语的机会更多一些。此外，第一语言为喀卓语的赵润雪与第一语言为汉语的赵那星相比，赵那星的词汇量更大，原因是男生在课外学到的母语更多。我们了解到，即便是在学校里，男同学也比女同学更喜欢在课后用本族语交谈。

从四百词测试中我们看到，6—9 岁这个年龄段的儿童能熟练说出的 A 级词汇平均只有230 个，A＋B 级平均值只有 260 个。一些较基本的词汇如："星星、云、火烟、河、喉咙、根、大蒜、（花）开"等，都使用汉语借词。还有一些常用词也只达到 C 级或 D 级。如："腋、中指、骨节、心脏、脓、汉族（人）、孙子、侄子、老鹰、乌鸦、虱、虮子、藤子、甘蔗、糯米、种子、穗、小麦、荞麦、麻、姜、黄豆、瘦肉、漏勺、磨（石磨）、月、去年、十一、扗（一扗）、编（编辫子）、放牧、分发（东西）、麻木"等。这就是说，在这个年龄段，儿童虽然已经开始在社区这个大的母语环境中弥补母语习得的"空档"，但是其母语水平仍是有限的，与其年龄应达到的母语能力不符。

（三）10—14 岁

统计结果如下：

表 5-3

序号	姓名	年龄	家庭所在地	第一语言	四百词能力分段统计				
					A	B	C	D	A+B
6	赵双蓉	10	交椅湾	汉	266	21	103	10	287
7	王小虎	11	桃家嘴	汉	319	21	47	13	340
8	杨小伟	12	交椅湾	汉	327	11	41	21	338
9	赵敏霞	12	白阁	喀	270	26	96	8	272
10	赵超	13	交椅湾	汉	273	24	85	ˋ18	297
11	杨航	13	桃家嘴	汉	234	99	38	29	333
12	王聪	14	桃家嘴	汉	334	20	30	16	354
13	杨芳芳	14	交椅湾	汉	253	91	55	1	344

表 5-3 测试结果显示：10—14 岁这个年龄段的青少年，母语词汇量的大小呈明显的性别差异。在随机抽样的这 8 个儿童中，男孩能熟练说出的 A 级词汇平均为 297 个，而女孩（其中包括一个第一语言是喀卓语的赵敏霞）A 级词汇平均仅为 263 个。这与男性儿童更多地接触村寨这个大的母语环境有关。

这个年龄段的儿童能熟练说出的 A 级词汇平均值为 280 个，比 6—9 岁的平均值增加了 50 个。这说明随着年龄的增长，儿童所掌握的母语的词汇量也逐渐增加。D 级的词汇大大减少，只有"脚踝、蝙蝠、蝌蚪、虱、虮子、蜻蜓、藤子、穗、荞麦、牛圈、木筏、筛子、簸箕、拃（一拃）、分发（东西）、染、筛（筛米）"等。但是另一方面，由于接受了系统强化的汉语训练，汉语的影响大，许多基本的常用词都是用汉语借词，不会用本语词。如："太阳、星星、火烟、蒸汽、肩膀、背、腰、脚踝、骨节、肺、肠子、痰、儿子、媳妇、公牛、毛、翅膀、鹿、松鼠、老鹰、蝌蚪、蝙蝠、乌鸦、密封、蜻蜓、糯米、蒜、姜、帽子、盖子、锥子、影子、年、十一、百、千、拃、补（衣）、分发、放牧、喜欢、摇头、摘（花）、（公鸡）叫、链接、染、挑选、贴、钻、也"等。

（四）15—19 岁

统计结果如下：

表 5-4

序号	姓名	年龄	家庭所在地	第一语言	四百词能力分段统计					
					A	B	C	D	A+B	A+B+C
14	赵翠芳	15	桃家嘴	汉	290	18	78	14	308	386
15	王路遥	15	桃家嘴	汉	280	32	66	22	312	378
16	官云峰	15	桃家嘴	喀	322	3	50	25	325	375
17	·赵燕	16	白阁	喀	327	16	52	5	343	395
18	官伟	17	白阁	喀	383	6	9	2	389	398
19	赵斌	18	白阁	汉	330	24	16	30	354	370
20	华福艳	18	下村	喀	329	10	42	19	339	381

（续表）

序号	姓名	年龄	家庭所在地	第一语言	四百词能力分段统计					
					A	B	C	D	A＋B	A＋B＋C
21	华超	18	下村	喀	322	22	46	10	344	390
22	杨秋月	19	中村	汉	331	14	46	9	345	391

测试统计显示,这个年龄段的青少年能熟练说出的本语词平均值是 327 个,比 10—14 岁阶段多近 50 个。A＋B 级平均为 340 个,A＋B＋C 级平均为 385 个,C 和 D 级的词汇只有一些生活中不常见的或不常用的词。如:"麻子、老鹰、乌鸦、虱、虮子、蜻蜓、藤子、穗、荞麦、麻、拃（一拃）"等。在 15 岁左右,第一语言是喀卓语的青少年掌握的词汇量仍比第一语言是汉语的青少年多。而到十八九岁之后,在词汇量上已经分不出这些青少年的第一语言是汉语还是喀卓语了。也就是说,在这个阶段,青少年的母语水平在稳定提高,第一语言是汉语的青少年到了十八九岁之后母语能力已经基本被"补足"了,词汇量与第一语言为喀卓语的青少年大体相当。17 岁的官伟由于初中毕业后就没有继续升学,一直在家务农,所以掌握的词汇较多。

由于持续的汉语教育,青少年的母语受汉语影响的程度也在不断加深。青少年对一些基本的常用词更习惯使用汉语借词而非本语词。例如:"星星、露水、火烟、蒸汽、村子、中指、指甲、肠子、心脏、痰、脓、汉族、主人、客人、侄子、嫂子、老虎、鹿、松鼠、老鹰、蝙蝠、蝌蚪、虫、跳蚤、蜘蛛、蜻蜓、竹子、秧、麻、蒜、糠、帽子、瓦、锥子、筛子、影子、石磨、十一、百、（一）拃、编、踩、舂、分发、缝、连接、贴、挑选"等。

第三节 母语习得过程中的问题及成因

一 母语习得过程中的问题

兴蒙乡蒙古族青少年在母语中出现的问题主要表现为习得过程中的负迁移以及母语"补足"中的羞怯心理两个方面。

（一）母语习得过程中的负迁移

在 6—19 岁青少年的四百词测试中,我们发现了一些母语受第一语言汉语影响产生的负迁移现象。见下表:

表 5-5

汉义	本语词	偏误词	被测人
中指	la⁵³ ŋ²⁴ ko²⁴ se³³ 手指	tsoŋ³³ tsʅ³²³ la⁵³ ŋ²⁴ kɯ³⁵ 中 指（汉）手指 根（本）	赵双蓉（10 岁）

（续表）

汉义	本语词	偏误词	被测人
埋	fu³⁵ 埋	mai³¹　　fu³⁵ 埋（汉）埋（本）	杨航（13 岁）
开花	vi⁵³ li²⁴ to³¹ vi⁵³ 花　朵　开	vi⁵³ li²⁴ to³¹ khai³³ xua³³ 花　朵（本）开　花（汉）	赵志超（8 岁半）
开花	vi⁵³ li²⁴ to³¹ vi⁵³ 花　朵　开	vi⁵³ li²⁴ to³¹ vi⁵³　khai³³ 花　朵（本）开（本）开（汉）	赵双蓉（10 岁）
翅膀	tu³²³ la⁵³ 翅　膀	tshŋ³⁵ pa³²³　la⁵³ 翅　膀（汉）　（本）	赵双蓉（10 岁）
儿媳	tshŋ³¹ ma³³ 儿　媳	ɣ³¹ tsŋ³³　　mo³³ 儿　子（汉）女人（本）	赵敏霞（12 岁）

此类负迁移现象是儿童习得母语的过程中,第一语言汉语对母语习得产生的消极影响。类似现象在习得者十七八岁之后,母语能力得到"补足"就会自然消失。

除了基本词汇的测试,我们还选择了一些典型句型,对青少年母语语法点的掌握情况进行测试。测试发现,6—14 岁年龄段的青少年在用母语进行表达时,在话题助词、名词后的类别词、以及连词、介词结构、形容词重叠表疑问等语法点上常有偏误,在情态范畴以及复句中,句式上受汉语影响较大(测试分析详见附录)。这说明,第一语言为汉语的青少年,母语能力虽得到一定程度的弥补,但是对母语中一些与汉语用法差别较明显的语法点的掌握还不到位,而第一语言是喀卓语的青少年,其母语表达受汉语的影响较大。

（二）母语"补足"中的羞怯心理

第一语言为汉语的青少年中,有个别青少年,由于错过了最佳的语言学习期,其母语能力虽可在家庭和社区的母语环境中得到"补足",但因心理上的羞怯难以克服,还是不愿开口讲本族语。

比如:杨馨,女,蒙古族,1988 年出生,交椅湾人,高三学生。独生子女。第一语言是汉语。喀卓语会听不会说。父母都是蒙古族,从小父母都只跟她说汉语,父母之间使用喀卓语。小学之前在城里的幼儿园,接触的全是汉语,小学阶段回到村里读书,与伙伴交流用汉语,不说喀卓语。后又到城里上中学。因觉得自己说喀卓语不流利,怕被人笑话,从来不说,村中长辈用喀卓语与之对话,她就用汉语回答。但经四百词测试,除了极少数词汇外,她都能听懂。

二　青少年母语"空档"期的成因

喀卓青少年出现母语"空档"期的原因主要有两个方面:一是教育原因,二是家庭原因。

（一）教育原因

喀卓人历来有重视教育的传统。尤其是在改革开放之后,兴蒙乡教育事业得以蓬勃发展。自恢复高考以来,兴蒙乡每年都有三至五名学生考取中专、大学。在这种普遍重视教育的大环境下,喀卓人也更加重视家庭教育。学校和家长都发现,假若自学话时起就教喀卓语,那么,孩子人学之后对汉语教学就会有相当一段时间的"适应期",势必影响到学习成绩。因此,自80年代中期以后,教师普遍要求家长在家庭环境内加强汉语教育;绝大多数家长也主动在家庭里教孩子汉语。他们认为:"喀卓语不教也会,最担心的是汉语不会。"80年代中期到90年代初期出生的第一语言为汉语的青少年,大多属于这种情况。如:

王聪,男,蒙古族,桃家嘴人,15岁,初中三年级。父母都是蒙古族,从小教他汉语,第一语言是汉语。到三四岁后出去玩时逐渐学会喀卓语。现在家里跟母亲说喀卓语,跟父亲说汉语。

杨秋月,女,19岁,蒙古族,中村人,中专在读。父母都是蒙古族。其母回忆,在她小时候主要教她说汉语,偶尔也教点喀卓语,但先学会汉语。到三四岁后自己出去玩时与朋友在一起学会喀卓话。之后在家庭中也开始使用喀卓语,不再说汉语。

(二) 家庭原因

家庭是母语传承最坚强的堡垒。但是,近二十年来的社会巨变使人们的思想观念发生了重大的转变,特别是90年代以后,重视教育的观念更加深入人心,很多家长普遍对喀卓语的期望值较低,认为"喀卓语会不会说都不会有多大影响,担心的是汉语不会"。相比而言,对汉语的期望值就比较高,家长们普遍认为学好汉语可以找到更好的工作、得到更高的收入。这样,有些父母甚至有意识地不与孩子用喀卓语进行交流。如:

赵雪玲,女,9岁,蒙古族,中村人。第一语言是汉语,喀卓语略懂(能听懂一部分,会说少数常用词,不能用喀卓语与人交流)。父母、祖父母都是蒙古族,但是家庭成员有意识地只与她说汉语。长辈之间使用喀卓语。

赵斌,男,18岁,蒙古族,白阁人(户口迁出)。第一语言是汉语,喀卓语熟练。父母、祖父母都是蒙古族,母亲在乡政府工作,父亲在城里工作。从小家庭成员只与他说汉语。长辈之间使用喀卓语。在兴蒙乡中心小学上学时跟同学学会喀卓语,但很少说。

三　简单结语

兴蒙乡青少年的语言习得属于一种独特的类型。其特点是:

1.从习得顺序来看,第一语言与母语发生"错序",第一语言是家长在家庭中刻意教授的汉语,而母语喀卓语则是三四岁以后,在走出家庭与伙伴们玩耍中自然习得的。

2.从习得途径看,汉语是从牙牙学语时起,在家庭中创造的汉语环境中习得,而母语是在走出家庭之后,在母语社区这个大环境中习得的。

3.从习得方式看,第一语言汉语和母语喀卓语都是自然习得。虽然许多青少年的第一语言是汉语,但是他们仍能在经过一段时间的语言"空档"后,在社区大环境中逐渐"补足"母语的缺失成分,而在母语"补足"的过程中,由于受到第一语言的影响,还会经过一个负迁移的阶段,但是最终都能熟练掌握母语,且母语水平与第一语言为喀卓语的青少年基本相当。

第六章　小结与预测

　　语言生活是人类生活的一个重要组成部分,与人类每日每时的生活息息相关。不同民族的语言生活各有自己的特点,其特点是由其社会、文化、语言等方面的特点决定的。一个民族的语言生活状况如何,对该民族的存在与发展至关重要。语言研究,除了研究它的结构特点外,还要研究它的语言生活特点。

　　我们通过大量的实地调查获知,当前喀卓人的语言生活主要有以下几个特点:

　　一、喀卓人全民稳定地使用自己的母语——喀卓语。不论是老人还是儿童,不论是文化水平高的还是文化水平低的,绝大多数人都熟练地掌握喀卓语。我们在调查中经过一个个穷尽式的统计,结论是喀卓人熟练使用喀卓语的占95%以上,看到喀卓人普遍热爱自己的母语,对母语的未来充满乐观的情绪。喀卓语的使用人口只有五千余人,语言分布呈"孤岛型",长期以来受到强势语言的包围,但在语言竞争中它则能够完好地保存下来,显示其强大的生命力。这实在是一种奇迹。为什么喀卓语会如此牢固地在喀卓人中扎根,为什么他们对自己的母语有如此的信念? 我们在调查中找到了其成因,比如分布上的高度聚居、民族内部的凝聚力、长期形成的对母语高度热爱的语言观念等。喀卓语的个案说明,在我国,即使是使用人口少的语言在一定的条件下也能得以保存,并不一定都要走向消亡。

　　二、喀卓人全民都兼用我国的通用语——汉语。喀卓人个个都会说汉语(包括普通话和当地汉语方言),而且大多数人都说得很流利。汉语已成为喀卓人社会生活中不可缺少的语言工具,对喀卓人的对外联系、学习科学文化知识,以及民族的繁荣发展都是十分必要的。喀卓人的大脑语言机制,实际上有三套系统,一套是管母语喀卓语的,一套是管汉语方言的,一套是管普通话的。他们在语言生活中,会根据需要不断地转换使用。喀卓人全民兼用汉语,是民族进步、发展的举措,是由我国多民族国家语言关系的性质决定的。汉语在全国各地遍布使用的语言环境、普及九年制义务教育,以及遍及全国各地的媒体传播,都为他们学习汉语创造了理想的条件。

　　三、双语互补是喀卓人双语生活的主流。喀卓人既使用母语又使用汉语,但在实际语言生活中,两种语言使用的范围、功能呈互补性。母语主要使用在家庭内、村寨内,以及同族人之间;而兼用语主要使用于学校、政府机关、医院等场合,以及与外族人的交际中。母语是族内的交际语,而汉语是族外的共通语。他们可以根据实际交际的需要,迅速而不费力地转换使用语言。我们在田野调查中常常见到这样的情景,当我们用汉语与他们交谈时,如果中途来了本族人,他们会马上转用母语与他们打招呼,或说些什么。喀卓人的双语关系是紧密的,构成一个不可分割的系统,二者不可相互取代。

四、喀卓语受汉语的全面影响,吸收大量的汉语语言成分来丰富自己。特别是词汇上,喀卓语的汉语借词已超过 30%,汉语借词已进入核心领域。喀卓语受汉语的全面影响,不仅使喀卓语与时俱进地增强了表达功能,而且有利于喀卓人学习汉语。

五、喀卓人的少年儿童出现不同程度的母语能力下降。主要表现在:有些少年儿童,本族语的基本词汇掌握得较少,看得见的会说的多,如"眼睛、鼻子、嘴、手、脚"等,看不见的会说的就少。如"肺、胆、肾、骨髓"等。数词,有的儿童只能数到"五","五"以后就使用汉语的数词。至于表达本族传统文化的一些词,他们懂的就更少了。短句子会说,长句子不会说。少年儿童母语能力的下降,其成因有多种因素,其中汉语习得比例大是一个重要因素。由于喀卓人十分重视汉语习得,许多家庭在孩子学话起就有意识地教他们学习汉语,因此许多孩子的第一语言是汉语,而不是喀卓语。喀卓语是儿童在家庭生活中、跟伙伴们游玩中自然习得的。所以他们的母语水平也只限于日常的一般用语。而且,父母对儿女母语的期望值要求不高,只要能对付一般交际就满足了;而对汉语的期望值则要求很高,希望能有较高的汉语水平。家长们对儿女的语言习得,普遍是以母语迁就汉语。

应当怎样认识喀卓儿童母语水平下降呢?我们认为,应当从两个方面来看。汉语习得在一定程度上冲击母语习得,反映了喀卓人迫切要求上进以适应时代发展需要的精神。客观实际就是这样:人口如此少的喀卓群体,如果不掌握国家的通用语汉语,是难以在一个多语社会里生存下去。但在另一方面也要看到,母语能力的下降对民族文化、民族语言的保存是不利的。特别是年青一代的语言状况,在某些方面能够反映一种语言的演变趋势。所以对少年儿童母语水平的下降,应当引起重视,还应采取必要的措施予以解决。

对喀卓语未来前景作个预测,是必要的。语言的发展,包括它的过去、现在和未来。认识它的过去和现在的情况,是认识语言的基础,但还是不够的,还要根据过去和现在的情况对未来的发展趋势作些必要的预测。对语言前景的预测,有助于我们提升对语言认识的高度,有利于我们从宏观上把握语言发展的趋向,能够帮助我们提前制定必要的应对措施,解决语言的现实问题。

喀卓语的未来会是一幅什么样的蓝图呢?我们认为,喀卓语在相当长的一段时间里(至少三五代人)还会保持生机勃勃的稳定使用局面。因为,喀卓人居住的地区是一个美丽富饶的鱼米之乡,社会环境繁荣稳定,其高度聚居的分布局面,将会长期保存下去。同一民族或同一社团分布上的聚居状态,是该民族或该社团母语能够得以稳定使用的自然条件。喀卓人稳固的双语制,母语和汉语实现了有机互补和自然和谐,为喀卓语的保存使用,提供了有利的条件。在新中国建立后,在民族平等的政策下,喀卓人获得了前所未有的平等地位,民族意识也空前觉醒了。为了民族的发展,他们重视自己传统文化的保存,珍惜由祖先留下的喀卓语。这种对母语的深厚感情,是他们长期保存母语的重要条件。

附　　录

一　访谈录

（一）通海县原政协副主席王立才访谈录

访谈对象：王立才,67 岁,喀卓人,高中文化程度,原通海县政协副主席。

访谈时间：2007 年 7 月 13 日。

访谈地点：王立才家。

问：请您介绍一下您的个人情况和工作经历。

答：我本人籍贯是云南省通海县兴蒙乡,蒙古族,现年 67 岁,中共党员,高中文化。

1962 年高中毕业以后,大队上让我回乡当生产队会计,当了三年生产队会计。之后又当了 6 年文书,然后又任支书,一直到 1976 年粉碎"四人帮"以后。从 1977 年到 1982 年,在河西公社当公社主任。1985 年又调到通海县委组织部,任副部长。1987 年年底到 1988 年初,撤区（河西区）建乡（新蒙乡）后又调回兴蒙乡,任了三年书记。后调到县民委,工作了三年,任主任,1993 年调到县政协,从 1993 年到 2002 年在县政协任副主席,2002 年退休。

问：您在乡镇工作的这二三十年间兴蒙乡都发生了哪些变化？原因是什么？

答：我觉得这二十多年来兴蒙乡的变化表现在四个方面：

首先是政治上,政治地位提高了。主要表现在建立了民族乡。1950 年就建了"新蒙蒙古族自治乡",公社化以后取消了,直到 1988 年初才恢复了"兴蒙蒙古族乡"。第二个呢,解放以来,省、市、县的历届党代会、人代会都有兴蒙乡的代表,兴蒙蒙古族能参与商讨国家大事,这也是政治待遇提高的表现。

第二,人民生活有了改善。1949 年刚解放时,人均纯收入才 24 元,到 2001 年达到 2513 元,这几年又增加了,到 2006 年,全乡农民纯收入已经达到 3599 元了。

第三,教文卫体各项社会事业有了较快的发展。从卫生事业来看,过去缺医少药,没有医生,更没有医院,要看病就要到县城里去。1968 年办了合作医疗站,现在乡上已经建了乡医院,农民还参加了合作医疗,可以报销部分费用。

文化事业也有了很大发展。兴蒙人爱唱爱跳,以前这些舞蹈都不能公开地跳,新中国成立以后,大队建了文艺宣传队,在各村进行巡回演出。现在,成立了兴蒙乡之后,乡上成立了文化站,各村都设了文艺小组,文艺队在文化站的辅导之下不断提高,逢年过节都为群众进行演出。

教育事业发展更快。解放前有个中心小学,就是仙岩乡中心小学(民国时期兴蒙乡被称为"仙岩乡",因凤山一带石山嘴旁有座山叫"仙岩山")。仙岩乡中心小学是国立的,但是当时入学学生少,而且多数是汉族(石山嘴和解家营是汉族村)。有六个班,一个班就是一个年级,一个班二三十个人,共两百多个学生。解放后教育事业发展比较快,特别是改革开放以后,乡上拨出了 25 亩土地,在各级政府的扶持下建了钢筋混凝土的教学大楼和教师宿舍。现在从小学到初中都可以在这里读,而且已经普及了九年义务教育,教学质量也在不断提高。每年都能给国家输送许多合格的学生。每年高考兴蒙乡都能有三到五名学生考上大学。从解放以后到现在,兴蒙乡的大学生有 120 多个,到今年应该不少于 140 个了。还有一些学生考上云南大学、上海交通大学、中央民族大学、清华大学、同济医科大学等重点大学。这些学生毕业后有的成了专家,有的还成了省部级干部。

第四,人民群众的观念有了较大转变。具体表现是商品意识增强,第一产业调整力度加大。以前是自然经济,自己栽,自己吃,现在除了种粮食外多数都种蔬菜,种经济作物。另外,第二、第三产业也开始起步了。现在在兴蒙乡范围内有个复合肥厂,有个佳美印刷厂,有个编织袋厂;第三产业,可以看到乡政府附近那条街上有许多饭店。第二、第三产业都在起步,虽然比起其他地方还差一些,但是还是有了很大的发展,因为我们兴蒙地理面积小,资源少,原来一直是个生产大队的架子,所以发展也缓慢一些。

发生这些变化的原因,主要是改革开放以后,党的政策好,人民群众的观念也在逐步更新。从大的方向上来看,国家取消了以阶级斗争为纲,集中精力搞经济建设,人民群众可以安心搞生产。

问:当前全乡汉语和喀卓语的使用情况怎样? 改革开放以来两种语言的使用不同年龄阶段的人都有哪些变化?

答:不管是改革开放以前还是改革开放以后,在我们全乡范围内,男女老少都用喀卓语。但是因为地域面积小,人口少,生产、生活很多方面都要与汉族打交道,以前我们这一带都以打鱼为生,打回来的鱼要挑到市场上去卖,然后才能买回米来吃,所以必须要学会汉语。但是,一般说来,50 岁以上的老人汉语都说得比较"笨",汉语表达比较差(有"口音")。外出工作的中青年,在外面就用汉语,回到家就用喀卓语。小孩大多从开始说话就学喀卓语,上了幼儿班之后才学汉语。我们这一代,包括我们后几代都是先教喀卓话。改革开放以后,有的父母为了让孩子上学以后跟得上,将来学历高些,成绩好些,就先教汉语。但是在我们本乡范围内,即使家里教的是汉语,接触多的还是蒙古族,所以他们自然而然都会说喀卓话。

问:兴蒙乡外出打工的人员多不多? 这些外出打工的人是不是还说喀卓语? 这些人外出

打工回来之后语言有没有发生变化？对周围人的语言使用有没有一定影响？

答：做小本生意的人很多，但多数就在附近，一般都是弄点自己种的蔬菜、贩点水果卖。过去外出打工的人多，但也多在附近，多数是在通海范围内，早出晚归。而且打工的都是以小组形式出去，都是本地人，干活时都是跟本地人在一起，在一起就说我们喀卓话，回家来也用我们喀卓话。长期在外面打工的只有少数。直到现在，在外面长期打工的人都是少数，主要是"小富即安"的观念没有改变，都是"家乡宝"。

问：您家里都说喀卓话吗？

答：家里都是说喀卓话，儿女辈也说。有三个孙女，三个孙女也都说，在学校里说汉语，回到家就说喀卓话。

问：喀卓语使用人口很少，但是能够长期保持下来，其原因是什么？

答：喀卓语和兴蒙服饰一样，都是兴蒙人的标志，是兴蒙蒙古族的象征。喀卓语具有的强烈感召力、凝聚力和向心力，就像黏合剂一样，能够把兴蒙人团结起来，使之在七百多年的艰苦历程中，尤其是在周围都居住着其他民族的大环境下，也没有被同化。

另外，喀卓语是有别于汉语和其他民族语言的一个独立的语言，它既保持自身独特的特征，还融合和吸收了一些汉语、彝语、傈僳语等语言的成分，所以具有很强的生命力，能够长期保存、发展下来。

问：在我们调查过程中发现，兴蒙的蒙古族多是实行族内婚，这种婚姻状况有多长的历史？这种状况对喀卓语的保存和发展有没有一定的影响？

答：兴蒙蒙古族和外族通婚是极少数，历来就有不成文的规定——男性可以娶其他民族的妻子，妇女不能外嫁。要是有本族女子嫁给外族男子的话，会受歧视，会遭谴责。俗话说"好花不出园"嘛。因为我们人口少，要生存要发展，就必须这样。男子可以娶其他民族的女子，这些妇女嫁进来没多长时间就被我们同化了，很多都能熟练地说喀卓话。改革开放之后，和外族通婚的人渐渐多起来了，但这种观念还是存在的。这种婚姻观念对喀卓语的保存和发展也有影响吧。

问：您认为保存喀卓语的价值和意义是什么？

答：在5000多人口的兴蒙乡内，喀卓语是兴蒙人交流思想的主要工具，是传递信息，沟通思想，增进了解，加深感情，促进团结的桥梁和纽带。也是统一认识，形成共识，凝聚人心的向心力。是兴蒙人的一项无形的宝贵财富，是中华民族优秀文化的组成部分，是56朵鲜花中的一枝独秀，值得继续传承下去。

问：您个人对喀卓语的前途有何看法？会不会担心喀卓语将来会被汉语取代？

答：不担心，因为那是不可能的，当然现在很多古老的词汇会遗忘、会消失，但是只会是发展，有发展有创新，不会消失。我们民族基本都形成共识，只有会说喀卓语才是蒙古族。喀卓话是我们民族的一个凝聚力，一定会继续使用和传承下去。

（二）兴蒙乡乡长官学清访谈录

访谈对象：官学清，33 岁，喀卓人，大学文化程度，现任兴蒙乡乡长。

访谈时间：2007 年 7 月 18 日。

访谈地点：兴蒙乡政府会议室。

问：官乡长，请您介绍一下兴蒙乡的基本情况。

答：兴蒙乡是云南省唯一的蒙古族聚居乡，于 1988 年建乡，全乡辖区面积 4.77 平方公里。乡政府驻地白阁村距通海县城 13 公里，海拔 1800 米。主要种植烤烟、水稻、蔬菜、花卉、甜瓜等农作物。玉通（玉溪至通海）公路穿乡而过，属通海县西大门。我乡辖五个自然村、六个村民小组，居住着蒙古族、汉族、彝族、哈尼族、傣族、回族、拉祜族、白族、瑶族等九个民族，其中蒙古族约占总人口的 97%，是蒙古族喀卓人的高度聚居区。

兴蒙乡蒙古族（又称"喀卓人"）是 1253 年元始祖忽必烈为最终统一华夏率十万大军征战而进入云南，后无力返回北方大草原，落籍云南的元军蒙古族后裔。750 多年来，虽然历经艰难岁月的荡涤与风雨的洗礼，生产和生活方式几经变迁，但仍传承并发扬着蒙古族的传统文化和民族精神。我们喀卓人的语言、服饰具有鲜明的民族特性，"忆祖节"、"三杯酒"、"太极黄鳝"、"烤鸭"等传统风俗和饮食习惯，已被外界熟知和称道。我们喀卓人在始终保持着勤劳、勇敢、诚实、善良、好客的民族传统的同时，正融入时代发展的潮流，在与其他各民族的交往和交流中，增进民族团结，促进自身发展。

近几年来，全乡围绕"农民增收、财政增收、经济发展"的总目标，以"强基础、调结构、建支柱、抓流通、治环境、树形象"为总体发展思路，突出以"设施农业、非公经济、民族文化旅游和畜牧养殖"为四个产业化发展重点，经济和社会连年快速发展。现在以暖棚种植甜瓜为主的设施农业已形成产业化发展，保证了农民收入的持续增长和经济总量的提升；以特色商饮服务业为主的非公经济取得了较快的发展，促进了群众致富、财政增收，树立了民族对外的商业品牌；逐步启动开发的民族文化生态旅游，旅游经济价值的潜力已得到初步开发，为全乡经济社会的持续、健康发展奠定了基础。我们兴蒙蒙古族已逐步缩小了与其他民族的发展差距，显现了民族发展的美好未来。

问：随着兴蒙乡近年来经济与文化的大发展，喀卓人的观念一定也发生了不小的变化吧？

答：是啊！穿乡而过的玉通公路于 2000 年开始修建，前两年已竣工投入使用，大大拓展了我们兴蒙乡的发展空间。现在，我们的农产品，如烤烟、甜瓜、各种时鲜蔬菜等，都能很及时地运输到各地市场，卖得好价钱，老百姓得到了真正的实惠。生活水平日益提高，不少人家现在都盖起了小洋楼。交通的便利，不仅对经济发展有很大的促进，而且让我们喀卓人的观念也越来越开放、与时俱进,拓宽了我们看外面世界的视野。2010年,"泛亚铁路"即将通车,在我们兴蒙乡附近就有站台,到时候,我们的优质农产品、餐饮旅游业必将有更广阔的发展前景,可以走出国门、走向亚洲、走向世界。我们喀卓人对未来的发展蓝图充满了信心!

问:请您介绍一下喀卓语在兴蒙乡的使用概况。

答:我们兴蒙乡的面积只有4.77平方公里,在这个蒙古族高度聚居的民族乡,不会说喀卓语是寸步难行的。我们兴蒙乡的蒙古族无论老人小孩,都会说喀卓语,就连外族媳妇及女婿也有不少人能熟练使用喀卓语。喀卓语在我们兴蒙乡是相当有活力、有生命力的!

问:您感觉喀卓语这几年有没有发生变化?

答:有变化。一些老的词汇年轻人已经听不懂、不会说了。新事物大量出现,我们喀卓人都是借用汉语来表达的。举个例子来说吧,手机出现与普及后,我们平时交流中提到手机号码,都是用汉语来说的。虽然在日常生活中我们喀卓人也经常使用喀卓语的数词,但当说到手机号码时,没有人会用喀卓语的数词来说,而都习惯说汉语的数词。

问:官乡长,请您介绍一下您个人的情况吧。

答:我是蒙古族,先后在通海县第二中学、玉溪市民族中学念书,后考入云南省财经学校,又在市党校进行了深造。2002年到通海县团委工作,后担任通海县高大乡党委副书记,今年刚调到兴蒙乡,任乡长。

问:您的妻子是蒙古族吗?

答:不是,我妻子是汉族。

问:您在家用哪种语言与妻子交流?

答:我妻子不会说喀卓语,因此我跟她一般说汉语。

问:您的父母亲和您住在一起吗? 他们和您说哪种语言?

答:我母亲和我一起生活,她平时跟我妻子说汉语,但跟我说话时,常常会说喀卓语。

问:您的孩子会说喀卓语吗?

答:我儿子今年7岁,他会说一点喀卓语。我们住在通海县城,邻居都是汉族。在家里我妻子、母亲和我一般都跟我儿子说汉语。

问:那他的喀卓语是怎么学会的呢?

答:我认为对于我们喀卓人而言,语言是最鲜明的民族特征之一。有喀卓语这种独立的语言存在,才能保证喀卓人独立社团的存在。所以,我有意识地培养我儿子的喀卓语能力。每年寒暑假,我会把他带到兴蒙乡来,在这个人人都说喀卓语的地方,我儿子和他的表兄弟玩上两三个星期,就会说一些简单的喀卓语日常用语了。但可惜的是,每当假期结束,他回到通海县城,没有了说喀卓语的语言环境,他所学的喀卓语又会渐渐被遗忘一些。

问:如果兴蒙乡的喀卓人常年在外工作或念书,回家后不说喀卓语了,乡里的喀卓人会怎么看待他们?

答:会觉得很别扭!认为他(她)变得骄傲、清高、忘本,连自己的母语都丢了,很不应该!

对于我们喀卓人而言,能听会说喀卓语不仅是为了日常生活交际的方便,更饱含着对本民族的深情。

问:您能不能对喀卓语的未来发展趋势进行一下预测?

答:我认为如果我们传承、保护得好,保留一百年应该没问题,但如果我们没有将民族语言当作民族文化的重要组成部分来充分重视与保护的话,喀卓语恐怕就只能再保留三五十年了。

(三)兴蒙乡高中生普婀娜访谈录

访谈对象:普婀娜,20 岁,喀卓人,兴蒙乡六组(桃家嘴)村民,今年高三毕业。

访谈时间:2007 年 7 月 27 日。

访谈地点:兴蒙乡六组(桃家嘴)普婀娜家。

问:你家有几口人?

答:四口人,爸爸、妈妈、我,还有妹妹。

问:你们都是喀卓人吗?

答:是的。

问:你们都会说喀卓语吗?

答:我们的喀卓语都很熟练。

问:你们都会说汉语吗?

答:都会。我爸爸当过兵,在我念小学之前,他一直在天津工作,所以他的普通话说得蛮好的。小的时候,爸爸不仅教妹妹和我说喀卓语,还教我们说汉语当地方言和普通话。

问:你父亲为什么要教你和妹妹说普通话呢?

答:他说这是为了妹妹和我以后念书着想。上学后,妹妹和我要学很多用汉语传授的科学文化知识,如果我们对汉语很陌生,就一定会影响我们的学习成绩。曾经有一段时间,爸爸尝试在家里只跟我们说普通话,给妹妹和我营造一个汉语普通话的语言环境。但是我们一走出家门,周围邻居都是满口喀卓语,只说普通话没法与周围的人交流的。爸爸的苦心我能理解,所以我跟他学说汉语时都是很用心、很认真地学的。

问:你小学是在兴蒙乡念的吗?

答:是的,我在兴蒙乡中心小学读了小学。

问:你在念小学时,在校园里使用哪种语言?

答:课堂用语是汉语普通话。由于兴蒙乡中心小学有汉族老师,也有本民族老师,所以课间我跟汉族老师交流用当地方言,跟本族老师交流则常常用喀卓语。兴蒙乡中心小学里绝大多数都是喀卓小学生,所以下课、放学我和同学交流都是说喀卓语。

问:你中学也是在兴蒙乡念的吗?

答:不是,我先后在通海县第七中学、第十五中学念初中,在通海县第二中学念高中,这三所中学都不在兴蒙乡。中学的这六年里我都是住校的,每个周末才回家。

问:你在中学校园里说哪种语言?

答:我在读初中时,班里除了我之外,没有其他的喀卓人,我只好每天说汉语,只有周末回家才有机会说喀卓语。我的高中同学有三个是喀卓人,我跟他们平常大多说喀卓语,特别是有事同他们商量,咨询他们意见的时候。我高二时,还有一位同屋也是喀卓人,在宿舍里我和她一般都是说喀卓语。当然,为了方便交流,我跟我的汉族高中同学都是说汉语的,不过,我的汉族同学对我们喀卓话也蛮感兴趣的,他们常常跟着我学说一些简单的喀卓语。

问:为什么你在学校及宿舍里和本族同学说喀卓语呢?

答:因为我觉得和本族人在一起说自己民族的语言比较习惯、自然、顺口。我学习汉语主要是侧重于一般的日常交流,有一些抽象的、细化的词汇我还是不太清楚。所以,即使是我跟汉族同学交流,在就某个话题聊得很投机或讨论得很热烈时,我也会不由自主地冒出一两句喀卓语来。

问:你念中学时每个周末回家,跟家人都是说喀卓语吗?

答:是的。我周末回家,跟父母亲都是说喀卓语,但有时也会在交谈中夹杂一些汉语词汇,偶尔还会冒出一两句汉语来。我想这大概是我一周以来在学校里说汉语比较多的缘故吧。

问:你妹妹念中学了吗?

答:我妹妹在昆明读中专。只有假期才能回家来。

问:你妹妹平时常常打电话回家吗?

答:是的,她每周都会给家里打电话。

问:在电话里妹妹跟你们说哪种语言?

答:我爸爸为了锻炼妹妹的普通话,他一直坚持在电话里跟妹妹说普通话,但电话一转到妈妈和我的手里,我们就顾不上那么多了,我们跟妹妹都是用喀卓语交谈的,我觉得说本族语会亲切自然一些。

问:你们村子(桃家嘴)如果来了汉族客人,大家用什么语言和客人交流?

答:虽然我们村子里都说喀卓语,但如果来了汉族客人,大家都会用汉语与客人打招呼,这是对客人的尊重。

问:你们桃家嘴有嫁来的外族媳妇吗?

答:有。

问:她们会说喀卓语吗?

答:一般嫁来时间比较长的外族媳妇,渐渐就会说喀卓语的日常用语了。不过也有一些性格比较内向的、容易害羞的外族媳妇,她们能听懂喀卓语,但不好意思开口说喀卓语,怕周围的人笑话她们的发音不标准、不地道。我们和她们说喀卓语,她们听懂之后用汉语回答我们。

问:你们桃家嘴有长期在外工作或念书的喀卓人吧?

答:有。

问:他们回到桃家嘴都说喀卓语吗?

答:他们长期在外,刚回来时,会习惯性地说普通话或汉语方言,但有个三五天,就能够迅速恢复喀卓语的交际能力。我有个伯父长年在外打工,逢年过节他回桃家嘴来,跟我们交谈时,先是说普通话,说着说着,一两个小时左右,他的母语感觉就似乎被唤醒了,他在不知不觉中就转而说喀卓语了。

问:你有没有担心过自己民族的语言会失传?

答:我觉得我们喀卓语绝对不会失传!我对自己民族的语言很有信心!这种信心来自于我自身!像我自己,虽然中学六年都在外念书,只有周末才能回兴蒙乡,但一回到家就会习惯性地使用我们自己的语言。

(四)兴蒙乡村民赵丽英访谈录

访谈对象:赵丽英,46岁,喀卓人,兴蒙乡二组(白阁)村民,高中文化程度。

访谈时间:2007年7月29日。

访谈地点:赵丽英家。

问:赵大姐,你好。请你简单介绍一下个人情况。

答:好的。我1980年高中毕业后就到乡幼儿园工作,至今已20多年了。现在在家务农,主要是种植大棚甜瓜和葡萄。

问:你在幼儿园工作了这么长时间,请介绍一下乡幼儿园的一些基本情况。

答:我们兴蒙乡以前只是一个生产大队,全乡面积只有4.7平方公里,所以只有一所幼儿园。最初叫学前班,1979年创办,1983年成立幼儿园。当时全乡共有130多个学生,5个班。现在由于实行了计划生育政策,每年出生的小孩已明显减少,所以只有3个班。学生按照年龄大小分为小班、中班、大班。一般来说4岁进小班,5岁进中班,6岁进大班。

幼儿园现在有8个老师,全部是本族人,其中高中学历的3人,初中学历的5人。幼儿园老师没有正式编制,都属于临时代课。

问:幼儿园老师上课用什么语言?

答:汉语普通话。

问:刚入幼儿园的学生能听懂吗?

答:80年代初,刚入幼儿园的学生还听不懂汉语,老师上课需要先用喀卓语讲一遍,然后再用普通话翻译。现在的小孩汉语水平已明显提高,入学后一般是先用喀卓语和普通话双语授课,但只要经过一个学期后,就可以完全用普通话讲课了。

问:为什么会有这种变化?

答:我们兴蒙乡人多地少,全乡5600多人,人均不到1亩地。守着田地是没有出路的。因此有文化的年轻父母都非常重视孩子的教育。孩子开始学话时就教汉语,小孩子往往是先学会汉语,后学会喀卓语。有些村民把自己的孩子送到教学质量较高的汉族区学校上学,还有些村民甚至会把自己的孩子送到县城上幼儿园和小学。

另外就是电视机的普及。1986年,我的公公(赵保林)家有了兴蒙乡第一台电视机。如今,电视机的普及率已经达到了99%,且都为彩电。小孩子经常在家看电视,潜移默化,汉语能力也得到提高。

问:喀卓语也是父母教会的吗?

答:不是,小孩子在一起玩耍时学会的本族语。上幼儿园后,虽然上课用汉语,学生跟老师讲话也用汉语,可是只要两三个本族小孩在一起,说话就会用喀卓语。另外,家庭里面虽然教孩子汉语,可是大人之间却用本族语交谈,孩子也会受影响的。毕竟小孩学汉语的时间比学本族语的时间要少得多,所以喀卓语不用教自己就学会了。

问:你的孩子会说喀卓语吗?

答:我家姑娘幼儿园、小学都是在本村上的。从初中时被送到昆明民族中学,高中也是在昆明民族中学上的。现在在昆明上大学。她的喀卓话说得很好。每次打电话,我们都是说喀卓语。

问:她开始学说话时你教她什么语?

答:汉语。现在学校里面都是用汉语,如果从小不教她学汉语,她上学后就会感到很吃力,跟不上班。

问:父母从小就教自己的孩子学汉语,这种现象是从什么时候开始的?

答:大约是从90年代以后吧。

问:父母有没有重男轻女的思想? 比如只让男孩上学,不让女孩上学。

答:原来是有的,现在没有了。像我这个年龄以上的妇女,受过教育的只有两三个人,绝大多数没有上过学。女孩长大后往往十六七岁就嫁人。现在人的思想改变了,男、女都一样,已经没有这种意识了。我们兴蒙学校小学的升学率现在是100%,巩固率也达到了100%。

问:兴蒙乡现在每年考上大学的学生多吗?

答:不是太多,但每年都有几个。

问:那些没有考上大学的学生都去做什么了?

答:有的去复读再考,有的就回家务农了。

问:出去打工的多不多? 比如到广州、深圳等经济发达的沿海城市打工。

答:几乎没有。年轻人多数不愿外出,不愿跑远。学生高中毕业以后,没有考上大学的就回到家里,女的种田,男的出去做泥活。

问:一般到什么地方去做泥活？

答:附近乡镇或县城里面,离家较近,大多数是早出晚归。很远的地方,像你说的那些地方,几乎没人去。我们这里的年轻人好像没有到很远的地方打工的意识;思想较为保守。

问:初中毕业后没考上高中的呢？

答:更是这样了。

问:出去做泥活一般是单独出去还是结伙出去？

答:一般是几个人组成一个建筑队,集体出去,很少有单独出去打工的。

问:长期在外面工作或学习的喀卓人回到家乡,如果不再说喀卓语,村民一般会怎么看待？

答:在外工作或学习的人回到家乡,如果不说喀卓话,就会受到家乡人的嘲笑。

问:赵大姐,你个人感觉咱们兴蒙的老年人、年轻人和小孩子在喀卓语使用上有没有区别？

答:有,主要是老人会说的一些词语,年轻人和小孩子都不会说了。

问:在汉语使用上有没有区别？

答:有的。年轻人汉语水平都比较好,70多岁以上的老年人说汉话比较笨。老年人由于女的多数是在家种田、带孩子,男人出去打工。所以往往是男的汉话说的比较好,女的一般不如男的。

二 问卷调查表选登

家庭内部语言使用情况调查表（一）

调查对象：王培芬（全家都是喀卓人）

调查地点：兴蒙一组（中村）王培芬家

交际双方		喀卓语	当地方言
长辈对晚辈	父母对子女	√	
	爷爷奶奶对孙子女	√	
	公婆对儿媳	√	
晚辈对长辈	子女对父母	√	
	孙子女对爷爷奶奶	√	
	儿媳对公婆	√	
同辈之间	爷爷与奶奶	√	
	父亲与母亲	√	
	子女之间	√	
	儿子与儿媳	√	
主人对客人	对蒙古族客人	√	
	对蒙古族干部	√	
	对汉族干部		√
	对汉族客人		√
	对蒙古族老师		√
	对汉族老师		√
	对陌生人		√

家庭内部语言使用情况调查表（二）

调查对象：官学清（妻子高会珍是汉族，其他家庭成员为喀卓人）
调查地点：兴蒙乡乡长办公室

	交际双方	喀卓语	当地方言
长辈对晚辈	父母对子女	√	
	爷爷奶奶对孙子女		√
	公婆对儿媳		√
晚辈对长辈	子女对父母	√	
	孙子女对爷爷奶奶		√
	儿媳对公婆		√
同辈之间	爷爷与奶奶	√	
	父亲与母亲		√
	儿子与儿媳		√
主人对客人	对蒙古族客人	√	
	对蒙古族干部	√	
	对汉族干部		√
	对汉族客人		√
	对蒙古族老师	√	
	对汉族老师		√
	对陌生人		√

不同对象、不同场合语言使用情况调查表（一）

调查对象：普丽娟

调查地点：兴蒙五组（交椅湾）村民普丽娟家

交际场合 ＼ 交际对象		本族人	非本族人
见面打招呼		喀卓语	汉语
聊天		喀卓语	汉语
生产劳动		喀卓语	汉语
买卖		喀卓语	汉语
看病		喀卓语	汉语
开会	开场白	喀卓语	汉语
	传达上级指示	汉语	汉语
	讨论、发言	喀卓语	汉语
公务		喀卓语	汉语
学校	课堂	汉语	汉语
	课外	喀卓语	汉语
节日、集会		喀卓语	汉语
婚嫁		喀卓语	汉语
丧葬		喀卓语	汉语

不同对象、不同场合语言使用情况调查表（二）

调查对象：官学英

调查地点：兴蒙乡政府宣传委员办公室

交际对象 交际场合		本族人	非本族人
见面打招呼		喀卓语	汉语
聊天		喀卓语	汉语
生产劳动		喀卓语	汉语
买卖		喀卓语	汉语
看病		喀卓语	汉语
开会	开场白	喀卓语	汉语
	传达上级指示	汉语	汉语
	讨论、发言	喀卓语	汉语
公务		喀卓语	汉语
学校	课堂	汉语	汉语
	课外	喀卓语	汉语
节日、集会		喀卓语	汉语
婚嫁		喀卓语	汉语
丧葬		喀卓语	汉语

云南蒙古族语言观念调查问卷（一）

被调查人：杨天明　年龄：45　文化程度：初中　职业：务农　居住地：兴蒙五组（交椅湾）

请在您所选答案前的拉丁字母下划横线。例如："<u>A</u>"。

1. 您怎么看待蒙古族掌握汉语文的作用？

<u>A</u> 很有用　　　　　　　　B 有些用　　　　　　　　　C 没有用

2. 您认为学好汉语的目的是：（按重要程度排序）<u>A C B D</u>

A 找到好的工作，得到更多的收入　　　　　B 升学的需要

C 便于与外族人交流　　　　　　　　　　　D 了解汉族文化

3. 您怎么看待蒙古族掌握喀卓语的作用？

<u>A</u> 很有用　　　　　　　　B 有些用　　　　　　　　　C 没有用

4. 您认为掌握喀卓语的目的是什么？（按重要程度排序）<u>C B A</u>

A 找到好的工作，得到更多的收入　　　　　B 便于与本族人交流

C 了解和传承本族的历史传统文化

5. 您对蒙古族人都成为"喀卓语—汉语"双语人的态度是什么？

<u>A</u> 迫切希望　　　　　B 顺其自然　　　　　　C 无所谓　　　　　　D 不希望

6. 如果蒙古族人成为汉语单语人，您的态度是什么？

A 迫切希望　　　　　B 顺其自然　　　　　　C 无所谓　　　　　　<u>D</u> 不希望

7. 如果有人在外地学习或工作几年后回到家乡，不再说喀卓语，您如何看待？

A 可以理解　　　　　<u>B</u> 反感　　　　　　C 听着别扭

D 不习惯　　　　　　E 无所谓

8. 您希望子女最好会说什么语言？

A 普通话　　　　　　B 喀卓语　　　　　　　C 当地汉语方言

<u>D</u> 普通话和喀卓语　　E 无所谓

9. 您愿意把子女送到什么学校学习？

　A 用汉语授课的学校　　　　　　　　　　　B 用汉语和英语授课的学校

　C 用汉语和喀卓语授课的学校

10. 您希望本地广播站使用什么语言播音？

　A 喀卓语　　　　　　B 普通话　　　　　　C 当地汉语方言

　D 汉语和喀卓语　　　E 无所谓

11. 如果有机会学习北方蒙古语，你的态度是什么？

　A 非常愿意　　　　　B 愿意　　　　　　　C 无所谓　　　　　D 不愿意

12. 你是否希望设计出一套喀卓语文字？

　A 希望　　　　　　　B 无所谓　　　　　　C 不希望

13. 请你按照重要程度将以下语言进行排序：C A B D

　A 汉语普通话　　　　B 喀卓语　　　　　　C 当地汉语方言　　　D 英语

14. 如果家里的孩子不会说喀卓语，你的态度是什么？

　A 同意　　　　　　　B 无所谓　　　　　　C 反对

15. 如果你家里的孩子不肯说喀卓语，你的态度是什么？

　A 同意　　　　　　　B 无所谓　　　　　　C 反对

16. 你家的孩子学说话时，你最先教给他的是哪种语言？

　A 汉语普通话　　　　B 喀卓语　　　　　　C 当地方言

17. 干部在村里开会发言时，你希望他们说什么语言？

　A 汉语普通话　　　　B 喀卓语　　　　　　C 当地汉语方言

云南蒙古族语言观念调查问卷（二）

被调查人：王粉丽 年龄：35 文化程度：初中 职业：务农 居住地：兴蒙六组（桃家嘴）

请在您所选答案前的拉丁字母下划横线。例如："<u>A</u>"。

1. 您怎么看待蒙古族掌握汉语文的作用？
   <u>A</u> 很有用   B 有些用   C 没有用

2. 您认为学好汉语的目的是：（按重要程度排序）<u>C D B A</u>
   A 找到好的工作，得到更多的收入   B 升学的需要
   C 便于与外族人交流   D 了解汉族文化

3. 您怎么看待蒙古族掌握喀卓语的作用？
   <u>A</u> 很有用   B 有些用   C 没有用

4. 您认为掌握喀卓语的目的是什么？（按重要程度排序）<u>C B A</u>
   A 找到好的工作，得到更多的收入   B 便于与本族人交流
   C 了解和传承本族的历史传统文化

5. 您对蒙古族人都成为"喀卓语—汉语"双语人的态度是什么？
   <u>A</u> 迫切希望   B 顺其自然   C 无所谓   D 不希望

6. 如果蒙古族人成为汉语单语人，您的态度是什么？
   A 迫切希望   B 顺其自然   C 无所谓   <u>D</u> 不希望

7. 如果有人在外地学习或工作几年后回到家乡，不再说喀卓语，您如何看待？
   <u>A</u> 可以理解   B 反感   C 听着别扭
   D 不习惯   E 无所谓

8. 您希望子女最好会说什么语言？
   A 普通话   B 喀卓语   C 当地汉语方言
   <u>D</u> 普通话和喀卓语   E 无所谓

9. 您愿意把子女送到什么学校学习？

    A 用汉语授课的学校   B 用汉语和英语授课的学校

    C 用汉语和喀卓语授课的学校

10. 您希望本地广播站使用什么语言播音？

    A 喀卓语   B 普通话   C 当地汉语方言

    D 汉语和喀卓语   E 无所谓

11. 如果有机会学习北方蒙古语，你的态度是什么？

    A 非常愿意   B 愿意   C 无所谓   D 不愿意

12. 你是否希望设计出一套喀卓语文字？

    A 希望   B 无所谓   C 不希望

13. 请你按照重要程度将以下语言进行排序：C B A D

    A 汉语普通话   B 喀卓语   C 当地汉语方言   D 英语

14. 如果家里的孩子不会说喀卓语，你的态度是什么？

    A 同意   B 无所谓   C 反对

15. 如果你家里的孩子不肯说喀卓语，你的态度是什么？

    A 同意   B 无所谓   C 反对

16. 你家的孩子学说话时，你最先教给他的是哪种语言？

    A 汉语普通话   B 喀卓语   C 当地方言

17. 干部在村里开会发言时，你希望他们说什么语言？

    A 汉语普通话   B 喀卓语   C 当地汉语方言

三 喀卓语 400 词、100 词测试表

400 词：全选取喀卓语中最常用的基本词汇。测试水平划分为四级：A 级表示熟练说出；B 级表示想后说出；C 级表示提示后能懂；D 级表示不懂。

汉语	喀卓语	普婀娜	王娅琼	赵亚芬	期汝英	普玉兰	王映珍
天	m^{31} tha^{33}	A	A	A	A	A	A
太阳	m^{31} $tsha^{33}$	A	A	A	A	A	A
星星	$k\gamma^{24}$ za^{31}	A	A	A	A	A	A
云	$t\gamma^{24}$	A	A	A	A	A	A
风	m^{31} s_1^{33}	A	A	A	A	A	A
雨	m^{31} ma^{24}	A	A	A	A	A	A
露水	tse^{55} zi^{323}	A	A	A	A	A	A
火	m^{33} to^{35}	A	A	A	A	A	A
烟（火烟）	m^{35} khu^{31}	C	A	A	A	A	A
蒸汽	sa^{53}	C	D	A	A	A	A
山	$p\epsilon^{323}$	A	A	A	A	A	A
河	$t\varepsilon ha^{31}$	A	A	A	A	A	A
井	zi^{323} tso^{33}	A	A	A	A	A	A
坑	$khɯ^{33}$ $khɯ^{33}$	A	A	A	A	A	A
路	$t\varepsilon a^{323}$	A	A	A	A	A	A
土	ni^{31}	A	A	A	A	A	A
地（田地）	m^{323}	A	A	A	A	A	A
水田	$tshe^{33}$ m^{323}	A	A	A	A	A	A
石头	$no^{53/44}$ ma^{33}	A	A	A	A	A	A
沙子	$s\epsilon^{31}$ m^{33}	A	A	A	A	A	A
水	zi^{323} $t\varepsilon a^{53}$	A	A	A	A	A	A
盐	$tsha^{31}$	A	A	A	A	A	A
村子	$khua^{55}$	A	A	A	A	A	A
桥	tse^{323}	A	A	A	A	A	A
坟	m^{31} $p\gamma^{323}$	A	A	A	A	A	A
身体	$s\epsilon^{33}$ z_1^{31}	A	A	A	A	A	A
头	zi^{31} ts_1^{33} $kɯ^{35}$	A	A	A	A	A	A
头发	zi^{31} tsh_1^{33} khu^{33}	A	A	A	A	A	A
眉毛	$\eta a^{53/44}$ mo^{24}	A	A	A	A	A	A
眼睛	ηa^{53}	A	A	A	A	A	A
鼻子	na^{24} khu^{33}	A	A	A	A	A	A

耳朵	na²⁴ po²⁴ tɕha³¹	A	A	A	A	A	A
脸	tsho³³ ȵa⁵³	A	A	A	A	A	A
嘴	ni³¹ na²⁴	A	A	A	A	A	A
胡子	ni³¹ tshɿ³³ pu³¹	A	A	A	A	A	A
脖子	lɛ³²³ pɛ³³	A	A	A	A	A	A
肩膀	la⁵³ phɛ³¹ tsɿ³³	A	A	A	A	A	A
背	ko³¹ ma³³	A	A	A	A	A	A
腋	la⁵³ ⁄ ⁴⁴ za³⁵	A	A	A	A	A	A
腰	tso⁵³ tsɿ³⁵	A	A	A	A	A	A
膝盖	tshɿ³³ tsɿ³⁵	A	A	A	A	A	A
脚	tshɿ³³ pha⁵⁵	A	A	A	A	A	A
脚踝	tshɿ³³ ȵa⁴⁴ sɿ³¹	D	B	A	C	A	A
肘	la⁵³ ⁄ ⁴⁴ m⁵⁵ tsɿ⁵⁵	C	B	A	A	A	A
手	la⁵³	A	A	A	A	A	A
手指	la⁵³ ⁄ ⁴⁴ ŋ²⁴	A	A	A	A	A	A
拇指	la⁵³ ⁄ ⁴⁴ ŋ²⁴ ma³³ mo³¹	A	A	A	A	A	A
中指	la⁵³ ⁄ ⁴⁴ ŋ²⁴ ko²⁴ sɛ³³	D	B	A	A	C	A
指甲	la⁵³ ⁄ ⁴⁴ ŋ²⁴ sɿ³¹ ko³⁵	A	A	A	A	A	A
皮肤	sa³¹ khɯ⁵⁵	C	B	A	A	A	A
血	sɿ³¹	A	A	A	A	A	A
骨头	v̩³¹ kɯ³⁵	A	A	A	A	A	A
骨节	v̩³¹ kɯ³⁵ tsɿ³⁵	C	B	A	C	C	A
牙齿	sɿ³¹ sɿ³³	A	A	A	A	A	A
舌头	la²⁴	A	A	A	A	A	A
喉咙	lɛ³²³ pɛ³³	A	A	A	A	A	A
肺	fɛ³⁵	A	A	A	A	A	A
心脏	ŋ³⁵ ma³³ mɛ⁴⁴	A	A	A	A	A	A
肠子	vu³²³ mɤ³³	A	A	A	A	A	A
屎	tshɿ³¹	A	A	A	A	A	A
尿	ʑi³⁵ sɿ³¹	A	A	A	A	A	A
汗	kɤ⁵⁵	A	A	A	A	A	A
痰	tsɿ⁵⁵ xɯ³⁵	A	A	A	A	A	A
唾液	phi³⁵ ʑi³²³	A	A	A	A	A	A
鼻涕	na²⁴ ʑi³²³	A	A	A	A	A	A
眼泪	ȵa⁵³⁄⁴⁴ ʑi³²³	A	A	A	A	A	A
脓	tɕɛ³²³	C	A	A	A	A	A
汉族（人）	phi²⁴ ŋ²⁴ pha³¹	A	A	A	A	A	A
小孩儿	za³¹ ni²⁴ za³¹	A	A	A	A	A	A
老头儿	tsho³³ o³¹ ma³³	A	A	A	A	A	A
男人	ʑi²⁴ tsɤ²⁴	A	A	A	A	A	A
妇女	m³¹ tso³³ ma³³	A	A	A	A	A	A
小伙子	sɿ³²³ la⁵⁵ za³¹	A	A	A	A	A	A
姑娘	za³¹ m³¹ za³¹	A	A	A	A	A	A

病人	tsho^{33} na^{323}	A	A	A	A	A	A
朋友	tsho^{31} pa^{35}	A	A	A	A	A	A
瞎子	n̩a$^{53/44}$ tɤ^{35}	A	A	A	A	A	A
跛子	tsh̩^{31} pha^{55} ti^{55}	A	A	B	A	A	A
聋子	na^{24} po^{24} po^{31}	A	A	A	A	A	A
麻子	na^{24} thɤ^{53}	C	A	A	A	A	A
驼子	pɛ^{33} ko^{33}	A	A	A	A	A	A
傻子	tsho^{33} lɛ^{35}	A	A	A	A	A	A
疯子	tsho^{33} vu^{31}	A	A	A	A	A	A
主人	sɤ^{31} pha^{31}	A	A	A	A	A	A
客人	ta^{31} ma^{33}	A	A	A	A	A	A
儿子	za^{31}	A	A	A	A	A	A
媳妇（儿媳）	tsh̩^{31} ma^{33}	A	A	A	A	A	A
女儿	za^{31} m̩^{31}	A	A	A	A	A	A
孙子	z̩^{55} za^{31}；ɤ^{55} za^{31}	A	A	A	A	A	A
孙女儿	z̩^{55} ma^{33}；ɤ^{55} ma^{33}	A	A	A	A	A	A
侄子	za^{31} ts̩^{323}	A	A	A	A	A	A
嫂子	mi^{55} za^{31}	A	A	A	A	A	A
丈夫	ʑi^{35} tsɤ^{35} pha^{31}	A	A	A	A	A	A
妻子	m̩^{31} tso^{33} ma^{33}	A	A	A	A	A	A
牛	ŋ^{31}	A	A	A	A	A	A
公牛	ŋ^{31} pa^{55}	A	A	A	A	A	A
母牛	ŋ^{31} ma^{33}	A	A	A	A	A	A
毛	n̩o^{35}	A	A	A	A	A	A
尾巴	mɤ^{55}	A	A	A	A	A	A
马	m̩^{31}	A	A	A	A	A	A
羊	tsh̩^{53}	A	A	A	A	A	A
猪	wa^{53}	A	A	A	A	A	A
公猪	wa$^{53/44}$ pa^{55}	A	A	A	A	A	A
母猪	wa$^{53/44}$ ma^{33}	A	A	A	A	A	A
狗	tsh̩^{31}	A	A	A	A	A	A
猫	a^{33} ŋ^{35}	A	A	A	A	A	A
鸡	ɣa^{53}	A	A	A	A	A	A
翅膀	tu^{323} la^{53}	A	A	A	A	A	A
鸭子	ɣɯ^{35}	A	A	A	A	A	A
鹅	o^{323}	A	A	A	A	A	A
老虎	la^{31}	A	A	A	A	A	A
猴子	a^{33} n̩o^{53}	A	A	A	A	A	A
野猪	wa$^{53/44}$ z̩^{31}	A	A	A	A	A	A
鹿	lu^{24} ma^{53}	A	A	A	A	A	A
老鼠	xa^{55}	A	A	A	A	A	A
松鼠	xa^{55} po^{35} po^{35}	A	A	A	C	A	A
鸟	ŋa^{35}	A	A	A	A	A	A

鸟窝	ŋa³⁵ tshʅ³³ tshʅ³³	A	A	A	A	A	A
老鹰	tsi²⁴ ma³³	C	A	A	A	A	A
麻雀	tsa³²³ za³¹	A	A	A	A	A	A
蝙蝠	te³²³ wɛ³¹	C	B	B	C	A	A
乌鸦	kua³³ ŋa²⁴	C	B	A	A	A	A
蛇	zʅ²⁴	A	A	A	A	A	A
蝌蚪	o³¹ pa⁵⁵ kɯ³³ tɤ³¹ lɤ³¹	D	B	A	A	A	A
鱼	ŋa³¹	A	A	A	A	A	A
鳞	ŋa³¹ ko³⁵ tsʅ³¹	A	A	A	A	A	A
虫	xo⁵⁵	A	A	A	A	A	A
臭虫	ʑi³⁵ sʅ³¹ pau³³ ma³³	C	B	B	A	A	A
跳蚤	tshʅ³¹ sɛ³³	A	A	A	A	A	A
虱	sɛ³³	C	A	A	A	A	A
虮子	sɛ³³ fu⁵⁵	C	B	A	A	A	A
苍蝇	ʐo³²³ mo³¹	A	A	A	A	A	A
蚊子	ʐo³²³ fu³³	A	A	A	A	A	A
蜘蛛	a²⁴ ɳo³¹ ma³³ khɤ³³	C	A	A	A	A	A
蜈蚣	o²⁴ ko⁵⁵	A	B	A	A	A	A
蚂蚁	pu³¹ lo⁵³	A	A	A	A	A	A
蜜蜂	tɕa³¹	A	A	A	A	A	A
蜻蜓	tsa³²³ ko⁵³	D	B	A	A	A	A
树	sʅ³⁵ tsɤ³²³	A	A	A	A	A	A
树干	sʅ³⁵ ka³⁵	A	A	A	A	A	A
树枝	sʅ³⁵ tsha³⁵	A	A	A	A	A	A
根	sʅ³⁵ tsʅ³³ tsʅ³³	A	A	A	A	A	A
叶子	sʅ³⁵ tɕha³¹ tɕha³¹	A	A	A	A	A	A
花	vi⁵³ li³⁵	A	A	A	A	A	A
核儿	ŋ³⁵ ma³³	A	A	A	A	A	A
竹子	tɕi³³ tsu²⁴ tsɤ³²³	A	A	A	A	A	A
藤子	la⁵³ pha³³ ; sʅ³³ sʅ³³	D	A	A	D	C	A
刺儿	tsʅ³¹	A	A	A	A	A	A
桃子	sɛ³¹	A	A	A	A	A	A
橘子	tsɛ⁵⁵ za³¹	A	A	A	A	A	A
甘蔗	sa²⁴ tha³¹ vu³¹ tshʅ⁵⁵	A	A	A	A	A	A
水稻	tshɛ³³	A	A	A	A	A	A
糯米	tshɛ³³ ɳo³¹	A	B	A	A	A	A
种子	ʑi³³ sʅ⁵⁵	A	A	A	A	A	A
秧	zʅ⁵⁵	A	B	A	A	A	A
穗	tshɛ³³ nɛ²⁴	A	A	A	A	A	A
稻草	pɛ³⁵	A	A	A	A	A	A
小麦	sa²⁴	A	A	A	A	A	A
荞麦	ka³¹	C	D	A	A	A	A
玉米	zʅ³⁵ mɤ³²³	A	A	A	A	A	A

棉花	miɛ³²³ xua³³	A	A	A	A	A	A
麻	tsɿ⁵⁵	D	B	A	A	A	A
蒜	kha³¹ si³³	A	A	A	A	A	A
姜	tsho³¹	A	A	A	A	A	A
马铃薯	tɕɛ³¹ ŋ²⁴ za³¹	A	A	A	A	A	A
豆	no⁵³	A	A	A	A	A	A
黄豆	no⁵³ za³¹	A	A	A	A	A	A
草	zɿ³¹	A	A	A	A	A	A
蘑菇	tɕɛ³⁵	A	A	A	A	A	A
米	tshɛ³³ tshɿ³³	A	A	A	A	A	A
饭	tsa³²³	A	A	A	A	A	A
粥（稀饭）	tsa³²³ xo³¹	A	A	A	A	A	A
肉	sa³¹	A	A	A	A	A	A
瘦肉	sa³¹ ŋ²⁴	A	A	A	A	A	A
蛋	fu³³	A	A、	A	A	A	A
汤	o³¹ tsa²⁴ ʑi³²³	A	A	A	A	A	A
酒	tsɿ³²³	A	A	A	A	A	A
药	na³²³ tshɿ³¹	A	A	A	A	A	A
糠	wa⁵³ tsa³²³	A	A	A	A	A	A
线	khɤ³³	A	A	A	A	A	A
布	tsɿ⁵⁵ khu³¹	A	A	A	A	A	A
衣服	tho³³	A	A	A	A	A	A
衣领	thu³³ ku³³	C	A	A	A	A	A
裤子	la⁵⁵	A	A	A	A	A	A
帽子	kha³¹ khu³³	A	A	A	A	A	A
腰带	la⁵⁵ po³²³ tsɿ³¹	A	A	A	A	A	A
鞋	tshɿ³³ ni³⁵	A	A	A	A	A	A
梳子	o³¹ piɛ⁵⁵	A	A	A	A	A	A
耳环	na⁵⁵ ni³¹	A	A	A	A	A	A
戒指	la⁵³ piɛ⁵⁵	A	A	A	A	A	A
枕头	zɿ³¹ kɯ³¹	A	A	A	A	A	A
房子	xɤ³³	A	A	A	A	A	A
牛圈	ŋ³¹ xɤ³³	A	A	A	A	A	A
砖	a³³ tsɛ³⁵	A	A	A	A	A	A
瓦	wa³³ tsɛ³⁵	A	A	A	A	A	A
木头	m³²³ thɛ³³	C	A	A	A	A	A
柱子	zɤ³²³	A	A	A	A	A	A
门	ka³²³ tɕhi³¹	A	A	A	A	A	A
床	zɿ⁵³ᐟ⁴⁴ kɤ³²³	A	A	A	A	A	A
扫帚	mi³³ sa³⁵	A	A	A	A	A	A
柴	sɿ³⁵	A	A	A	A	A	A
盖子	phɛ³¹ kɛ³⁵	A	A	A	A	A	A
刀	phi³²³ ta³¹	A	A	A	A	A	A

漏勺	le^{35} so^{323}	A	A	A	A	A	A
碗	pa^{35} s$_1^{33}$; ta^{35} o^{31}	A	A	A	A	A	A
筷子	tsu^{323}	A	A	A	A	A	A
坛子	pu^{53}	C	A	A	A	A	A
钱（货币）	tɕhe^{323} ; ts$_1^{31}$ xɤ^{35}	A	A	A	A	A	A
针	ɣɯ^{53}	A	A	A	A	A	A
锥子	tsui^{33} ts$_1^{31}$	A	A	A	A	A	A
船	z$_1^{24}$	A	A	A	A	A	A
木筏	tsa^{55} tsh$_1^{31}$	D	D	D	D	C	A
锄头	tsɛ^{55} ma^{33}	A	A	A	A	A	A
绳子	tsa^{35} fu^{33}	A	A	A	A	A	A
筛子	sɛ^{33} lo^{33}	C	A	A	A	A	A
簸箕	wa^{24} ma^{33}	A	A	A	A	A	A
磨（石磨）	no^{53} tsh$_1^{55}$	A	A	A	A	A	A
枪	tsho^{35}	A	A	A	A	A	A
话	tɕhi^{31}	A	A	A	A	A	A
影子	m^{31} z$_1^{53}$	D	A	A	A	A	A
梦	z$_1^{53}$ ma^{33}	A	A	A	A	A	A
前（前边）	ɣo^{31} tso^{33}	A	A	A	A	A	A
后（后边）	ŋa^{323} tu^{33}	A	A	A	A	A	A
今天	zi^{31} ŋ^{323}	A	A	A	A	A	A
昨天	a^{31} ŋ^{323}	A	A	A	A	A	A
明天	na^{31} tɕi^{33} ŋ^{323}	A	A	A	A	A	A
后天	pha^{55} ŋ^{323}	A	A	A	A	A	A
早晨	na^{53} ta^{55}	A	A	A	A	A	A
晚上	m^{31} tsh$_1^{53}$	A	A	A	A	A	A
月	la^{33}	A	A	A	A	A	A
年	kho^{53}	A	A	A	A	A	A
今年	ts$_1^{31}$ ŋ^{35}	A	A	A	A	A	A
去年	a^{31} ŋ^{35} tha^{33}	C	A	A	A	A	A
明年	nau^{35} ŋ^{35}	A	A	A	A	A	A
一	tɛ^{31}	A	A	A	A	A	A
二	ŋ^{31}	A	A	A	A	A	A
三	si^{33}	A	A	A	A	A	A
四	xɤ^{33}	A	A	A	A	A	A
五	ŋa^{31}	A	A	A	A	A	A
六	tɕho^{53}	A	A	A	A	A	A
七	s$_1^{31}$	A	A	A	A	A	A
八	ɕi^{53}	A	A	A	A	A	A
九	ku^{44}	A	A	A	A	A	A
十	tshi^{33}	A	A	A	A	A	A
十一	tshi^{33} ts$_1^{35}$	C	A	A	A	A	A
百	tɛ^{31} xa^{323}	A	A	A	A	A	A

千	tu^{24}	A	A	A	A	A	A
个（一个人）	zo^{35}	A	A	A	A	A	A
个（一个碗）	ma^{24}	A	A	A	A	A	A
条（一条绳子）	kɤ^{24}	A	A	A	A	A	A
把（一把米）	ɳa^{35}	A	A	A	A	A	A
拃（一拃）	xo^{24}	C	A	A	A	A	A
我	ŋa^{33}	A	A	A	A	A	A
我们	ŋa^{33} tshɤ^{31}	A	A	A	A	A	A
你	nɛ^{33}	A	A	A	A	A	A
你俩	nɛ^{33} ŋ^{31} zo^{35}	A	A	A	A	A	A
他	ʑi^{33}	A	A	A	A	A	A
他们	ʑi^{33} tshɤ^{31}	A	A	A	A	A	A
这	tɛ^{33}	A	A	A	A	A	A
这些	tɛ^{33} ko^{55}	A	A	A	A	A	A
多	ɳa^{31}	A	A	A	A	A	A
少	mɛ^{55}	A	A	A	A	A	A
尖	tha^{55} ; tɕɛ^{33}	A	A	A	A	A	A
弯（弯的）	fu^{55} ; ko^{53}	A	A	A	A	A	A
黑	na^{53}	A	A	A	A	A	A
白	tshɿ^{33}	A	A	A	A	A	A
红	ŋ^{24}	A	A	A	A	A	A
黄	sɤ^{24}	A	A	A	A	A	A
绿	lu^{55}	A	A	A	A	A	A
重	ʑɿ^{31}	A	A	A	A	A	A
轻	lo^{323}	A	A	A	A	A	A
快	tɕi^{31}	A	A	A	A	A	A
锋利	tha^{55}	A	A	A	A	A	A
胖	tshu^{33}	A	A	A	A	A	A
新	si^{55}	A	A	A	A	A	A
好	na^{35}	A	A	A	A	A	A
贵（价钱贵）	phu^{31} kha^{55}	A	A	A	A	A	A
酸	tsɛ^{24}	A	A	A	A	A	A
甜	nie^{323}	A	A	A	A	A	A
辣	phɤ^{33}	A	A	A	A	A	A
咸	kha^{31}	A	A	A	A	A	A
拔（拔草）	tsɿ^{35}	A	A	A	A	A	A
饱	po^{53}	A	A	A	A	A	A
编（编辫子）	kɛ^{33} thi^{31}	C	B	A	A	A	A
补（补衣）	to^{53}	A	A	A	A	A	A
擦（擦桌子）	sɿ^{35}	A	A	A	A	A	A
踩	kɯ^{53}	A	A	A	A	A	A
馋（嘴馋）	xɯ^{55}	A	A	A	A	A	A
炒	ʑɿ^{323}	A	A	A	A	A	A

称（称粮食）	tshe²⁴ ŋ³²³ ka³³	A	A	A	A	A	A
盛（盛饭）	khɯ⁵³	A	A	A	A	A	A
吃	tsa³¹	A	A	A	A	A	A
舂	ti⁵⁵	C	A	A	A	A	A
抽（抽烟）	to³²³	A	A	A	A	A	A
出去	to⁵³ ʐɿ³³	A	A	A	A	A	A
穿（穿衣）	vi⁵³	A	A	A	A	A	A
穿（穿鞋）	tɛ⁵³	A	A	A	A	A	A
打（打人）	khuɣ³¹	A	A	A	A	A	A
戴（戴帽子）	tɛ⁵³	A	A	A	A	A	A
读	so²⁴	A	A	A	A	A	A
渡（渡河）	ko⁵³	A	A	A	A	A	A
断（线断）	the³³	A	A	A	A	A	A
放牧	lo³⁵	A	A	A	A	A	A
飞	phɣ³¹	A	A	A	A	A	A
分发（东西）	sɿ²⁴	A	A	A	A	A	A
缝	sa³³ ; fɛi³³	A	A	A	A	A	A
孵	m⁵⁵	A	A	A	A	A	A
干活儿	ȵo³¹ m³³	A	A	A	A	A	A
割（割肉）	ɣɯ³²³	A	A	A	A	A	A
给	kɯ³¹	A	A	A	A	A	A
够	lo⁵³	A	A	A	A	A	A
关（关门）	pi⁵⁵	A	A	A	A	A	A
害羞	sa⁵⁵ to²⁴	A	A	A	A	A	A
害怕	tɕo⁵³	A	A	A	A	A	A
喊（喊人开会）	vu²⁴	A	A	A	A	A	A
喝	to³²³	A	A	A	A	A	A
划（划船）	ɣɣ⁵³	A	A	A	A	A	A
换	tsɿ³²³ pa²⁴	A	A	A	A	A	A
回	kɯ³³	A	A	A	A	A	A
会（会写）	vɣ⁵³ li³²³	A	A	A	A	A	A
挤（挤奶）	nu³⁵	A	A	A	A	A	A
夹（夹菜）	ŋ³⁵	A	A	A	A	A	A
嚼	kua³¹ ; tɕhi⁵³ m³³	A	A	B	A	A	A
教	ma⁵⁵	A	A	A	A	A	A
叫（公鸡叫）	mɣ³²³	A	A	A	A	A	A
揭（揭盖子）	phu³³ tɕhɛ³¹	A	A	A	A	A	A
借（借钱）	tsɿ⁵⁵	C	A	A	A	A	A
借（借工具）	ŋa⁵⁵	A	A	A	A	A	A
开（开门）	phu³³ tɕhɛ³¹	A	A	A	A	A	A
开（水开了）	xa⁵⁵	A	A	A	A	A	A
开（花开了）	vi⁵³	A	A	A	A	A	A
咳嗽	tsɿ⁵⁵	A	A	A	A	A	A

哭	ŋ³²³	A	A	A	A	A	A
拉	sɣ³³ ɛtɛ³¹	A	A	A	A	A	A
来	li³³	A	A	A	A	A	A
连接	tsa³⁵ tsʅ²⁴	A	A	A	C	A	A
裂开	pie⁵³	A	A	C	A	A	A
麻木	m³²³	A	A	A	D	C	A
骂	xɣ³³	A	A	A	A	A	A
埋	fu³⁵	A	A	A	A	A	A
买	vɣ³²³	A	A	A	A	A	A
卖	ŋ³¹	A	A	A	A	A	A
满（满了）	tɕɛ³³	A	A	A	A	A	A
磨（磨刀）	sɣ⁵⁵	A	A	A	A	A	A
拿	vu³²³	A	A	A	A	A	A
呕吐	lo⁵⁵	A	A	A	A	A	A
爬（爬山）	tɕha³¹	A	A	A	A	A	A
跑	kɣ³¹	A	A	A	A	A	A
劈（劈柴）	pho³⁵	A	A	A	A	A	A
漂浮	pu³²³	A	A	A	A	A	A
破（衣服破了）	kɣ⁵³	A	A	A	A	A	A
骑	tsɣ³¹	A	A	A	A	A	A
牵（牵牛）	sɣ³³	A	A	A	A	A	A
切（切菜）	so³⁵	A	A	A	A	A	A
染	xɯ³³；lɣ³¹	A	A	A	A	A	A
解开	phi³³ tɕhɛ³¹	A	A	A	A	A	A
杀	si⁵³	A	A	A	A	A	A
筛（筛米）	vɣ³¹	C	A	A	A	A	A
晒（晒衣服）	le³⁵	A	A	A	A	A	A
晒（晒太阳）	le³⁵	A	A	A	A	A	A
试	sʅ³⁵	A	A	A	A	A	A
是	ŋ³³	A	A	A	A	A	A
梳	khɣ⁵⁵	A	A	A	A	A	A
熟（饭熟）	mi³³	A	A	A	A	A	A
睡	zʅ⁵³	A	A	A	A	A	A
说	ȵa³¹	A	A	A	A	A	A
抬	the³¹	A	A	A	A	A	A
舔	lɣ⁵³	A	A	A	A	A	A
挑（挑选）	sʅ²⁴	C	A	B	A	A	A
贴	ȵa⁵³	A	A	A	A	A	A
听	na²⁴	A	A	A	A	A	A
偷	khu³¹	A	A	A	A	A	A
吐（吐痰）	phi⁵³	A	A	A	A	A	A
推	tsa⁵³；ŋa²⁴	A	A	A	A	A	A
挖	kɣ³⁵	A	A	A	A	A	A

闻（嗅）	nɛ³¹	A	A	A	A	A	A
问	na²⁴ ŋ²⁴	A	A	A	A	A	A
洗（洗衣）	tshɿ³¹	A	A	A	A	A	A
喜欢	ŋ²⁴ thɤ⁵⁵	A	A	A	A	A	A
吓唬	tɕo³⁵	A	A	A	A	A	A
笑	zi³²³ sa³³	A	A	A	A	A	A
写	vɤ⁵³	A	A	A	A	A	A
摇（摇头）	ɤ³⁵	A	A	A	A	A	A
舀（舀水）	khɯ⁵³	A	A	A	A	A	A
有（有钱）	tso³²³	A	A	A	A	A	A
晕	mɤ³³	A	A	A	A	A	A
栽（栽树）	tɤ²⁴	A	A	A	A	A	A
摘（摘花）	tshɤ⁵⁵	A	A	A	A	A	A
知道	sɿ⁵⁵	A	A	A	A	A	A
指	to²⁴	A	A	A	A	A	A
肿	phɛ⁵³	A	A	A	A	A	A
煮	xa⁵⁵	A	A	A	A	A	A
醉	mɤ³³	A	A	A	A	A	A
坐	ŋ³³	A	A	A	A	A	A
钻	lɛ⁵³	A	A	A	A	A	A
做	m³³	A	A	A	A	A	A
也	to³³	A	A	A	A	A	A
不	ma³¹	A	A	A	A	A	A
别	ta³¹	A	A	A	A	A	A
的	pu³²³	A	A	A	A	A	A

100 词：挑选难度系数较大的 100 个喀卓语基本词汇，测试水平划分为四级：A 级表示熟练说出；B 级表示想后说出；C 级表示提示后能懂；D 级表示不懂。

汉语	喀卓语	普婀娜	奎有英	赵超林	王映珍
虹	wa⁵³/⁴⁴ ma³³ sɤ²⁴ zɿ³¹ ka²⁴	C	A	A	A
冰雹	xua⁵⁵ tɛ³³ lɛ³³	A	A	A	A
沟	tɕha³¹ za³¹	A	A	A	A
草地	zɿ³¹	A	A	A	A
泡沫	sua³⁵ phu³³	C	A	D	A
锈	sɛ³³ tshɿ³¹；ɕo³⁵ tshɿ³¹	A	A	A	A
草木灰	khɯ³¹ m³²³	A	A	A	A
辫子	zi³¹ tshɿ³³ thi³¹	A	A	A	A
额头	nau³¹ mɛ³²³；ti³¹ mi³²³ si³³	A	A	A	A
拳头	la⁵³/⁴⁴ ku⁵⁵ tsɿ⁵⁵	A	A	A	A
彝族	na⁵³/⁴⁴ pha³¹	A	A	A	A
结巴	tsɤ²⁴ tsɿ³²³ ta⁵³/⁴⁴ la²⁴	A	A	A	A
绵羊	tshɿ⁵³	A	A	A	A

鸡冠	$\gamma a^{53/44} tso^{24}$	D	B	A	A
燕子	$ts\gamma^{35} li^{35} kua^{35} la^{35}$	A	A	A	A
鹦鹉	$z\varepsilon^{33} ku^{33} ; z\varepsilon^{33} ku\dcancel^{33}$	C	A	C	A
四脚蛇	$z\gamma^{24} la^{53/44} ts\gamma^{24}$	A	A	D	A
乌龟	$vu^{33} kui^{33}$	A	A	A	A
鳝鱼	$\eta a^{31} ts\gamma^{323}$	A	A	A	A
树梢	$s\gamma^{35} t\varepsilon\varepsilon^{33} t\varepsilon\varepsilon^{33}$	C	A	B	A
石榴	$tsha^{53/44} \eta o^{24}$	C	A	B	A
白菜	$o^{31} tsh\gamma^{33}$	A	A	A	A
青菜	$o^{31} na^{53}$	C	A	A	A
花生	$li^{31} ti^{35} so^{33}$	C	A	A	A
扁豆	$no^{53/44} pa^{31}$	C	A	A	A
稗子	$z\gamma^{24} z\gamma^{24}$	A	A	A	A
青苔	$zi^{323} n\gamma^{33} tsh\gamma^{31}$	C	C	A	A
花椒	tse^{53}	A	A	A	A
开水	$sa^{35} zi^{323}$	A	A	A	A
衣襟	$tho^{33} la^{24} ta^{323}$	D	A	B	A
衣袖	$la^{53/44} ts\gamma^{31}$	A	A	A	A
扣子	$tho^{33} tso^{53/44} ma^{33}$	A	A	A	A
裤腿	$la^{55} ku^{55} ; la^{55} ku^{55} ku^{55}$	A	A	A	A
篦子	$o^{31} pi\varepsilon^{55} ts\gamma^{53}$	A	A	A	A
手镯	$la^{53/44} ts\gamma^{24}$	A	B	A	A
背带	$zi^{33} po^{53/44} pu^{31} tsa^{33}$	A	A	A	A
蓑衣	$t\varepsilon i^{323}$	D	A	A	A
被子	$zi^{33} po^{53}$	A	A	A	A
门槛	$ka^{323} po^{24} ts\gamma^{323}$	A	A	A	A
菜园	$o^{31} l\gamma^{24}$	A	A	B	A
秤	$tsh\varepsilon^{35}$	A	A	A	A
锁	tso^{53}	A	A	A	A
钥匙	$tso^{53/44} po^{24}$	A	A	A	A
斧头	$no^{53/44} tsi^{53}$	A	A	A	A
刨子	$s\gamma^{35} ts\gamma^{53}$	C	A	A	A
麻袋	$kh\gamma^{31} t\varepsilon^{35}$	C	C	D	A
臼	$tsha^{31} phi^{31}$	A	A	A	A
杵	$tsha^{31} phi^{31} pa^{35}$	A	A	A	A
碾子	$tsh\varepsilon^{33} ni^{31} la^{24}$	A	A	A	A
柴刀	$kha^{31} tau^{33}$	A	A	A	A
谜语	$mi^{24} ta^{33}$	A	A	A	A
锣	la^{323}	D	C	A	A
喇叭	$li^{55} l\gamma^{33}$	A	C	A	A
菩萨	$zi^{323} sa^{33} mo^{31}$	C	B	A	A
力气	γa^{31}	A	A	A	A
裂缝	fo^{35}	C	A	A	A

左	la$^{53/44}$ vɤ^{55} pha^{55}	A	A	A	A
右	la$^{53/44}$ tɕho^{31} pha^{55}	A	A	A	A
前年	sʅ^{35} ŋ^{35} tha^{33}	A	A	A	A
新年	kho$^{53/44}$ sʅ^{35}	A	A	A	A
别人	ŋ^{24} tɕa^{33} ʐo^{35}	A	A	A	A
小	niɛ^{24}	A	A	A	A
远	zʅ^{31}	A	A	A	A
近	nɤ^{31}	A	A	A	A
厚	tshʅ^{33} pɛ^{31}	A	A	A	A
满	tɕɛ^{33}	A	A	A	A
瘪	phiɛ^{31}	A	A	A	A
扁	pa^{31}	A	A	A	A
横	vɤ^{24}	A	A	A	A
瘦	tɕa^{33}	A	A	A	A
密	tsʅ^{53}	A	A	A	A
软	xo^{31}	A	A	A	A
牢固	khuɤ^{33}	C	B	A	A
冷	tɕa^{53}	A	A	A	A
臭	tshʅ^{31}	A	A	A	A
涩	sɛ^{24}	A	A	A	A
富	sa^{33}	A	A	A	A
穷	sa^{55}	A	A	A	A
剥	phɤ^{55}	A	A	A	A
编（篮子）	ɤa^{53}	A	A	A	A
蹭	tɕha^{55}	A	A	B	A
缠（线）	la^{53}	C	A	A	A
沉	ni^{53}	A	A	A	A
穿（针）	sɤ^{33}	A	A	A	A
喘	tshuɤ^{31}	A	A	A	A
搓（绳子）	vɤ^{53}	A	A	A	A
打（喷嚏）	m^{53}	A	A	A	A
点（火）	tsha^{35}	A	A	A	A
吊	ke^{33} koa^{35}	C	A	A	A
堵塞	tshʅ^{31}	A	A	A	A
发酵	pu^{55}	C	A	A	A
割（草）	zi^{53}	A	A	A	A
浸泡	ke^{33} tsʅ^{35}	A	A	A	A
锯	ɤɯ^{323}	A	A	A	A
啃	tɕhi^{53}	A	A	A	A
聊天	khua^{33} ɕɛ^{323}	A	A	A	A
擦	ma^{53}	A	A	A	A
磨（面）	tshʅ^{55}	A	A	A	A
劁（猪）	sɛ^{35}	D	A	A	A
撕	tsʅ^{35}	A	A	A	A

四 喀卓语语法测试句

一、被测试人基本情况：

赵志超,8岁半,小学二年级,下村人。父母都是蒙古族,第一语言是汉语,父母之间使用喀卓语。

赵双蓉,10岁,小学三年级,交椅湾人。父母都是蒙古族,第一语言是汉语,三四岁学会喀卓语。父母之间使用喀卓语,父母和子女之间使用双语。

赵超,13岁,小学六年级,交椅湾人。父母都是蒙古族,父母间使用喀卓语,第一语言是汉语,5岁开始说喀卓语。

王聪,14岁,初中一年级,桃家嘴人。父母都是蒙古族,家庭内部用双语,父母之间用喀卓语。先学会汉语,三四岁与朋友玩时学会喀卓语。母亲跟他说喀卓语,父亲说汉语。

赵翠芳,15岁半,初中二年级,桃家嘴人。父母都是蒙古族,父母之间使用喀卓语,第一语言是汉语,家庭内部使用喀卓语。

官云峰,15岁,初中二年级,桃家嘴人。父母都是蒙古族,家庭内部使用喀卓语,第一语言是喀卓语。

二、测试例句

1. $ne^{33}zi^{323}\eta a^{33}to^{33}zi^{323}$. 你去我也去。

    你 去 我 也 去

    (测试点:紧缩复句、连词"也")

赵志超:$ne^{33}zi^{323}\eta a^{33}to^{33}zi^{323}$. (√)

赵双蓉:$ne^{33}zi^{323}\eta a^{33}to^{33}zi^{323}$. (√)

赵超:$ne^{33}lu^{33}zi^{323},\eta a^{33}lu^{33}zi^{323}$. (你也去我也去。)

    (句式受汉语影响。"也"lu^{33}为语言地域差异。)

王聪:$ne^{33}zi^{323}\eta a^{33}lo^{33}zi^{323}$. ("也"$lo^{33}$是语言地域差异。) (√)

赵翠芳:$ne^{33}zi^{323}\eta a^{33}zi^{323}za^{33}$. (你去我去。)

官云峰:$ne^{33}zi^{323}\eta a^{33}to^{33}zi^{323}$. (√)

2. $m^{31}ma^{24}xa^{33}ni^{31}$ $\eta a^{33}t\varepsilon o^{35}ma^{31}zi^{323}$ wa^{33}. 下雨的话我就不去了。

    雨 下 (话助) 我 就 不 去 (语助)

（测试点：假设复句，话题助词 ni^{31}）

赵志超：m^{31}ma^{24}xa^{33}**ni^{31}**ŋa^{33}ma^{31}ʑi^{323}wa^{33}.（下雨的话我不去。）

赵双蓉：m^{31}ma^{24}xa^{33}tɤ^{33}wa^{33}ŋa^{33}tɕo^{35}ma^{31}ʑi^{323}wa^{33}.（下雨了，我就不去了。无话题助词）

赵超：m^{31}ma^{24}xa^{33}tɤ^{33}wa^{33}ŋa^{33}tɕo^{35}ma^{31}ʑi^{323}wa^{33}.（下雨了，我就不去了。无话题助词）

王聪：m^{31}ma^{24}xa^{33}ŋa^{33}tɕo^{35}ma^{31}ʑi^{323}wa^{33}.（下雨我就不去。无话题助词，句式同汉语）

赵翠芳：m^{31}ma^{24}xa^{33}**ni^{31}**ŋa^{33}tɕo^{35}ma^{31}ʑi^{323}wa^{33}.（√）

官云峰：m^{31}ma^{24}xa^{33}**ni^{31}**ŋa^{33}tɕo^{35}ma^{31}ʑi^{323}wa^{33}.（√）

3. nɛ^{33}tsa^{31}**po^{53}po^{53}** **wa^{31}**？你吃饱了吗？

　　你　吃　饱　饱　（语助）

　　（测试点：一般疑问句，形容词重叠表疑问）

赵志超：nɛ^{33}tsa^{31}po^{53}wa^{31}sa^{44}？（你吃饱了？）

赵双蓉：nɛ^{33}tsa^{31}po^{53}wa^{31}sa^{44}？（你吃饱了？）

赵超：nɛ^{33}tsa^{31}**po^{53}po^{53}**wa^{31}？（√）

王聪：nɛ^{33}tsa^{31}**po^{53}po^{53}**wa^{31}？（√）

赵翠芳：nɛ^{33}tsa^{31}**po^{53}po^{53}**wa^{31}？（√）

官云峰：nɛ^{33}tsa^{31}po^{53}wa^{31}sa^{44}？（你吃饱了？）

4. ŋa^{33}**kɛ^{33}**ʑi^{33}**kɛ^{33}**tɛ^{31}thɛ^{323}ʑi^{323}.我和他一起去。

　　我　和　他　和　一起　去

　　（测试点：连词 kɛ^{33} 及其在句中的位置）

赵志超：ŋa^{33}ʑi^{33}<u>tɕa^{33}mɛ^{33}</u>tɛ^{31}thɛ^{323}ʑi^{323}.（连词不同）

赵双蓉：ŋa^{33}ʑi^{33}<u>tɕa^{33}mɛ^{33}</u>tɛ^{31}thɛ^{323}ʑi^{323}.（连词不同）

赵超：ŋa^{33}ʑi^{33}<u>tɕa^{33}mɛ^{33}</u>ʑi^{323}wa^{33}.（我跟他去了。连词不同，语义不够准确）

王聪：ŋa^{33}ʑi^{33}<u>tɕa^{33}mɛ^{33}</u>ta^{55}xo^{323}ʑi^{323}.（我跟他一起去。连词不同，副词用汉语借词）

赵翠芳：ŋa^{33}**kɛ^{33}**ʑi^{33}**kɛ^{33}**tɛ^{31}thɛ^{323}ʑi^{323}<u>ŋɛ^{33}</u>.（我是和他一起去。）

官云峰：ŋa^{33}**kɛ^{33}**ʑi^{33}**kɛ^{33}**tɛ^{31}thɛ^{323}ʑi^{323}.（√）

5. ŋa^{33}sɛ^{44}ko^{33}ŋa^{33}**la^{33}**mu^{24}.哥哥比我高。

　　我　家哥　我　比较标记　高

　　（测试点：差比句、基准后的比较标记 la^{33}）

赵志超、赵双蓉、赵超：ŋa^{33}sɛ^{44}ko^{33}ŋa^{33}**la^{33}**mu^{24}.（√）

王聪：ŋa^{33}ko^{33}ŋa^{33}**la^{33}**tɛ^{31}ti^{53}mu^{24}ʑa^{33}.（哥哥"ŋa^{33}ko^{33}"用错，受汉语影响"我哥"）

赵翠芳：ŋa^{33}sɛ^{44}ko^{33}ŋa^{33}**la^{33}**mu^{24}.（√）

官云峰：ko³³ ko³³ ŋa³³ la³³ ti⁵³ mu²⁴．（"哥哥"后面少类别词 ʐo³⁵"个"）

6．ʑi³³ ma³¹ li³²³ pa⁵⁵ sa³⁵ wa³³．他可能不来了。

　　他　不　来　　可能

（测试点：情态范畴）

赵志超：ʑi³³ li³²³ mɤ³⁵ ma³¹ ta³¹ wa³²³．（他可能忙不能来了。和当地汉语方言句法类似）

赵双蓉：ʑi³³ li³²³ mɤ³⁵ ma³¹ ta³¹ wa³²³．（他可能忙不能来了。同上）

赵超：ʑi³³ ma³¹ li³²³ pa⁵⁵ sa³⁵ wa³³．（✓）

王聪：ʑi³³ tɛ³¹ xui³²³ xui³²³ li³²³ mɤ³⁵ ma³¹ ta³²³ wa³³．（他有时候忙不能来。）

赵翠芳：ʑi³³ ma³¹ li³²³ pa⁵⁵ sa³⁵ wa³³．（✓）

官云峰：ʑi³³ **kho³¹ nɛ³²³** ma³¹ li³²³ wa³³．（表情态的副词借汉语"可能"）

7．ŋa³³ sɛ⁴⁴ mo³³ ŋa³³ la³³ ta⁵⁵ tshɛ³³ tshɿ³³ vɤ³²³ ʑi³²³ mo⁵⁵．妈妈让我去买米。

　　我 家 妈 我　 自己　 米　买 去 让

（测试点：兼语句）

赵志超：ŋa³³ sɛ⁴⁴ mo³³ ŋa³³ tɛ³¹ tɤ³³ tshɛ³³ tshɿ³³ vɤ³²³ ʑi³²³．（妈妈我买米。少动词"让"）

赵双蓉：ŋa³³ sɛ⁴⁴ mo³³ ɳa³¹ sɛ⁴⁴ tshɛ³³ tshɿ³³ vɤ³²³ ʑi³²³ mo⁵⁵．（妈妈说去买米。动词用错）

赵超：ŋa³³ sɛ⁴⁴ mo³³ ɳa³¹ sɛ⁴⁴ tshɛ³³ tshɿ³³ vɤ³²³ ʑi³²³ mo⁵⁵ pa⁵⁵ ŋ³²³ tsɛ³¹．（妈妈说去买米。）

王聪：ŋa³³ sɛ⁴⁴ mo³³ ŋa³³ ta⁵⁵ tshɛ³³ tshɿ³³ vɤ³³ ʑi³²³．（妈妈说去买米。少动词"让"）

赵翠芳：ŋa³³ sɛ⁴⁴ mo³³ ŋa³³ la³³ ta⁵⁵ tshɛ³³ tshɿ³³ vɤ³²³ ʑi³²³ mo⁵⁵．（✓）

官云峰：ŋa³³ sɛ⁴⁴ mo³³ ŋa³³ la³³ ta⁵⁵ tshɛ³³ tshɿ³³ vɤ³²³ ʑi³²³ mo⁵⁵．（✓）

8．ŋa³³ tshɤ³¹ **ni³¹** tɛ³¹ ko⁵⁵ tɤ³³ kha⁵⁵ tso³¹ ma³³／pha³¹ ko⁵⁵ ŋɛ³³．我们都是喀卓人。

　　我们 话题助词 一 些 都 喀 卓 女 人 男 人 些 是

（测试点：话题助词、副词"都"、判断词）

赵志超：ŋa³³ tshɤ³¹ tɛ³¹ ko⁵⁵ lɤ³³ kha⁵⁵ tso³¹ pha³¹ ko⁵⁵．（无话题助词 ni³¹）

赵双蓉：ŋa³³ tshɤ³¹ tɛ³¹ ko⁵⁵ kha⁵⁵ tso³¹ pha³³．（无话题助词 ni³¹）

赵超：ŋa³³ tshɤ³¹ tɛ³¹ ko⁵⁵ tɤ³³ kha⁵⁵ tso³¹ pu³²³ ko⁵⁵ ŋɛ³³．（我们都是喀卓的。无话题助词 ni³¹）

王聪：ŋa³³ tshɤ³¹ tɛ³¹ ko⁵⁵ tɤ³³ kha⁵⁵ tso³¹ pha³¹ ŋ³³ ɳa³³．（无话题助词 ni³¹、少 ko⁵⁵）

赵翠芳：ŋa³³ tshɤ³¹ tɛ³¹ ko⁵⁵ tɤ³³ kha⁵⁵ tso³¹ pha³¹ ŋ³³ ɳa³³．（无话题助词 ni³¹、少 ko⁵⁵）

官云峰：ŋa³³ tshɤ³¹ tɛ³¹ ko⁵⁵ tɤ³³ sɿ³⁵ kha⁵⁵ tso³¹ zen³⁵（句式杂糅，一半汉语一半喀卓语）

9．ʑi³³ ŋa³³ su⁵⁵ pɛ³¹ tɛ³¹ pɛ³¹ kɯ³¹．他给我一本书。

　　他 我 书 本 一 本 给

（测试点：双宾句）

赵志超：$\text{zi}^{33}\,\eta\text{a}^{33}\,\text{su}^{55}\,\text{p}\varepsilon^{31}\,\text{t}\varepsilon^{31}\,\text{p}\varepsilon^{31}\,\text{kw}^{31}$.（√）

赵双蓉：$\text{zi}^{33}\,\eta\text{a}^{33}\,\text{su}^{55}\,\text{p}\varepsilon^{31}\,\text{t}\varepsilon^{31}\,\text{p}\varepsilon^{31}\,\text{kw}^{31}$.（√）

赵超：$\text{zi}^{33}\,\text{k}\varepsilon^{33}\,\text{su}^{55}\,\text{p}\varepsilon^{31}\,\text{t}\varepsilon^{31}\,\text{p}\varepsilon^{31}\,\text{kw}^{31}$.（他给了一本书。缺少间接宾语）

王聪：$\text{zi}^{33}\,\text{su}^{55}\,\text{t}\varepsilon^{31}\,\text{p}\varepsilon^{31}\,\eta\text{a}^{33}\,\text{kw}^{31}\,\eta\text{e}^{33}$.（√）

赵翠芳：$\text{zi}^{33}\,\text{su}^{55}\,\text{t}\varepsilon^{31}\,\text{p}\varepsilon^{31}\,\eta\text{a}^{33}\,\text{kw}^{31}$.（√）

官云峰：$\text{zi}^{33}\,\eta\text{a}^{33}\,\text{su}^{55}\,\text{p}\varepsilon^{31}\,\text{t}\varepsilon^{31}\,\text{p}\varepsilon^{31}\,\text{kw}^{31}$.（√）

10. $\eta\text{a}^{33}\,\textbf{t}\textbf{ɕ}\textbf{o}^{\textbf{53}}\,\text{th}\varepsilon^{323}\,\text{za}^{33}$. 我很害怕。

我 害怕 很 语气助词

（测试点：自动词 tɕo^{53}）

赵志超：$\eta\text{a}^{33}\,\text{m}\varepsilon^{44}\,\textbf{t}\textbf{ɕ}\textbf{o}^{\textbf{53}}\,\text{za}^{33}$.

赵双蓉：$\eta\text{a}^{33}\,\text{m}\varepsilon^{44}\,\textbf{t}\textbf{ɕ}\textbf{o}^{\textbf{53}}\,\text{za}^{33}$.

赵超：$\eta\text{a}^{33}\,\textbf{t}\textbf{ɕ}\textbf{o}^{\textbf{53}}\,\text{za}^{33}$.（我害怕。）

王聪：$\eta\text{a}^{33}\,\text{m}\varepsilon^{44}\,\textbf{t}\textbf{ɕ}\textbf{o}^{\textbf{53}}\,\text{za}^{33}$.

赵翠芳：$\eta\text{a}^{33}\,\text{m}\varepsilon^{44}\,\textbf{t}\textbf{ɕ}\textbf{o}^{\textbf{53}}\,\text{za}^{33}$.

官云峰：$\eta\text{a}^{33}\,\textbf{t}\textbf{ɕ}\textbf{o}^{\textbf{53}}\,\text{th}\varepsilon^{323}\,\text{za}^{33}$.

11. $\eta\text{a}^{33}\,\text{zi}^{33}\,\text{t}\varepsilon^{31}\,\text{th}\gamma^{55}\,\textbf{t}\textbf{ɕ}\textbf{o}^{\textbf{35}}$. 我吓唬他一下。

我 他 一 下 吓

（测试点：使动词 tɕo^{35}）

赵志超：$\eta\text{a}^{33}\,\text{zi}^{33}\,\textbf{t}\textbf{ɕ}\textbf{o}^{\textbf{35}}\,\text{t}\varepsilon^{31}\,\text{th}\gamma^{55}$.（我吓到他了。）

赵双蓉：$\eta\text{a}^{33}\,\text{m}\varepsilon^{44}\,\textbf{t}\textbf{ɕ}\textbf{o}^{\textbf{35}}\,\text{za}^{33}$.（√）

赵超：$\eta\text{a}^{33}\,\text{zi}^{33}\,\textbf{t}\textbf{ɕ}\textbf{o}^{\textbf{35}}$.（我吓他。）

王聪：$\eta\text{a}^{33}\,\text{tɕi}^{55}\,\text{ni}^{33}\,\text{zi}^{33}\,\text{t}\varepsilon^{31}\,\text{th}\gamma^{55}\,\textbf{t}\textbf{ɕ}\textbf{o}^{\textbf{35}}\,\text{ne}^{33}$.（我去吓他一下。）

赵翠芳：$\eta\text{a}^{33}\,\text{zi}^{33}\,\text{t}\varepsilon^{31}\,\text{th}\gamma^{55}\,\textbf{t}\textbf{ɕ}\textbf{o}^{\textbf{35}}\,\text{ts}\gamma^{31}$.（我吓着他一下。）

官云峰：$\eta\text{a}^{33}\,\text{zi}^{33}\,\text{t}\varepsilon^{31}\,\text{th}\gamma^{55}\,\textbf{t}\textbf{ɕ}\textbf{o}^{\textbf{35}}$.（√）

12. $\text{a}^{33}\,\eta^{323}\,\textbf{k}\textbf{e}^{\textbf{33}}\,\text{zi}^{31}\,\eta^{323}\,\text{tsh}\eta^{33}$, $\text{zi}^{33}\,\text{tsa}^{323}\,\text{to}^{33}\,\text{ma}^{31}\,\text{tsa}^{31}\,\text{la}^{31}$. 从昨天到今天，他都没吃饭。

昨天 到 今 天 他 饭 也 没 吃 （语助）

（测试点：介词结构）

赵志超：$\text{a}^{33}\,\eta^{323}\,\textbf{k}\varepsilon^{\textbf{33}}\,\text{zi}^{31}\,\eta^{323}\,\textbf{k}\varepsilon^{\textbf{33}}$, $\text{zi}^{33}\,\text{to}^{33}\,\text{tsa}^{323}\,\text{ma}^{31}\,\text{tsa}^{31}$.（√）

赵超：$\text{a}^{33}\,\eta^{323}\,\textbf{k}\varepsilon^{\textbf{33}}\,\text{zi}^{31}\,\eta^{323}\,\textbf{k}\varepsilon^{\textbf{33}}$, $\text{zi}^{33}\,\underline{\text{x}\varepsilon^{55}}\,\text{tsa}^{323}\,\text{ma}^{31}\,\text{tsa}^{31}\,\text{la}^{31}\,\text{s}\varepsilon^{31}$.（昨天和今天他还没有吃饭。副词用错）

赵双蓉：a^{33} ŋ^{323} kɛ^{33} ʑi^{31} ŋ^{323} kɛ^{33}，ʑi^{33} tsa^{323} ma^{31} tsa^{31} wa^{31}．（今天和昨天他都没吃。语气词用错）

王聪：a^{33} ŋ^{323} kɛ^{33} ʑi^{31} ŋ^{323} tshʅ^{33}，ʑi^{33} tsa^{323} ma^{31} tsa^{31} la^{31}．（√）

赵翠芳：a^{33} ŋ^{323} kɛ^{33} ʑi^{31} ŋ^{323} tshʅ^{33}，ʑi^{33} tsa^{323} ma^{31} tsa^{31}．（√）

官云峰：a^{33} ŋ^{323} kɛ^{33} ʑi^{31} ŋ^{323} tshʅ^{33}，ʑi^{33} tsa^{323} ma^{31} tsa^{31}．（√）

13. ŋa^{33} na^{323} la^{35} wa^{33}，za^{53} ni^{31} ma^{31} ʑi^{323} la^{31}．因为生病了，所以我没去。

　　我　病　　　了　　所以　没　去　了

　　（测试点：因果复句）

赵志超：ŋa^{33} na^{323} ni^{31} ma^{31} ʑi^{323} ŋɛ^{33}．（我病了没去。）

赵双蓉：ŋa^{33} tsʅ^{31} ka^{55} na^{323} ni^{31} ma^{31} ʑi^{323}．（我感冒的话不去。）

赵超：ŋa^{33} na^{323} lɤ^{33} wa^{33}，ŋa^{33} tɕo^{35} ma^{31} ʑi^{323} wa^{33}．（我病了，我就不去了。句尾借用汉语"了"）

赵翠芳：ŋa^{33} na^{323} ni^{31} ŋa^{33} ma^{31} ʑi^{323} la^{31} wa^{323}．（我病的话，我没有去。）

王聪：ŋa^{33} tsʅ^{31} ka^{55} na^{323} ni^{31}，ŋa^{33} ma^{31} ʑi^{323} la^{31} wa^{323}．（两个单句。我感冒的话，我没有去。）

官云峰：ʑi^{33} vi^{35} ŋa^{33} na^{323} wa^{33}，so^{31} ʑi^{31} ma^{31} ʑi^{323}．（借用汉语"因为……所以"）

14. na^{24} tsɤ^{31} sɛ^{44} ʑi^{33} sɛ^{44} pa^{31} kɯ^{33} li^{33} wa^{33}．听说他爸爸回来了。

　　听　　说　他　家　爸　回来　了

　　（测试点：非亲见）

赵志超：na^{24} tɕa^{31} ʑi^{33} sɛ^{44} pa^{31} pa^{31} kɯ^{33} li^{33} wa^{33}．（听说他爸爸回来了。）

赵双蓉：ŋa^{33} na^{24} tɕa^{31} ʑi^{33} sɛ^{44} pa^{31} pa^{31} kɯ^{33} li^{33} wa^{33}．（我听说他爸爸回来了。）

赵超：sɛ^{44} kɛ^{33} ɳa^{31} sɛ^{44} ʑi^{33} sɛ^{44} pa^{31} kɯ^{33} li^{33} wa^{33}．（别人说他爸爸回来了。）

王聪：na^{24} tɕa^{31} sɛ^{44} ʑi^{33} sɛ^{44} pa^{31} kɯ^{33} li^{33} wa^{33}．（听说他爸爸回来了。"说"用汉语借词"讲"）

赵翠芳：na^{24} tɕa^{31} sɛ^{44} ʑi^{33} pu^{323} pa^{31} pa^{31} kɯ^{33} li^{33} wa^{33}．（听说他的爸爸回来了。"爸爸"少量词 zo^{35}）

官云峰：ʑi^{33} tshɤ^{31} kɛ^{33} ɳa^{31} sɛ^{44} ʑi^{33} sɛ^{44} pa^{31} kɯ^{33} li^{323} wa^{33} tsɛ^{31}．（他们说我家爸回来了。）

15. ʑi^{33} phi^{323} ta^{31} tsa^{33} kɛ^{33} sʅ^{35} tsɤ^{323} tsi^{53}．他用刀砍树。

　　他　刀子　　把　用　树　棵　砍

　　（测试点：工具助词）

赵志超：ʑi^{33} kɛ^{33} phi^{323} ta^{31} tsa^{33} kɛ^{33} sʅ^{35} tsɤ^{323} tsi^{53}．

　　（他用刀砍树。作为助词的 kɛ^{33} 与连词 kɛ^{33} 用法相混）

赵双蓉：ʑi^{33} phi^{323} ta^{31} tsa^{33} kɛ^{33} sʅ^{35} tsɤ^{323} tsi^{53}．（√）

赵超：ʑi^{33} kɛ^{33} phi^{323} ta^{31} tsa^{33} kɛ^{33} sʅ^{35} tsɤ^{323} tsi^{53}．（他用刀砍树。同上）

赵翠芳：ʑi^{33} phi^{323} ta^{31} tsa^{33} kɛ^{33} sʅ^{35} tsɤ^{323} tsi^{53}．（√）

王聪：ʑi³³ phi³²³ ta³¹ tsa³³ kɛ³³ sʅ³⁵ tsɤ³²³ tsi⁵³ .（√）

官云峰：ʑi³³ phi³²³ ta³¹ tsa³³ mo³³ tɤ³³ sʅ³⁵ tsi⁵³ tsɤ³²³ ŋe³³ .（他要刀在砍柴。）

五 村寨户数信息表

兴蒙四组（下村）与兴蒙五组（交椅湾）的所有全组户数信息已经分别在正文第二、三章中出现，由于受篇幅的限制，我们随机选取了兴蒙乡其他四个村民小组每组 20 户，将其家庭内部语言使用情况调查表分列如下：

（一）兴蒙一组（中村）家庭内部语言使用情况

序号	家庭关系	姓名	出生年月①	民族	文化程度	第一语言及水平	第二语言及水平	备注
5	户主	王吉学	73/05	蒙古	初中	喀卓语熟练	汉语熟练	
	配偶	詹丽芝	72/06	汉	初中	汉语熟练	喀卓语熟练	
	长子	王坤	98/05	蒙古	小学	汉语熟练	喀卓语熟练	
	长女	王瑶	03/06	蒙古		汉语熟练	喀卓语熟练	
6	户主	王立锁	66/12	蒙古	初中	喀卓语熟练	汉语熟练	
	配偶	王文仙	67/01	蒙古	小学	喀卓语熟练	汉语熟练	
	长子	王敏	90/01	蒙古	高中	汉语熟练	喀卓语熟练	
	次子	王招	94/11	蒙古	初中	汉语熟练	喀卓语熟练	
7	户主	杨照开	42/01	蒙古	初中	喀卓语熟练	汉语熟练	
	配偶	王景英	47/09	蒙古	小学	喀卓语熟练	汉语熟练	
8	户主	杨志团	78/05	蒙古	初中	喀卓语熟练	汉语熟练	
	配偶	王维丽	75/11	蒙古	初中	喀卓语熟练	汉语熟练	
	长女	杨丰年	01/11	蒙古		汉语熟练	喀卓语熟练	
	次女	杨丽芬	07/06	蒙古				
9	户主	杨翠华	67/04	蒙古	初中	喀卓语熟练	汉语熟练	
	配偶	王金芬	69/09	蒙古	小学	喀卓语熟练	汉语熟练	
	长子	杨秋	89/08	蒙古	高中	汉语熟练	喀卓语熟练	
	长女	杨帆	92/02	蒙古	初中	汉语熟练	喀卓语熟练	
10	户主	王进来	37/11	蒙古	小学	喀卓语熟练	汉语熟练	
	配偶	王玉芬	37/03	蒙古	文盲	喀卓语熟练	汉语熟练	
25	户主	王贵昌	30/09	蒙古	小学	喀卓语熟练	汉语熟练	
	配偶	期桂芬	34/02	蒙古	文盲	喀卓语熟练	汉语熟练	

---

① 由于 6 岁以下儿童（0—5）的语言能力不甚稳定，所以本书在统计数据时，把调查对象的年龄划定在 6 岁（含 6 岁）之上。但为了保持各村民小组信息的完整性，在逐一列出各村民小组每户家庭的语言使用情况时，也包括了 0—5 岁的儿童的基本信息。

26	户主	王子生	70/06	蒙古	初中	喀卓语熟练	汉语熟练	
	配偶	兰开艳	73/05	蒙古	初中	喀卓语熟练	汉语熟练	
	长女	王黎明	93/11	蒙古	初中	汉语熟练	喀卓语熟练	
	长子	王秋雨	99/08	蒙古	小学	汉语熟练	喀卓语熟练	
27	户主	王子利	74/06	蒙古	初中	喀卓语熟练	汉语熟练	
	配偶	们利琼	76/12	汉	初中	汉语熟练	喀卓语熟练	
	长女	王梦亭	99/08	蒙古	小学	汉语熟练	喀卓语熟练	
28	户主	王秀珍	33/08	蒙古	文盲	喀卓语熟练	汉语熟练	
	次子	王红生	70/12	蒙古	小学	喀卓语熟练	汉语熟练	
	次媳	普利英	74/02	蒙古	小学	喀卓语熟练	汉语熟练	
	长孙女	王夏颖	94/06	蒙古	小学	汉语熟练	喀卓语熟练	
29	户主	官学运	63/09	蒙古	初中	喀卓语熟练	汉语熟练	
	配偶	旃乔芬	64/01	蒙古	初中	喀卓语熟练	汉语熟练	
	长子	官敏	89/02	蒙古	高中	汉语熟练	喀卓语熟练	
	次子	官荣	91/03	蒙古	初中	汉语熟练	喀卓语熟练	
30	户主	普文学	50/08	蒙古	文盲	喀卓语熟练	汉语熟练	
	配偶	杨富仙	54/09	蒙古	文盲	喀卓语熟练	汉语熟练	
	次子	普应福	83/06	蒙古	小学	喀卓语熟练	汉语熟练	
90	户主	王吉弟	78/08	蒙古	小学	喀卓语熟练	汉语熟练	
	配偶	李小梅	79/07	彝	小学	彝语熟练	汉语熟练	喀卓语略懂
	长子	王文耀	01/08	蒙古		汉语熟练	喀卓语熟练	
91	户主	周云芬	33/04	蒙古	文盲	喀卓语熟练	汉语熟练	
92	户主	王粉存	68/07	蒙古	小学	喀卓语熟练	汉语熟练	
	配偶	陈帮亲	73/10	汉	初中	汉语熟练	喀卓语熟练	
	长女	王陈雪	93/12	蒙古	初中	汉语熟练	喀卓语熟练	
	次女	王陈洁	93/12	蒙古	初中	汉语熟练	喀卓语熟练	
93	户主	王学清	70/03	蒙古	小学	喀卓语熟练	汉语熟练	
	配偶	招文丽	71/12	蒙古	小学	喀卓语熟练	汉语熟练	
	长女	王琼	97/07	蒙古	小学	汉语熟练	喀卓语熟练	
94	户主	王学运	63/06	蒙古	小学	喀卓语熟练	汉语熟练	
	配偶	官进英	63/12	蒙古	小学	喀卓语熟练	汉语熟练	
	长女	王春霞	87/10	蒙古	中专	汉语熟练	喀卓语熟练	
	次女	王芳霞	90/07	蒙古	高中	汉语熟练	喀卓语熟练	
	长子	王宏伟	92/10	蒙古	初中	汉语熟练	喀卓语熟练	
200	户主	王玉峰	73/10	蒙古	小学	喀卓语熟练	汉语熟练	
	配偶	马碧琼	70/07	回	初中	汉语熟练	喀卓语略懂	
	长子	王凯进	97/06	蒙古	小学	汉语熟练	喀卓语熟练	
	长女	王凯莹	03/06	蒙古		汉语熟练	喀卓语熟练	
201	户主	王玉明	67/03	蒙古	小学	喀卓语熟练	汉语熟练	
	配偶	张玉芬	65/06	蒙古	初中	喀卓语熟练	汉语熟练	
	长子	王娟	89/07	蒙古	高中	汉语熟练	喀卓语熟练	
	长女	王宏	93/12	蒙古	小学	汉语熟练	喀卓语熟练	
202	户主	王玉团	69/11	蒙古	小学	喀卓语熟练	汉语熟练	
	配偶	赵爱仙	70/08	蒙古	初中	喀卓语熟练	汉语熟练	
	长女	王梦洁	92/11	蒙古	初中	汉语熟练	喀卓语熟练	
	长子	王杰强	98/09	蒙古	小学	汉语熟练	喀卓语熟练	

序号	家庭关系	姓　名	出生年月	民族	文化程度	第一语言及水平	第二语言及水平	备　注
203	户主	官所发	49/04	蒙古	小学	喀卓语熟练	汉语熟练	
	配偶	杨立英	51/02	蒙古	文盲	喀卓语熟练	汉语熟练	
	长子	官美祥	83/11	蒙古	初中	喀卓语熟练	汉语熟练	
	长媳	杨丽珍	82/03	蒙古	初中	喀卓语熟练	汉语熟练	
	长孙女	官亚玲	06/11	蒙古				
204	户主	官立锁	63/10	蒙古	初中	喀卓语熟练	汉语熟练	
	配偶	杨禹英	64/07	蒙古	初中	喀卓语熟练	汉语熟练	
	长子	官鼎富	86/08	蒙古	高中	喀卓语熟练	汉语熟练	
	次子	官鼎盛	88/10	蒙古	高中	喀卓语熟练	汉语熟练	

（二）兴蒙二组（白阁）家庭内部语言使用情况

序号	家庭关系	姓　名	出生年月	民族	文化程度	第一语言及水平	第二语言及水平	备　注
11	户主	赵东明	78/11	蒙古	初中	喀卓语熟练	汉语熟练	
	配偶	王云芬	78/03	蒙古	初中	喀卓语熟练	汉语熟练	
	长女	赵紫琪	01/08	蒙古	小学	汉语熟练	喀卓语熟练	
12	户主	赵立才	65/04	蒙古	小学	喀卓语熟练	汉语熟练	
	配偶	赵存仙	63/09	蒙古	初中	喀卓语熟练	汉语熟练	
	长子	赵秋月	87/10	蒙古	初中	喀卓语熟练	汉语熟练	
	长女	赵秋杰	88/11	蒙古	小学	喀卓语熟练	汉语熟练	
13	户主	赵汝富	46/12	蒙古	小学	喀卓语熟练	汉语熟练	
	配偶	赵荣芬	52/06	蒙古	文盲	喀卓语熟练	汉语熟练	
14	户主	赵进荣	72/05	蒙古	小学	喀卓语熟练	汉语熟练	
	配偶	杨郭青	75/01	蒙古	小学	喀卓语熟练	汉语熟练	
	长女	赵芳	95/06	蒙古	小学	汉语熟练	喀卓语熟练	
	次女	赵莲	00/03	蒙古		汉语熟练	喀卓语熟练	
15	户主	赵进海	76/02	蒙古	小学	喀卓语熟练	汉语熟练	
	配偶	奎润萍	79/11	蒙古	初中	喀卓语熟练	汉语熟练	
	长子	赵瑶斌	01/11	蒙古		汉语熟练	喀卓语熟练	
122	户主	赵智刚	62/02	蒙古	初中	喀卓语熟练	汉语熟练	
	配偶	普学仙	67/07	彝	初中	彝语熟练	汉语熟练	喀卓语略懂
	长女	赵瑞	89/05	蒙古	小学	汉语熟练	喀卓语熟练	
	长子	赵委	91/05	蒙古	小学	汉语熟练	喀卓语熟练	
123	户主	高芸芬	60/06	汉	小学	汉语熟练	喀卓语略懂	
	长女	赵春花	82/08	蒙古	初中	汉语熟练	喀卓语熟练	
	长子	赵云涛	84/12	蒙古	初中	汉语熟练	喀卓语熟练	
124	户主	赵世明	71/03	蒙古	初中	喀卓语熟练	汉语熟练	
	配偶	奎金芬	71/06	蒙古	小学	喀卓语熟练	汉语熟练	

	长子	赵欧阳	94/08	蒙古	小学	汉语熟练	喀卓语熟练	
124	次子	赵龙阳	00/10	蒙古	小学	汉语熟练	喀卓语熟练	
	父亲	赵鸿发	26/05	蒙古	小学	喀卓语熟练	汉语熟练	
	户主	赵荣富	68/08	蒙古	小学	喀卓语熟练	汉语熟练	
125	配偶	王秀琴	70/09	蒙古	初中	喀卓语熟练	汉语熟练	
	长子	赵开红	94/08	蒙古	小学	汉语熟练	喀卓语熟练	
	户主	赵有来	52/05	蒙古	小学	喀卓语熟练	汉语熟练	
126	配偶	王学会	66/12	蒙古	小学	喀卓语熟练	汉语熟练	
	长女	赵秋萍	93/07	蒙古	初中	汉语熟练	喀卓语熟练	
	次女	赵清萍	95/01	蒙古	小学	汉语熟练	喀卓语熟练	
	户主	禄有红	72/03	蒙古	初中	喀卓语熟练	汉语熟练	
171	母亲	王秀仙	33/05	蒙古	文盲	喀卓语熟练	汉语熟练	
	长子	禄跃东	92/11	蒙古	初中	汉语熟练	喀卓语熟练	
	户主	招玉英	57/12	蒙古	小学	喀卓语熟练	汉语熟练	
	长子	赵春	85/07	蒙古	初中	喀卓语熟练	汉语熟练	
172	次女	赵翠	94/03	蒙古	初中	汉语熟练	喀卓语熟练	
	婆婆	杨桂芬	29/02	蒙古	文盲	喀卓语熟练	汉语熟练	
	长婿	李天成	77/10	汉	初中	汉语熟练	喀卓语不懂	
	户主	赵保义	40/09	蒙古	小学	喀卓语熟练	汉语熟练	
173	配偶	奎汝芬	44/02	蒙古	文盲	喀卓语熟练	汉语熟练	
	长女	赵明丽	84/07	蒙古	小学	喀卓语熟练	汉语熟练	
174	户主	赵文英	38/10	蒙古	文盲	喀卓语熟练	汉语熟练	
	配偶	禄长有	37/09	蒙古	小学	喀卓语熟练	汉语熟练	
	户主	赵云祥	51/03	蒙古	小学	喀卓语熟练	汉语熟练	
175	父亲	赵以禄	32/12	蒙古	小学	喀卓语熟练	汉语熟练	
	长媳	官绍琪	83/06	蒙古	初中	喀卓语熟练	汉语熟练	
	户主	王培应	71/03	蒙古	小学	喀卓语熟练	汉语熟练	
281	配偶	旃乔英	71/08	蒙古	小学	喀卓语熟练	汉语熟练	
	长子	王超	93/07	蒙古	初中	汉语熟练	喀卓语熟练	
	长女	王茜	97/07	蒙古	小学	汉语熟练	喀卓语熟练	
	户主	赵增发	62/01	蒙古	小学	喀卓语熟练	汉语熟练	
282	配偶	官自仙	63/07	蒙古	小学	喀卓语熟练	汉语熟练	
	长女	赵红义	88/01	蒙古	初中	汉语熟练	喀卓语熟练	
	长子	赵红星	89/10	蒙古	初中	汉语熟练	喀卓语熟练	
283	户主	赵应祥	65/03	蒙古	初中	喀卓语熟练	汉语熟练	
	配偶	奎红芬	66/11	蒙古	小学	喀卓语熟练	汉语熟练	
283	长子	赵雪芳	89/02	蒙古	初中	汉语熟练	喀卓语熟练	
	次女	赵雪亚	91/01	蒙古	初中	汉语熟练	喀卓语熟练	
	户主	赵立昌	62/06	蒙古	高中	喀卓语熟练	汉语熟练	
284	配偶	赵丽英	68/09	蒙古	初中	喀卓语熟练	汉语熟练	
	长子	赵海学	87/08	蒙古	小学	汉语熟练	喀卓语熟练	
	长女	赵海霞	89/09	蒙古	小学	汉语熟练	喀卓语熟练	
285	户主	华剑英	65/11	蒙古	小学	喀卓语熟练	汉语熟练	
	长子	旃锁	87/09	蒙古	初中	汉语熟练	喀卓语熟练	

（三）兴蒙三组（下村）家庭内部语言使用情况

序号	家庭关系	姓名	出生年月	民族	文化程度	第一语言及水平	第二语言及水平	备注
31	户主	奎汝财	48/08	蒙古	文盲	喀卓语熟练	汉语熟练	
	配偶	奎吉仙	52/09	蒙古	文盲	喀卓语熟练	汉语熟练	
	长子	奎迁文	76/06	蒙古	初中	喀卓语熟练	汉语熟练	
	长媳	王红艳	82/12	蒙古	初中	喀卓语熟练	汉语熟练	
	孙子	奎俊荣	04/10	蒙古		汉语熟练	喀卓语略懂	
32	户主	奎如生	72/03	蒙古	小学	喀卓语熟练	汉语熟练	
	配偶	赵玉芬	68/11	蒙古	小学	喀卓语熟练	汉语熟练	
	长女	奎芳丽	90/11	蒙古	初中	汉语熟练	喀卓语熟练	
	长子	奎伟	96/02	蒙古	小学	汉语熟练	喀卓语熟练	
33	户主	官进芬	62/08	蒙古	小学	喀卓语熟练	汉语熟练	
	长女	奎石梅	84/10	蒙古	小学	喀卓语熟练	汉语熟练	
	长子	奎石应	86/08	蒙古	初中	喀卓语熟练	汉语熟练	
	次女	奎燕子	88/09	蒙古	初中	喀卓语熟练	汉语熟练	
34	户主	奎如团	66/11	蒙古	小学	喀卓语熟练	汉语熟练	
	配偶	王琼仙	67/09	蒙古	小学	喀卓语熟练	汉语熟练	
	长女	奎全丽	86/10	蒙古	初中	喀卓语熟练	汉语熟练	
	次女	奎泉翠	89/03	蒙古	初中	喀卓语熟练	汉语熟练	
	次子	奎泉辉	95/07	蒙古	小学	汉语熟练	喀卓语熟练	
35	户主	华美仙	41/09	蒙古	高中	喀卓语熟练	汉语熟练	由于外出工作，家庭内部使用汉语
	配偶	奎汝来	39/05	蒙古	高中	喀卓语熟练	汉语熟练	
81	户主	赵茂英	36/04	蒙古	文盲	喀卓语熟练	汉语熟练	
	配偶	奎为善	38/01	蒙古	小学	喀卓语熟练	汉语熟练	
	长子	奎朝富	62/06	蒙古	文盲	喀卓语熟练	汉语熟练	
82	户主	奎朝生	65/12	蒙古	初中	喀卓语熟练	汉语熟练	
	配偶	华碧芬	65/12	蒙古	初中	喀卓语熟练	汉语熟练	
	长子	奎玉杰	91/04	蒙古	小学	汉语熟练	喀卓语熟练	
	次子	奎玉鹏	92/10	蒙古	小学	喀卓语熟练	汉语熟练	
83	户主	杨玉芬	57/08	蒙古	文盲	喀卓语熟练	汉语熟练	
	长女	杨秉青	82/06	蒙古	初中	喀卓语熟练	汉语熟练	
	长子	杨林	87/01	蒙古	初中	喀卓语熟练	汉语熟练	
	父亲	杨云吉	22/02	蒙古	文盲	喀卓语熟练	汉语熟练	

84	户主	杨兆锁	46/04	蒙古	文盲	喀卓语熟练	汉语熟练
	配偶	奎团妹	49/06	蒙古	文盲	喀卓语熟练	汉语熟练
	次女	奎立芬	85/11	蒙古	小学？	喀卓语熟练	汉语熟练
85	户主	奎立有	73/06	蒙古	小学	喀卓语熟练	汉语熟练
	配偶	赵建琴	76/01	蒙古	初中	喀卓语熟练	汉语熟练
	长子	奎俊	99/08	蒙古	小学	汉语熟练	喀卓语熟练
	次子	奎宇	04/12	蒙古		汉语熟练	喀卓语熟练
161	户主	赵凤芝	46/04	蒙古	文盲	喀卓语熟练	汉语熟练
	次子	赵全刚	85/11	蒙古	初中	喀卓语熟练	汉语熟练
162	户主	赵全禹	74/07	蒙古	小学	喀卓语熟练	汉语熟练
	配偶	王翠华	74/08	蒙古	小学	喀卓语熟练	汉语熟练
	长子	赵雪文	99/11	蒙古	小学	汉语熟练	喀卓语熟练
	次子	赵雪洋	03/12	蒙古		汉语熟练	喀卓语熟练
163	户主	赵辽进	78/01	蒙古	小学	喀卓语熟练	汉语熟练
	配偶	王翠梅	81/10	蒙古	初中	喀卓语熟练	汉语熟练
	大伯	赵全自	42/02	蒙古	小学	喀卓语熟练	汉语熟练
	长女	赵点	03/04	蒙古		汉语熟练	喀卓语熟练
164	户主	普云化	33/02	蒙古	文盲	喀卓语熟练	汉语熟练
	配偶	赵茂福	34/06	蒙古	小学	喀卓语熟练	汉语熟练
	儿子	赵常清	73/07	蒙古	小学	喀卓语熟练	汉语熟练
	儿媳	代永娟	76/03	蒙古	小学	喀卓语熟练	汉语熟练
	长孙	赵武	95/05	蒙古	小学	汉语熟练	喀卓语熟练
	次孙	赵鹏	01/04	蒙古		汉语熟练	喀卓语熟练
165	户主	华右芬	46/04	蒙古	文盲	喀卓语熟练	汉语熟练
	配偶	赵茂才	43/12	蒙古	小学	喀卓语熟练	汉语熟练
221	户主	杨富英	46/02	蒙古	小学	喀卓语熟练	汉语熟练
	长女	赵丽萍	76/08	蒙古	初中	喀卓语熟练	汉语熟练
	长女婿	刘永涛	75/12	汉	高中	汉语熟练	喀卓语略懂
	长孙	刘志东	96/09	蒙古	小学	汉语熟练	喀卓语略懂
	长孙女	刘志真	04/11	蒙古		汉语熟练	喀卓语略懂
222	户主	赵学春	68/04	蒙古	初中	喀卓语熟练	汉语熟练
	配偶	王艳芬	67/10	蒙古	高中	喀卓语熟练	汉语熟练
	长女	赵玉敏	89/12	蒙古	高中	汉语熟练	喀卓语熟练
	次女	赵玉银	94/07	蒙古	小学	汉语熟练	喀卓语熟练
223	户主	赵素琼	83/10	蒙古	初中	喀卓语熟练	汉语熟练
	配偶	贾治国	81/09	汉		汉语熟练	喀卓语不会
224	户主	王琼英	55/07	蒙古	文盲	喀卓语熟练	汉语熟练
	长子	赵文春	81/11	蒙古	初中	喀卓语熟练	汉语熟练
	长媳	杨双萍	83/10	蒙古	初中	喀卓语熟练	汉语熟练
	孙子	赵一然	04/08	蒙古		汉语熟练	喀卓语熟练
225	户主	华兆成	53/06	蒙古	小学	喀卓语熟练	汉语熟练
	配偶	奎为英	52/08	蒙古	小学	喀卓语熟练	汉语熟练
	长子	华建利	76/11	蒙古	初中	喀卓语熟练	汉语熟练

225	次子	华建华	79/03	蒙古	初中	喀卓语熟练	汉语熟练	
	次媳	奎丽	80/04	蒙古	初中	喀卓语熟练	汉语熟练	
	孙子	华安妮	02/12	蒙古		汉语熟练	喀卓语熟练	

（四）兴蒙六组（桃家嘴）家庭内部语言使用情况

序号	家庭关系	姓名	出生年月	民族	文化程度	第一语言及水平	第二语言及水平
41	户主	普美英	32/06	蒙古	文盲	喀卓语熟练	汉语熟练
42	户主	王立文	54/11	蒙古	小学	喀卓语熟练	汉语熟练
	配偶	赵翠华	56/03	蒙古	小学	喀卓语熟练	汉语熟练
	长子	王存	80/04	蒙古	大学	喀卓语熟练	汉语熟练
	长女	王龙梅	83/10	蒙古	大学	喀卓语熟练	汉语熟练
43	户主	王立红	56/09	蒙古	小学	喀卓语熟练	汉语熟练
	配偶	普树芬	56/08	蒙古	小学	喀卓语熟练	汉语熟练
	长子	王云辉	86/12	蒙古	初中	喀卓语熟练	汉语熟练
44	户主	王保发	28/08	蒙古	文盲	喀卓语熟练	汉语熟练
	配偶	赵保英	29/09	蒙古	文盲	喀卓语熟练	汉语熟练
45	户主	赵宗学	45/03	蒙古	小学	喀卓语熟练	汉语熟练
	配偶	官秀芬	44/10	蒙古	文盲	喀卓语熟练	汉语熟练
141	户主	赵棚文	67/11	蒙古	初中	喀卓语熟练	汉语熟练
	配偶	旈荣仙	66/08	蒙古	初中	喀卓语熟练	汉语熟练
	长女	赵翠丽	94/05	蒙古	小学	汉语熟练	喀卓语熟练
	次女	赵翠梅	96/02	蒙古	小学	汉语熟练	喀卓语熟练
142	户主	杨会芬	46/06	蒙古	小学	喀卓语熟练	汉语熟练
143	户主	赵丕进	52/03	蒙古	小学	喀卓语熟练	汉语熟练
	配偶	官成芬	52/06	蒙古	文盲	喀卓语熟练	汉语熟练
	长子	赵正华	81/10	蒙古	初中	喀卓语熟练	汉语熟练
	次子	赵吉学	86/02	蒙古	高中	喀卓语熟练	汉语熟练
	长儿媳	沐婵	79/06	汉	大学	汉语熟练	喀卓语不会
144	户主	王秀英	35/04	蒙古	文盲	喀卓语熟练	汉语熟练
145	户主	普向红	56/08	蒙古	高中	喀卓语熟练	汉语熟练
	配偶	杨爱芬	55/02	蒙古	小学	喀卓语熟练	汉语熟练
	次女	普良娟	83/07	蒙古	高中	喀卓语熟练	汉语熟练
	孙女	普宝宝	06/09	蒙古			
301	户主	官进团	64/05	蒙古	高中	喀卓语熟练	汉语熟练
	配偶	王丽仙	64/04	蒙古	小学	喀卓语熟练	汉语熟练
	长子	官海涛	89/02	蒙古	初中	汉语熟练	喀卓语熟练
	次子	官云涛	90/09	蒙古	小学	汉语熟练	喀卓语熟练

302	户主	官廷恩	47/06	蒙古	小学	喀卓语熟练	汉语熟练
	配偶	赵进仙	47/10	蒙古	文盲	喀卓语熟练	汉语熟练
	长子	官建华	82/11	蒙古	初中	喀卓语熟练	汉语熟练
303	户主	官如明	70/12	蒙古	初中	喀卓语熟练	汉语熟练
	长子	官小树	95/12	蒙古	小学	汉语熟练	喀卓语熟练
304	户主	官如进	72/06	蒙古	初中	喀卓语熟练	汉语熟练
	配偶	赵翠梅	72/12	蒙古	初中	喀卓语熟练	汉语熟练
	长女	官树雪	96/03	蒙古	小学	汉语熟练	喀卓语熟练
	长子	官杰	02/01	蒙古		汉语熟练	喀卓语熟练
305	户主	官廷秀	37/06	蒙古	小学	喀卓语熟练	汉语熟练
	配偶	赵本秀	37/01	蒙古	文盲	喀卓语熟练	汉语熟练
436	户主	官文绩	53/02	蒙古	初中	喀卓语熟练	汉语熟练
	配偶	普桂仙	54/09	蒙古	文盲	喀卓语熟练	汉语熟练
	四女	官艳萍	85/09	蒙古	初中	喀卓语熟练	汉语熟练
437	户主	期建明	77/07	蒙古	初中	喀卓语熟练	汉语熟练
	配偶	王萍清	76/10	蒙古	高中	喀卓语熟练	汉语熟练
	长子	期亚军	02/08	蒙古		汉语熟练	喀卓语熟练
	次子	期洁	07/04	蒙古			
438	户主	官自运	69/09	蒙古	小学	喀卓语熟练	汉语熟练
	配偶	期巧梅	73/04	蒙古	小学	喀卓语熟练	汉语熟练
	长女	官竹雪	95/07	蒙古	小学	汉语熟练	喀卓语熟练
	长子	官雪波	98/12	蒙古	小学	汉语熟练	喀卓语熟练
439	户主	奎旭	70/06	蒙古	初中	喀卓语熟练	汉语熟练
	配偶	赵翠仙	78/06	蒙古	初中	喀卓语熟练	汉语熟练
	长女	奎艳	99/11	蒙古	小学	汉语熟练	喀卓语熟练
	长子	奎晓松	06/03	蒙古			
440	户主	赵汝学	71/12	蒙古	初中	喀卓语熟练	汉语熟练
	配偶	高秋梅	71/10	蒙古	初中	喀卓语熟练	汉语熟练

六 喀卓语词汇表

（一）天文、地理

天	m³¹ tha³³	霜	mi³³ sa³⁵
太阳	m³¹ tsha³³	下霜	mi³³ sa³⁵ tshi³³
光	kua³³	露水	tsɛ⁵⁵ ʑi³²³
月亮	xa³³ pa³³ ma³³	下露水	tsɛ⁵⁵ ʑi³²³ tshi³³
星星	kɤ²⁴ za³¹	雾	o³⁵ lo³⁵ ; o⁵⁵ lo⁵⁵
流星	kɤ²⁴ za³¹ tshʅ³¹	下雾	o³⁵ lo³⁵ tshi³³
天气	m³¹ ma²⁴	冰	xua⁵⁵
天气好	m³¹ ma²⁴（mɛ⁴⁴）na²⁴	火	m³³ to³⁵
云	tɤ²⁴	烟（火烟）	m³⁵ khu³¹
雷	m³¹ ku⁵⁵	气	sa⁵³
（闪）电	xuo³¹ liɛ³²³ xua³³ tsi⁵³ ; m³¹ ma²⁴ pa³³ ; m³¹ xa³³ pa³³	蒸汽	sa⁵³
		地	m³²³ ti³³
风	m³¹ sʅ³³	荒地	ti³⁵ ɕa²⁴（pɤ³¹）
起风	m³¹ sʅ³³ tɕho³¹	草地	zʅ³¹ pɤ³¹ pɤ³¹
雨	m³¹ ma²⁴	天地	m³²³ tha³³ mɛ⁴⁴ kɛ³³ m³²³ ti³³ mɛ⁴⁴ kɛ³³
下雨	m³¹ ma²⁴ xa³³	地震	m³¹ ti³³ zʅ³⁵
虹	wa⁵³′⁴⁴ ma³³ sɤ²⁴ zʅ³¹ ka²⁴	山	pɛ³²³
出彩虹了	wa⁵³′⁴⁴ ma³³ sɤ²⁴ zʅ³¹ ka²⁴ to⁵³′⁴⁴ li³³ wa³³	山顶	pɛ³²³ tɕɛ³³ tɕɛ³³
		山腰	pɛ³²³ mɛ⁴⁴ pa⁵³ tso⁵³ la³¹
雪	xua⁵⁵	岭	tsʅ⁵⁵
下雪	xua⁵⁵ tshi³³	坡	pɛ³²³ phiɛ⁵⁵
雹子	xua⁵⁵ tɛ³³ lɛ³³	山谷	wa³⁵ tso³³
下雹子	xua⁵⁵ tɛ³³ lɛ³³ tshi³³	岩石	no⁵³′⁴⁴ ma³³

山洞	to³⁵	浑水	ʑi³²³ tɕa⁵³ tɛ⁵⁵
洞	to³⁵	波浪	fu³³ ma³³ piɛ³²³
孔	to³⁵	漩涡	ɕɛ³⁵ tiɛ³¹ ɕɛ³⁵
河	tɕha³¹	泡沫	sua³⁵ phu³³
河岸	tɕha³¹ pa³¹ pa³¹；tɕha³¹ piɛ³³ piɛ³³	水滴	ʑi³²³ tɕa⁵³
湖，海	fu³³ ma³³	泉水	pɛ³²³ ʑi³²³ tɕa⁵³；pɛ³²³ mɛ⁴⁴ pu³²³ ʑi³²³
池塘	tha³²³ tsʅ³¹		tɕa⁵³
沟	tɕha³¹ za³¹	温泉	ʑi³²³ tɕa⁵³ tsha³³ tha³²³
井	ʑi³²³ tso³³	洪水	ʑi³²³ tɕa⁵³ tsʅ²⁴
坑	khɯ³³ khɯ³³	矿	khua³⁵
路	tɕa³²³	金子	tɕi³³ tsʅ³¹
平坝	pa³⁵ tsʅ³¹	黄金	tɕi³³ tsʅ³¹ sɤ²⁴
草地	zʅ³¹	银子	tshʅ³³
土	ni³¹	黄铜	tho³²³ sɤ²⁴
黄土	ni³¹ sɤ²⁴	红铜	tho³²³ ŋ²⁴
红土	ni³¹ ŋ²⁴	铁	sɛ³³
黏土	ni³¹ ko⁵⁵	锈	sɛ³³ tshʅ³¹；ɕo³⁵ tshʅ³¹
地（田地）	m³²³ ti³³；m³²³ ti³⁵	生锈	ɕo³⁵ tshʅ³¹ ta⁵³
秧田	zʅ⁵⁵ m³²³	铝	lui³³
水田	tshɛ³³ m³²³	煤	tshau³¹ mɛ³²³；mɛ³²³ tha³⁵；mɛ³²³
旱地	m³²³ fɤ³³；ti³⁵ fɤ³³	炭	li³⁵ tha³⁵
石头	no⁵³′⁴⁴ ma³³	盐	tsha³¹
沙子	sɛ³¹ m³³；sɛ³¹ mu³³	碱	tɕɛ³¹
尘土	tshɛ³²³ xui³³	碱水	tɕɛ³¹ sui³¹
泥巴	ni³¹	草木灰	khu³¹ m³²³
水	ʑi³²³ tɕa⁵³	石灰	sʅ²⁴ xui³³
清水	ʑi³²³ tɕa⁵³ ɕo³³		

（二）人体器官

身子	sɛ³³ zʅ³¹	头顶	ti³¹ mi³²³ si³³
头	ʑi³¹ tsʅ³³ kɯ³⁵	头皮屑	pɤ³²³ phi³²³
头发	ʑi³¹ tshʅ³³ khɯ³³；ʑi³¹ tshʅ³³ khɤ³³	额头	nau³¹ mɛ³²³

脑门	lo³¹ ka³³ phi³²³	腿肚子	sa³¹ xo³¹ tɤ⁵³
眉毛	ȵa⁵³ʹ⁴⁴ mo³³	脚	tshʅ³³ pha⁵⁵
睫毛	ȵa⁵³ mo³⁵	脚踝	tshʅ³³ ȵa⁴⁴ sʅ³¹
眼睛	ȵa⁵³	骨节	vu³¹ kɯ³⁵ to⁵³ to⁵³
瞳仁	tsho³³ pha³¹ za³¹	胳膊	la⁵³ʹ⁴⁴ pa³¹ tsʅ³³
眼角	ȵa⁵³ kɯ³⁵ lo⁵³	脚背	tshʅ³³ ko³¹ phɤ³³
鼻梁	na²⁴ khu³³ tso⁵⁵ tshi⁵⁵	脚掌	tshʅ³³ thu³³
鼻子	na²⁴ khu³³	脚后跟	xɯ²⁴ kɯ³³
鼻孔	na²⁴ khu³³ to²⁴	脚趾	tshʅ³³ ŋ³⁵
耳朵	na²⁴ po²⁴ tɕha³¹	脚印	tshʅ³³ thu³³
脸	tsho³³ ȵa⁵³	肘	la⁵³ʹ⁴⁴ m⁵⁵ tsʅ⁵⁵；la⁵³ m⁵⁵ tsʅ⁵⁵ kuɛ³¹
腮	sɛ³³ to³³		kuɛ³³
嘴	ni³¹ na²⁴	手	la⁵³
嘴唇	ni³¹ na²⁴ piɛ⁵⁵ piɛ⁵⁵	手腕	la⁵³ʹ⁴⁴ wa³³ wa³³
上唇	m²⁴ kɤ²⁴ piɛ⁵⁵	手指	la⁵³ʹ⁴⁴ ŋ²⁴；la⁵³ʹ⁴⁴ ŋ²⁴ tsʅ³⁵
牙龈	ʐa⁵⁵ kɯ³³	拇指	la⁵³ʹ⁴⁴ ŋ²⁴ ma³³ mo³¹
胡子	ni³¹ tshʅ³³ pu³¹	中指	la⁵³ʹ⁴⁴ ŋ²⁴ ko²⁴ sɛ³³
连鬓胡	le³⁵ se³³ fu³²³	小指	la⁵³ʹ⁴⁴ ŋ²⁴ za³¹
下巴	ɕa³⁵ phɤ³²³；ɕa³⁵ pa³³	指尖	la⁵³ tɕɛ³³ tɕɛ³³
颧骨	sɛ³³ tua³³	掌纹（横贯	tho³³ xua³³
脖子	le³²³ pɛ³³	手掌的）	
肩膀	la⁵³ phɛ³¹ tsʅ³³	圆指纹	tho²⁴ lo³²³
背	ko³¹ ma³³	散指纹	tho²⁴ tsʅ³¹
腋	la⁵³ʹ⁴⁴ ʐa³⁵	指甲	la⁵³ʹ⁴⁴ ŋ²⁴ sʅ³¹ ko³⁵
胸部	ɕo³³ pu³⁵	拳	la⁵³ʹ⁴⁴ ku⁵⁵ tsʅ⁵⁵
乳房	a²⁴ ŋ³³	肛门	tshʅ³¹ ka³³ ȵa⁵³ʹ⁴⁴ ȵa⁵³
肚子（腹部）	si⁵³ʹ⁴⁴ ma³³ ko³¹	男生殖器	tɤ³³ fo³³（mɛ⁴⁴）
肚脐	tu³⁵ tshʅ³⁵ ʐɛ³²³	女生殖器	pi³¹ pi⁵³（mɛ⁴⁴）
腰	tso⁵³ʹ⁴⁴ tsʅ³⁵	胎盘	pau³³
屁股	tshʅ³¹ ka³³ phi⁵³；tshʅ³¹ ka³³	脐带	tsha⁵⁵ tsa³⁵ kɤ²⁴
大腿	ta³⁵ khua³¹	皮肤	sa³¹ khɯ⁵⁵
膝盖	tshʅ³³ tsʅ³⁵	皱纹	tsɛ³⁵ vɛ³²³
膝盖骨	po³³ lo³³ kɛ³⁵；po³³ lo³³ kɯ³⁵	汗毛	xa³²³ mau³³
小腿	ɕau⁵³ khua³¹	痣	tsʅ³⁵

黑痣	tsʅ³⁵ na⁵³	肩胛骨	wa⁵³ᐟ⁴⁴ za³¹
疮	tsʅ³¹	肺	fɛ³⁵
疮疤	tsʅ³¹ pa³³	心脏	si³³ tsa³⁵ ; ŋ³⁵ ma³³ mɛ⁴⁴
生疮	tsʅ³¹ tsʅ³¹ ; tsʅ³¹ to⁵³	肝	ka³³
伤口	sa³³ khɯ³¹	肾	sɛ³⁵
疤	pa³³	脾	phi³²³ tsa²⁴
天花	na²⁴ thɤ⁵³	胆	khu³¹ ta³¹
瘿袋	lɛ³²³ pɛ³³ phu³³	胆汁	ta³¹ suɛ³¹
麻风	tsʅ³¹ to⁵⁵ xo³¹	胃	wi³⁵ ; tu³¹ tsʅ³³
癣	ɕɛ³¹	肠子	vu³²³ mɤ³³
肌肉	sa⁵³	膀胱	zɛ³¹ sui³³ pau³³ ; tsho³³ sui³³ pau³³ ;
血	sʅ³¹		ʐi³⁵ sʅ³¹ so³¹ phu³¹
出血	sʅ³¹ to⁵³	屎	tshʅ³¹
奶汁	a²⁴ ŋ³³	拉一泡屎	tshʅ³¹ tɛ³¹ pɛ³²³ ŋɤ²⁴
筋	tɕi³³	尿	i³⁵ sʅ³¹
手脉	mɛ³⁵	屁	tshʅ³¹ sa⁵³
脑髓	nau³¹ sui³¹	放一个屁	tshʅ³¹ sa⁵³ᐟ⁴⁴ tɛ³¹ ma²⁴ pɤ³⁵
骨髓	ku²⁴ sui³¹	汗	kɤ⁵⁵
骨头	vu³¹ kɯ³⁵	痰	tsʅ⁵⁵ xɯ³⁵
脊椎骨	tsʅ³²³ tsui³³ ku³²³	吐痰	tsʅ⁵⁵ xɯ³⁵ phi⁵³
肋骨	lɛ²⁴ pa³³ ku³⁵	唾液	phi³⁵ ʐi³²³
骨节	vu³¹ kɯ³⁵ tsʅ³⁵	涎	ɤ³³ ʐi³²³
牙齿	sʅ³¹ sʅ³³	鼻涕	na²⁴ ʐi³²³
牙龈	ʐa⁵³ᐟ⁴⁴ kɯ³³ ta³⁵	鼻尖	na²⁴ khu³³ tɕɛ³³ tɕɛ³³
舌头	la²⁴	鼻屎	na²⁴ tshʅ³¹
小舌	la²⁴ za³¹	眼泪	ȵa⁵³ᐟ⁴⁴ ʐi³²³
喉咙	xɛ³²³ lo³³	流眼泪	ȵa⁵³ᐟ⁴⁴ ʐi³²³ zɤ³¹ ; ȵa⁵³ᐟ⁴⁴ ʐi³²³ tiɛ²⁴
喉结	lɛ³²³ pɛ³³ tsʅ³⁵ tsʅ³⁵	脓	tɕɛ³²³
脖子	lɛ³²³ pɛ³³ tsʅ³¹	发脓	tɕɛ³²³ tɕhi⁵³
后脖	po³²³ tɕa³³ ku³¹	出脓	tɕɛ³²³ to⁵³
后颈窝	xa⁵⁵ ma³¹ tsʅ³³ kɤ²⁴		

（三）人物、亲属

喀卓人（自称）	kha^{55} tso^{31}	村长	tsui^{33} tsa^{31}
汉族男人	phi^{24} ŋ^{24} pha^{31}	队长	tui^{24} tsa^{31}
汉族女人	phi^{24} ŋ^{24} ma^{33}	穷人	tsho^{33} sa^{55}
彝族男人	na$^{53/44}$ pha^{31}	富人	tsho^{33} sa^{33} pha^{31}
彝族女人	na$^{53/44}$ ma^{33}	牧童	ŋ^{31} lo^{35} la^{24}
藏族（人）	tsa^{35} tshu^{31}	木匠	sɿ^{35} tsɿ^{53} la^{24}
人	tsho^{33}	铁匠	sɛ^{33} ti^{55} la^{24}
成年人	tsho^{33} ɣ^{24} ma^{33}	石匠	no$^{53/44}$ ma^{33} ka$^{53/44}$ la^{24}；no$^{53/44}$
小孩儿	za^{31} ni^{24} za^{31}		ma^{33} ti^{55} la^{323}
男孩	ʑi^{24} tsɣ^{24} za^{31}	裁缝	tho^{33} sa^{33} la^{24}
女孩	za^{31} m̩^{31} za^{31}	泥瓦匠	ni^{323} pa^{33} tɕa^{35}
老人	tsho^{33} o^{31} ma^{33}	厨子	o^{31} ɣ^{24} la^{24}；o^{31} z̩^{24} la^{24}
老头儿	ʑi^{24} tsɣ^{24} mo^{31}	船夫	z̩^{24} ɣ$^{53/44}$ la^{24}
老太太	m̩^{31} tso^{33} ma^{33} mo^{31}	猎人	zɛ^{31} sɛ^{24} tsɿ^{31} la^{24}
男人	ʑi^{24} tsɣ^{24}	和尚	xo^{323} sa^{35}；a^{31} sɿ^{55} pha^{31}
妇女	m̩^{31} tso^{33} ma^{33}	尼姑	ni^{323} ku^{33}；a^{31} sɿ^{55} ma^{33}
小伙子	sɿ^{323} la^{55} za^{31}	巫师，<u>巫婆</u>	mi^{323} si^{35}（tiau^{35}）kau^{31} la^{24}
姑娘	za^{31} m̩^{31} za^{31}	乞丐	tsa^{323} ŋ^{24}；tsa^{323} tsa^{24} la^{24}
百姓	lau^{31} pɣ^{24} si^{35}	贼	tsɣ^{53}
农民	no^{323} mi^{323}	强盗	tɕha^{323} tau^{35}；tsho^{33} tɕha^{31} la^{24}
士兵	piɛ^{33}；pi^{33}；tsho^{24} kha^{31} la^{323}	病人	tsho^{33} na^{323}
同学	tho^{323} ɕo^{323}；su^{55} so^{24} la^{24} tsho^{31}	仇人	tshɛ^{31} zɛ^{31}；tɕhi^{31} tso^{24} la^{24}
	pa^{35} za^{31}	敌人	ti^{323} zɛ^{323}
学生	su^{55} so^{24} la^{24} ʐo^{35}；ɕo^{24} sɛ^{33}	皇帝	xua^{323} ti^{35}；o^{31} tiɛ^{55}
商人	vɣ^{55} lɣ^{55} m̩^{33} la^{24}；ȵu^{31} ŋ^{31} la^{24}	官	tso^{31} mo^{31}
干部	ka^{35} pu^{35}	国王	kuɣ^{323} wa^{323}
领导	li^{31} tau^{35}	英雄	ʑi^{33} ɕo^{323}
医生	z̩^{33} sɛ^{33}；na^{323} ŋ^{24} la^{24}	朋友	tsho^{31} pa^{35}
老师	ɕo^{55} sɿ^{35}	瞎子	ȵa$^{53/44}$ tɣ^{35}
头人（寨首）	tso^{31} mo^{31}	跛子	tshɿ^{33} pha^{55} ti^{55}

聋子	na²⁴ po²⁴ po³¹；na²⁴ ma³¹ tɕa³¹ la²⁴	姐姐	tsi³¹ tsi³¹
秃子	ʑi³¹ tshɹ³³ ma³¹ tɛ⁵³ᐟ⁴⁴ la²⁴	弟弟	ti²⁴ ti³⁵；niɛ³²³
麻子	na²⁴ thɤ⁵³	妹妹	mɛ²⁴ mɛ³⁵；niɛ³²³ ma³³
驼子	pɛ³³ ko³³	伯父	ta³⁵ ti³³
傻子	tsho³³ lɛ³⁵	伯母	ta³⁵ mo³³
疯子	tsho³³ vu³¹	叔叔	su³¹ su³¹
胖子	tsho³³ tshu³³	婶母	ta³⁵ sɛ³¹；zɹ³⁵ sɛ³¹
瘦子	tsho³³ tɕa³³	侄子	za³¹ tsɹ³²³
结巴	tsɤ²⁴ tsɹ³²³ ta⁵³ᐟ⁴⁴ la²⁴	兄弟	fɤ²⁴ za³¹
哑巴	za⁵⁵ pa³³；tɕhi³¹ ȵa³¹ ma³¹ li³²³ la²⁴	姐妹	m³³ nɛ²⁴；tsi³¹ tsi³¹ mɛ³⁵ mɛ³⁵
独眼龙	tu³¹ ʑɛ³³ lo³¹；ȵa⁵³ᐟ⁴⁴ tɛ³¹ thi³¹ tɛ⁵³ᐟ⁴⁴ la²⁴	兄妹	m³³ nɛ²⁴；ko³³ ko³³ mɛ³⁵ mɛ³⁵
		姐弟	m³³ nɛ²⁴；tsi³¹ tsi³¹ ti³⁵ ti³⁵
师父	ma⁵⁵ la³⁵ i³¹ sɤ³³	嫂子	mi⁵⁵ za³¹
主人	sɤ³¹ pha³¹；tsu³¹ zɛ³²³；xɯ³³ pɛ³³ kua⁵⁵ la²⁴	舅父	tɕo³⁵ tɕo³⁵
		舅母	tɕo³⁵ m³¹
客人	ta³¹ ma³³	姨父	zɹ³¹ ti³³
伙伴	tsho³¹ pa³⁵	姨母	zɹ³¹ ȵa³³
祖宗	lau³¹ tsu³¹ ko⁴⁴	姑父	ku³³ ti³³
太奶奶	lau³³ thɛ²⁴ thɛ⁴⁴	姑母	ku³³ mo³³
外祖父	a³⁵ ko³³	亲戚	tsɹ³¹ tɕa²⁴ tsho³³；tsho³³ tso³¹ ko⁵³
外祖母	a³⁵ pho³²³	岳父	wɛ³⁵ fu³⁵
爷爷	lau³³ ti³³	岳母	wɛ³⁵ m³¹
奶奶	nɛ³³ nɛ³³	丈夫	ʑi³⁵ tsɤ³⁵ pha³¹
父亲	pa³¹ pa³¹	妻子	m³¹ tso³³ ma³³
母亲	mo³³ mo³³	继母	xɛ³⁵ ȵa³²³
儿子	za³¹	继父	xɛ³⁵ ti³³
儿媳	tshɹ³¹ ma³³	寡妇	kua³³ fu³⁵
女儿	za³¹ m³¹	鳏夫	kua³³ xa³⁵
女婿	ku³³ ʑɛ³³	孤儿	ku³³ ɤ³²³
孙子	zɹ⁵⁵ za³¹；ɤ⁵⁵ za³¹	后代	ŋa³²³ tu³³ a³³ tɛ³⁵
孙女儿	zɹ⁵⁵ ma³³；ɤ⁵⁵ ma³³	公公	za²⁴ phɤ⁵⁵ lɤ⁵⁵
哥哥	ko³³ ko³³	婆婆	za²⁴ ŋ²⁴

（四）动物

牲口	sɛ³³khɯ³¹	骡子	lo²⁴tsʅ³¹
牛	ŋ³¹	毛驴	mao³³luɛ³³
黄牛	ŋ³¹′²⁴pa³²³	猪	wa⁵³
公黄牛	ŋ³¹′²⁴pa³²³pa⁵⁵	公猪	wa⁵³′⁴⁴pa⁵⁵
母黄牛	ŋ³¹′²⁴pa³²³ma³³	母猪	wa⁵³′⁴⁴ma³³
水牛	ŋ³¹na⁵³	猪崽	wa⁵³′⁴⁴za³¹
牛犊	ŋ³¹za³¹	猪粪	wa⁵³′⁴⁴tshʅ³¹
公牛	ŋ³¹pa⁵⁵	狗	tshʅ³¹
母牛	ŋ³¹ma³³	公狗	tshʅ³¹pa⁵⁵
牛奶	ŋ³¹a²⁴ŋ³³	母狗	tshʅ³¹ma³³
犄角	(ŋ³¹) tshu³³	狗崽	tshʅ³¹za³¹
蹄	(ŋ³¹) thi²⁴kho²⁴	猎狗	li²⁴kɛ³¹
皮	sa³¹khɯ⁵⁵	疯狗	tshʅ³¹u³¹
毛	ȵo³⁵	壁虎	ʐo³²³mo³¹tsa³¹la³¹
牛粪	ŋ³¹tshʅ³¹	猫	a³³ŋ³⁵
尾巴	mɤ⁵⁵	兔子	tha⁵⁵la⁵⁵；ɕau⁴⁴thu³⁵
马	m³¹	鸡	ɣa⁵³
马驹	m³¹za³¹	公鸡	ɣa⁵³′⁴⁴pa⁵⁵
公马	m³¹pa⁵⁵	母鸡	ɣa⁵³′⁴⁴ma³³
母马	m³¹ma³³	雏鸡	ɣa⁵³′⁴⁴za³¹
马鬃	m³¹mo³⁵tso³³	鸡冠	ɣa⁵³′⁴⁴tso²⁴
马粪	m³¹tshʅ³¹	翅膀	tu³²³la⁵³
羊	tshʅ⁵³	羽毛	ȵo³⁵
绵羊	tshʅ⁵³	野鸡	ɣa⁵⁵zʅ³¹
公绵羊	tshʅ⁵³′⁴⁴pa⁵⁵	鸭子	ɣɯ³⁵
母绵羊	tshʅ⁵³′⁴⁴ma³³	鸭蛋	ɣɤ³⁵fu³³
山羊	tshʅ⁵³	烤鸭	ɣɤ³⁵tshu³³la³²³mɛ⁴⁴
羊羔	tshʅ⁵³′⁴⁴za³¹	蛋壳	ɣa⁵³fu³³khɯ⁵⁵
羊毛	tshʅ⁵³′⁴⁴ȵo³⁵	松花蛋	phi³²³ta³⁵
羊粪	tshʅ⁵³′⁴⁴tshʅ³¹	野鸭	ɣɯ³⁵zʅ³¹

鹅	o³²³	鹦鹉	ʑɛ³³ ku³³；ʑɛ³³ kɯ³³
鸽子	ko²⁴ tsʅ³¹	斑鸠	tɕo³⁵；pa³³ tɕo³³
野兽	ʑɛ³¹ sɛ³⁵	啄木鸟	sʅ³⁵ tho⁵⁵ ŋa³⁵
老虎	la³¹	布谷鸟	po³⁵ po³⁵ sua³¹
狮子	sʅ³³ tsʅ³¹	孔雀	kho³¹ tɕho³²³
龙	lo³¹	乌龟	vu³³ kui³³
爪子	tsuɤ⁵³ tsuɤ⁵³	蛇	ʐʅ²⁴
猴子	a³³ n̠o⁵³	四脚蛇	ʐʅ²⁴ la⁵³ᐟ⁴⁴ tsʅ²⁴
象	ɕa³⁵；sa³³	青蛙	o³³ pa⁵⁵ ko³³；tɕhi³³ wa³³
狼	tshɛ³³ kɯ³¹	蝌蚪	o³¹ pa⁵⁵ kɯ³³ tɤ³¹ lɤ³¹
豹子	ʐʅ⁵³；pao³⁵ tsʅ³¹	癞蛤蟆	la²⁴ tɕa³³ pau³³
熊	kɛ³¹ ɕo³²³	鱼	ŋa³¹
野猪	wa⁵³ᐟ⁴⁴ ʐʅ³¹	蛇鱼(一种鱼)	ŋa³¹ ʐʅ²⁴
鹿	lu²⁴ ma⁵³	鱼鳞	ŋa³¹ ko³⁵ tsʅ³¹
鹿角	lu²⁴ ma⁵³ᐟ⁴⁴ tshu³³	鱼皮	ŋa³¹ khɯ⁵⁵
老鼠	xa⁵⁵	鳃	sɛ³³ pa³³ kho²⁴
松鼠	xa⁵⁵ po³⁵ po³⁵	鳔	ŋa³ sɤ³¹ phu³¹
田鼠	m²⁴ pu²⁴ pu³¹ xa⁵⁵	鳍	mo²⁴ tso³³ kɤ³⁵
黄鼠狼	xua³²³ tshu³¹ la³²³	鱼子	ŋa³¹ fu³³
狼	tshɛ³²³ kɛ³¹	江鳅	tɕa³³ tɕho³³ ta²⁴
狐狸	kɛ³¹ xɤ³³；fu³¹ li³¹	菜刀鱼	po³³ li²⁴ ŋa³¹
穴	tshʅ³³；tshʅ³³ tshʅ³³	鳝鱼	ŋa³¹ tsʅ³²³
狐穴	kɛ³¹ xɤ³³ tshʅ³³ tshʅ³³	鲇鱼	kha³¹ sʅ³³
鸟	ŋa³⁵	鲤鱼	ŋa³¹ ŋ³⁵ sa³⁵
鸟窝	ŋa³⁵ tshʅ³³ tshʅ³³	草鱼	tshau³¹ ʐʅ³²³
老鹰	tsi²⁴ ma³³	鲫鱼	kha³¹ pɤ³¹
猫头鹰	mau³³ thɛ³¹ ʑɛ³³；pɛ⁵⁵ ɣɯ⁵³	小白鱼	ŋa³¹ za³¹ tshɤ³³
燕子	tsʅ³⁵ li³⁵ kua³⁵ la³⁵	泥鳅	tsʅ⁵⁵ liɛ⁵⁵
大雁	tɕɛ⁵⁵ lo³³ lo³³ ta³⁵ ʑɛ²⁴ o³¹	虾	pi³¹ tsi³²³
野鸡	ɣa⁵³ᐟ⁴⁴ ʐʅ³¹	虫	xo⁵⁵
麻雀	tsa³²³ za³¹	蛔虫	xua³⁵ sʅ³¹ tsho³¹
蝙蝠	tɛ³²³ wɛ³¹	蛀虫	sʅ²⁴ xo⁵⁵
喜鹊	tu⁵³ tu⁵³	臭虫	zi³⁵ sʅ³¹ pau³³ ma³³
乌鸦	kua³³ ŋa²⁴	跳蚤	tshʅ³¹ sɛ³³

虱	sɛ³³	蚂蚁	pu³¹ lo⁵³
一种虱子	ma²⁴ sɛ³³	蚕	tsha³²³
虮子	sɛ³³ fu⁵⁵	茧	tsha³²³ pau³³
苍蝇	ʐo³²³ mo³¹	蜜蜂	tɕa³¹
苍蝇卵	ʐo³²³ mo³¹ fu³³	马蜂	ti²⁴ fo³³
蛆	tʂʅ³¹ xo⁵⁵	蝗虫（蚂蚱）	lau³³ ʐʅ²⁴ ma³³ mo³¹
蚊子	ʐo³²³ fu³³	螳螂	tsɛ³³ pa³³ ti⁵⁵
蜘蛛	a²⁴ n̦o³¹ khɤ³³ ma³³	蜻蜓	tsa³²³ ko⁵³
蜈蚣	o²⁴ ko⁵⁵	蝴蝶	fu³²³ tiɛ³²³
蚯蚓	ŋa³¹ tiau³⁵ pu³²³	毛虫	phu³¹ sa³⁵
蚂蟥	ma⁴⁴ xua³²³	螃蟹	pa²⁴ tɕa³⁵
蟋蟀	wa⁵³ᐟ⁴⁴ phi³¹ tsʅ⁵⁵ liɛ⁵⁵	蛙	pa³⁵ kho³¹；pa³⁵ kho³¹ kho³¹
牛屎虫	ŋ³¹ tʂʅ³¹ pu³¹；ni³¹ tʂʅ³¹ pu³¹	螺狮	a²⁴ ku³³

（五）植物

树	sʅ³⁵ tsɤ³²³；sʅ³⁵ tsɤ³²³ tsɤ³²³	桃树	sɛ³¹ tsɤ³²³；sɛ³¹ tsɤ³²³ tsɤ³²³
树干	sʅ³⁵ ka³⁵	李树	li³³ tsʅ⁴⁴ tsɤ³²³
树枝	sʅ³⁵ tsha³⁵；sʅ³⁵ tsha³⁵ tsha³⁵	梨树	sʅ²⁴ liɛ²⁴ tsɤ³²³
树梢	sʅ³⁵ tɕɛ³³ tɕɛ³³	杏树	xɤ²⁴ tsɤ³²³
根	sʅ³⁵ tsʅ³³ tsʅ³³；sʅ³⁵ tsʅ³³	柳树	liu³¹ su²⁴；liu³¹ su²⁴ tsɤ³²³
叶子	sʅ³⁵ tɕha³¹ tɕha³¹；sʅ³⁵ tɕha³¹	杨树	ʐa³²³ pɤ³³ tsɤ³³
花	vi⁵³ᐟ⁴⁴ li³⁵	杉树	sui³¹ sa³³；sui³¹ sa³³ tsɤ³²³
花蕊	vi⁵³ᐟ⁴⁴ li³⁵ si³³ si³³	松树	so³³ mo³³ tsɤ³³
花蕾	kɤ²⁴ to³¹	茶树	sa³⁵ ʐi³¹ tɕhu³¹
水果	sui³¹ ko³¹	松明	fu⁵⁵ tsʅ³¹
果皮	ʐi³³ khɯ⁵⁵	椿树	tshɛ³³ fu⁵⁵ tsɤ³²³
果核	ʐi³³ ŋ³⁵ ma³³	檀香木	ɕo²⁴ kɯ²⁴ ta³³
包米壳	ʐʅ²⁴ mɤ³³ khɯ⁵⁵	竹子	tɕi³³ tsu²⁴ tsɤ³²³
核儿	ŋ³⁵ ma³³	竹节	tɕi³³ tsu²⁴ tsʅ³⁵
芽儿	ʐa⁵³	藤子	la⁵³ pha³³；sʅ³³ sʅ³³
芽出来了	ʐa⁵³ᐟ⁴⁴ po²⁴ to⁵³ᐟ⁴⁴ li³³ wa³²³	（藤子）尖儿	niɛ³³
蓓蕾	kɯ³²³ to³¹	刺儿	tsʅ³¹

桃子	sɛ³¹	玉米	zɿ³⁵ mɤ³²³
梨	sɿ²⁴ liɛ²⁴	棉花	miɛ³²³ xua³³
李子	li³²³ tsɿ³³	麻	tsɿ⁵⁵
橘子	tsɛ⁵⁵ za³¹	蔬菜	o³¹
柿子	tha⁵⁵ tsɿ³³	白菜	o³¹ tshɿ³³
苹果	phi³²³ ko³¹	青菜	o³¹ na⁵³
葡萄	phu³¹ thau³³	油菜	tshɛ³⁵ tsɿ³¹
石榴	tsha⁵³ʼ⁴⁴ ȵo²⁴	韭菜	tɕo³¹ tshɛ³⁵
板栗	pa³¹ liɛ²⁴	香菜	zɛ³²³ si³⁵
巴蕉	pa³³ tɕau³³ ko³¹	萝卜	wo³¹ ma³³
甘蔗	sa²⁴ tha³¹ vu³¹ tshɿ⁵⁵	马铃薯	tɕɛ³¹ ŋ²⁴ za³¹
山楂	sɿ³¹ tɕha³¹ ma³³	茄子	tɕa²⁴ tsɿ³²³
核桃	xɯ²⁴ thau³³	辣椒	la²⁴ tsɿ³¹
杏	xɤ³⁵	葱	fɛ³³ tsho³³
山药	tshɛ²⁴ sa³¹ zo²⁴	蒜	kha³¹ si³³
浮萍	pu³¹ la³¹ tsa³²³	姜	tsho³¹
莲花	ɤɯ³¹	芋头	tɕɛ³¹ mo³¹
庄稼	tso³³ tɕa³³	红薯	xo³²³ tshu³²³
粮食	tshɛ³³ tshɿ³³	藕	ɤɯ³¹
水稻	tshɛ³³	向日葵	tsha³²³ la³²³ pi³¹
糯米	tshɛ³³ ȵo³¹	香椿	tshɛ³³ fu⁵⁵
种子	i³³ sɿ⁵⁵	瓜	kua³³
秧	zɿ⁵⁵	冬瓜	to³³ kua³³
秧苗	zɿ⁵⁵ za³¹	南瓜	na³²³ kua³³
穗	tshɛ³³ nɛ²⁴	黄瓜	xua³²³ kua³³
稻草	pɛ³⁵	豆	no⁵³
谷粒	tshɛ³³	黄豆	no⁵³ʼ⁴⁴ za³¹
小麦	sa²⁴	黑豆	no⁵³ʼ⁴⁴ na⁵³
大麦	zu³³	蚕豆	no⁵³
高粱	mo³¹ lo³¹	豌豆	wa³³ tɛ³⁵
麦芒	sa²⁴ ȵo³⁵；sa²⁴ mau³¹ mau³³	扁豆	tsha⁵³ʼ⁴⁴ tɛ³⁵
荞麦	ka³¹	豆芽	tɛ³⁵ za³²³
稻节	tshɛ³³ vu³¹ tsɿ²⁴ tsɿ²⁴	豆荚	no⁵³ pa⁵³ pa⁵³
稻秸	tshɛ³³ vu³¹	嫩芽	za⁵³ po²⁴

葫芦	o³⁵ phu³¹	粽子	tshɿ³³ pha⁵⁵ tha⁵⁵ la⁵⁵
莴笋	o³³ suɛ³¹	蕨	ta³²³ o³¹
胡萝卜	o³¹ ma³³ ŋ²⁴	芦苇	tɕa³³ kua³³ zɿ³¹
花生	li³¹ ti³⁵ so³³	鱼腥草	pi³¹ sɤ³²³ tshɛ³⁵
芝麻	tsɿ³²³ ma³³	蘑菇	tɕɛ³⁵
草	zɿ³¹	木耳	m²⁴ ɤ³¹
稗子	zɿ²⁴ zɿ²⁴	烟叶	zɛ³³ tɕha³¹（tɕha³¹）
稗子粒,稗子穗	zɿ²⁴ zɿ²⁴ mɛ⁴⁴	青苔	zi³²³ nɤ³³ tshɿ³¹
茅草	zɿ³¹ pi³¹；zɿ³¹ mo³¹	毛竹	ma³⁵ sɤ²⁴
青草	zɿ³¹ lu⁵⁵		

（六）食品

米	tshɛ³³ tshɿ³³	油（非食用）	ʐo³²³
剩饭	tsa²⁴ tɕa⁵³	脂肪油	tshɤ³³
蛋黄	ɣa⁵³ fu³³ sɤ³⁵	菜籽油	zɛ³¹ zi³²³
蛋白	ɣa⁵³ fu³³ tshɿ³³	花生油	li³³ ti³⁵ so³³ ʐo³²³
肉丸子	wa⁵³ sa³¹ tɛ³³ lɛ³³	香油（芝麻油）	tsɿ³³ ma³³ ʐo³²³
碎米	tshɛ³³ tshɿ³³ thɛ³³ za³¹	香料	ɕa³³ liau³⁵
饭	tsa³²³	茴香	xui³²³ ɕa³³
早饭	na⁵⁵ ta³³ pu³²³ tsa³²³	豆腐	no⁵³ ⁄ ⁴⁴ tsɿ³¹
吃早饭	na⁵⁵ ta³³ tɛ³²³ tsa³¹	醋	sua³³ tshu³⁵
中饭	m³¹ lo⁵⁵ pu³²³ tsa³²³	八角	pa³²³ ko³²³
吃中饭	m³¹ lo⁵⁵ tɛ³²³ tsa³¹	草果	tshao³¹ ko³¹
晚饭	m³¹ tshɿ⁵⁵ pu³²³ tsa³²³	花椒	tsɛ⁵³
吃晚饭	m³¹ tshɿ⁵⁵ tɛ³²³ tsa³¹	糖	sa²⁴ tha³¹
粥（稀饭）	tsa³²³ xo³¹	白糖	sa²⁴ tha³¹ tshɿ³³；pɤ³²³ sa³³ tha³²³
饼	pi³¹	红糖	sa²⁴ tha³¹ ŋ²⁴；tɕa³¹ lo⁵³ ⁄ ⁴⁴ sa²⁴
面条	kua³⁵ miɛ³⁵		tha³¹
面粉	tshɛ³³ m³³；sa²⁴ m³³	蛋	fu³³
肉	sa³¹	蜂蜜	tɕa³¹ zi³²³
猪肉	wa⁵³ ⁄ ⁴⁴ sa³¹	锅巴	ku³³ pa³³
瘦肉	sa³¹ ŋ²⁴	豆腐干	no⁵³ tsɿ³¹ fɤ³³

臭豆腐	no⁵³ tsʅ³¹ tshʅ³¹	茶水	sa³⁵ ʑi³²³
米汤	wa⁵³ ʑi³²³	烟（吸的烟）	ʐɛ³³
粥	tsa³²³ xo³¹	抽烟	ʐɛ³³ to³²³
汤	o³¹ tsa²⁴ ʑi³²³	药	na³²³ tshʅ³¹
酒	tsʅ³²³	糠	wa⁵³ ⁄ ⁴⁴ tsa³²³
白酒	tsʅ³²³ tshʅ³³	粗糠	wa⁵³ ⁄ ⁴⁴ tsa³²³ tshu²⁴
糯米酒	tshɛ⁵⁵ ȵo³¹ tsʅ³²³	细糠	wa⁵³ ⁄ ⁴⁴ tsa³²³ ni³⁵
开水	sa³⁵ ʑi³²³	猪食	wa⁵³ ⁄ ⁴⁴ tsa³²³
茶	sa³⁵ ʑi³²³ tɕha³¹	猪血	wa⁵³ ⁄ ⁴⁴ sʅ³¹

（七）衣 着

线	khɤ³³	麻布	tsʅ⁵⁵
布	tsʅ⁵⁵ khu³¹	破衣服	tho³³ kɤ⁵³
丝	sʅ³³ ; tsha³²³ sʅ³³	补补丁	tho³³ kɤ⁵³ ⁄ ⁴⁴ to⁵³
绸子	tshɛ²⁴ tsʅ³¹	裤子	la⁵⁵
绫罗绸缎	tsʅ⁵⁵ khu³¹ sʅ³³ sʅ³³	裤腰带	la⁵⁵ po²⁴ tsʅ³²³
呢子	mau³²³ ni³²³	裤腿儿	la⁵⁵ ku⁵⁵ ; la⁵⁵ ku⁵⁵ ku⁵⁵
衣服	tho³³	裤裆	khu³⁵ ta³³
女上衣	tho³³ pɛ³³	裙子	tɕhɛ³²³ tsʅ³²³
衣领	thu³³ ku³³	短裤	la⁵⁵ tɤ³¹ za³¹ tsa²⁴
衣襟	tho³³ pi³³ ma³³	头巾	thɛ³²³ tɕi³³
衣袖	la⁵³⁄⁴⁴ tsʅ³¹	头帕	pha³⁵
袖口	la⁵³⁄⁴⁴ tsʅ³¹ khɯ³¹	包头	tsho³³ vu³¹ sʅ³³
彩袖	la⁵⁵ tsʅ³¹ ɤɤ³⁵ ma³³ fu⁵⁵	帽子	kha³¹ khu³³
衣袋	khɯ³¹ tɛ³⁵	围巾	wi³²³ tɕi³³
棉衣	mi³²³ xua³³ tho³³	围裙	wi³²³ ʐau³³
坎肩	tho³³ pɛ³³	羊皮（背心）	tho³³ pɛ³³
扣子	tho³³ tso⁵³ ⁄ ⁴⁴ ma³³	腰带	la⁵⁵ po³²³ tsʅ³¹
扣眼儿	tho³³ tso⁵³ ⁄ ⁴⁴ ma³³ to³⁵ ; tho³³ tso⁵³ ⁄ ⁴⁴ ma³³ to³⁵ to³³	裹腿	tshʅ³³ pha⁵⁵ la⁵³ ; pa³¹ thui³¹
		袜子	va³⁵ tsʅ³¹
蚊帐	vɛ³¹ tsa³²³	鞋	tshʅ³³ ni³⁵
麻绳	tsʅ⁵⁵ tsa³⁵	梳子	o³¹ piɛ⁵⁵

篦子	o³¹ piɛ⁵⁵ tsʅ⁵³	背带	ʑi³³ po⁵³ᐟ⁴⁴ pu³¹ tsa³³
珠珠	tsu³³ tsu³³	被子	ʑi³³ po⁵³
小珠珠	tsu³³ tsu³³ za³¹	毯子	mau³²³ tha³³
穗子	si⁵⁵ pi³¹	棉絮	miɛ³²³ sʅ³⁵
耳环	na⁵⁵ ni³¹	褥子	zu²⁴ tsʅ³¹
项圈	tshʅ³³ ku²⁴；tshʅ³³ ku²⁴ ku²⁴	毡子	tsa³³ tsʅ³¹
戒指	la⁵³ᐟ⁴⁴ piɛ⁵⁵	枕头	ʑi³¹ kɯ³¹；zʅ³¹ kɯ³¹
手镯	la⁵³ᐟ⁴⁴ tsʅ²⁴	席子	zɤ⁵³
脚圈	tshʅ³³ ku²⁴	垫子	ti²⁴ la³³
毛巾	tsho³³ ȵa⁵³ᐟ⁴⁴ tshʅ³¹ pha³⁵	蓑衣	tɕi³²³
手绢儿	pha³⁵ za³¹	斗笠	ka⁵⁵ lo³³

（八）房屋、建筑

房子	xɤ³³	砖	wa³³ tsɛ²⁴
房顶	xɤ³³ tha⁵³	板瓦	pa³¹ wa³¹
修补房顶上	xɤ³³ tha⁵³ᐟ⁴⁴ ka⁵³ᐟ⁴⁴ la³¹ ȵo³¹ m³³	瓦	wa³³
房檐	ʑɛ³²³ khɯ³¹	土墙	ni³¹ tsu³³ ma³³ tɕha³²³
地基	ti³⁵ tsʅ³³	石墙	no⁵³ᐟ⁴⁴ ma³³ tɕha³²³；sʅ³⁵ tɕo³⁵
院子	thi³³ tsi²⁴		tɕha³²³
厕所	tshʅ³¹ tso³²³	围墙	wi³²³ tɕha³²³
厨房	kua³⁵ vu³¹；tsa³²³ m³³ xɤ³³ pɛ³³；tsa³²³	木板	sʅ³⁵ tshʅ³¹；m³²³ pa³¹
	m³³ la²⁴ kɤ²⁴	木头	m³²³ thɛ³³
楼房	ua³³ tsɛ²⁴ fa³¹；lɛ³²³ fa³²³	柱子	zɤ³²³
楼上	lɛ³¹ tha⁵³	堂屋	tsʅ³¹ tɕa⁵⁵ ko³³
楼下	lɛ³¹ o⁵⁵ tsʅ³³	楼板	lɛ³⁵ pa³¹
火盆	m³³ to³⁵ phɛ³²³	门	ka³²³ tɕhi³¹
仓库	tsha³³ khu³⁵；lia³²³ sʅ³²³ tɕi³³ la²⁴ kɤ²⁴	门框	mɛ³²³ khua³³；ka³²³ tɕhi³¹ khua³³
牛圈	ŋ̍³¹ xɤ³³	门栓	ka³²³ tɕhi³¹ ɕau³³ po²⁴
猪圈	wa⁵³ᐟ⁴⁴ xɤ³³	闩门	ka³²³ tɕhi³¹ ɕau³³
马圈	m³¹ xɤ³³	门扣	ka³²³ khɤ⁵⁵
羊圈	tshʅ⁵³ᐟ⁴⁴ xɤ³³	门槛	ka³²³ po²⁴ tsʅ³²³
鸡圈	ɣa⁵³ᐟ⁴⁴ xɤ³³	大门	ka³²³ tɕhi³¹ ɣɤ²⁴ ma³³

窗子	tsha²⁴ xo²⁴ to³¹	邻居	kɤ³²³ pi³²³ li³²³ sɛ²⁴
梁	ɕɛ³²³ thiau³³ , lia³²³	学校	ɕo³²³ ɕau³⁵
椽子	ko³³ tsʅ³³ za³¹	商店	xo³¹ tso³¹ sɤ³⁵ ; ȵo³¹ ŋ³¹ la²⁴ ȵa⁵³
土坯	ni³¹ tsu³³ ma³³	医院	zʅ³³ ʑɛ³⁵ ; na³²³ ŋ²⁴ la²⁴ ȵa⁵³
台阶，梯子	lɛ³³ tha⁵³ʹ⁴⁴ tsʅ³²³	监狱	tɕɛ³³ lau³²³ ; tsho³³ tɕa²⁴ la²⁴ ȵa⁵³
拐杖	kua³¹ kuɛ³²³	铁匠铺	sɛ³³ ti⁵⁵ ŋ³¹ la²⁴ ȵa⁵³
篱笆	mi³⁵ pa³³	庙	zʅ³¹
菜园	o³¹ lɤ²⁴	寺院	sʅ²⁴ miao³⁵
梨园	sʅ²⁴ liɛ²⁴ lɤ²⁴	碑	sʅ²⁴ pɛ³³ ; pɛ³³ sʅ³³
地方	ti²⁴ fa³³	棚子	pho³²³ tsʅ³¹ ; fu²⁴ xɤ³³
城市	nu³²³ mɛ⁴⁴ ; tshɛ³²³ sʅ³⁵	桥	tsɛ³²³
街	li⁵³	过桥	tsɛ³²³ ko⁵³
村子	khua⁵⁵	坟	m³¹ pɤ³²³
家	xɯ³³ pɛ³³	墓地	m³¹ pɤ³²³ tu³⁵
家乡	tɕa³³ ɕa³³	塔	tiɛ²⁴

（九）用品、工具

东西	ȵo³¹	灯	tɛ³³
桌子	tsɤ²⁴ tsʅ³²³	电灯	tiɛ³⁵ tɛ³³ xo³¹
椅子，凳子	pa³¹ tɛ³⁵	灯泡	tiɛ³⁵ tɛ³³ xo³¹ mɛ⁴⁴
床	zʅ⁵³ʹ⁴⁴ kɤ³²³	钨丝	tɛ³³ sʅ³³ ; vu³³ sʅ³³
箱子	ɕa²⁴ tsʅ³¹	灯罩	tɛ³³ tsau³⁵
抽屉	tshɛ³³ thi³³	灯笼	tɛ³³ lo³³
柜子	tsʅ³⁵	蜡烛	la²⁴ tsu²⁴
盒子	xo²⁴ xo³³	柴	sʅ³⁵
脸盆	tsho³³ ȵa⁵³ʹ⁴⁴ tshʅ³¹ tho³¹ lo³¹	火炭	li²⁴ tha³⁵
肥皂	za³²³ tɕɛ³¹	伙食	xo³¹ sʅ²⁴
镜子	tɕɛ³⁵ tsʅ³¹	火柴	za³²³ tshɛ³²³
玻璃	po³³ liɛ³²³	火把	xo³¹ pa³¹
刷子	suɤ²⁴ tsʅ³²³	火种	m³³ to³⁵ sʅ⁵⁵
扫帚	mi³³ sa³⁵	香	ɕo²⁴
抹布	ma³¹ pu³⁵	垃圾	la³³ tsʅ³²³ ; tsa³³ tsa³³

漆	ẓa³²³ tshʅ²⁴	水桶	ʑi³²³ tɕa⁵³ ᐟ ⁴⁴ thu³¹
染料	phi³³ xo³¹	桶箍儿	thu³¹ ku³³ ku³³
灶	kua²⁴	瓢	ŋ³⁵ pi³¹
灶灰	khu³¹ m̩³²³	碗柜	tshɛ³⁵ tshu³²³
铁锅,炒菜锅	thi⁵⁵ ko³³	筷筒	tsu³²³ kha⁵⁵ kha⁵⁵
锅刷	tsa³²³ tshʅ⁵⁵ mi³³ sa³⁵	三脚架	sa³³ tɕo²⁴ tɕa³⁵
盖子	phɛ³¹ kɛ³⁵	火钳	xo³¹ tɕhɛ³³
锅盖	ko³³ kɛ³⁵	秤杆	tshɛ³⁵ u³¹ ; tshɛ³⁵ vu³¹
蒸笼	tsɛ³³ lo³³	吹火筒	xo³¹ tho²⁴
甑子	ɳa³³ pu⁵⁵	磨刀石	sɤ⁵⁵ lo³³
甑底	sa³⁵ tho³³	连枷	ʑi²⁴ kha³¹
草墩	tsho³¹ tuɛ³³ ; tshau³³ tuɛ³³	铧头	sʅ²⁴ ku³³ li³²³ thɛ³³
花盆	vi⁵³ li²⁴ phɛ³³	风箱	thi³²³ thu³²³
塞子	tshʅ³¹ tsʅ³²³	锯末	tsʅ³⁵ mo³³
刀	phi³²³ ta³¹	碎柴	sʅ²⁴ m̩³¹ ẓa³¹
刀背	tau³³ pɛ³⁵	墨斗	mɤ²⁴ tɤ³¹
刀尖	phi³²³ ta³¹ tɕɛ³³ tɕɛ³³	油灯	zɛ³¹ ʑi³³ to³³ pa²⁴
刀口	tau³³ khɯ³¹	线团	khɤ³³ tɤ⁵³
刀把儿	ʑi³³ vu³¹	线	khɤ³³
（镰刀）把儿	ʑi³³ pa³⁵ po²⁴	木鱼	to⁵⁵ to⁵⁵
锅铲	ko³³ tsha³¹	陀螺	to²⁴ lo²⁴
漏勺	lɛ³⁵ so³²³	纸钱	ɕo²⁴ po⁴⁴ tsʅ³¹
饭勺	tsa³²³ khɯ⁵³ ᐟ ⁴⁴ ʑi²⁴ kɯ³³	篮子	la³¹ la³³ ; lo³¹ lo³³
调羹	tɕhau³³ tɕhau³³	挑篮（小的）	kɤ²⁴ ŋ³³
碗	pa³⁵ sʅ³³	挑篮（大的）	wa²⁴ tsʅ⁵³
大碗	ta³⁵ o³¹	扇子	sa³⁵ tsʅ³¹
盘子	pha³²³ tsʅ³¹	算盘	sua³⁵ pha³²³
小盘子	pha³²³ tsʅ³¹ ẓa³¹	篾条	ma³¹ khɯ⁵⁵ khɯ⁵⁵
筷子	tsu³²³	篾皮	ma³¹ khɯ⁵⁵
瓶子	phi³²³ phi³³	篾心	ma³¹ ŋ⁵⁵ tshʅ³¹
罐子,坛子	pu⁵³	小箩筐	tsʅ⁵³ pa²⁴
杯子	tsha³²³ pɛ³³ ; pɛ³³ pɛ³³	秤	tshɛ³⁵
水壶	sui³¹ fu³²³	斗	ẓa³³ sɛ³³ ; tɛ³¹ ; tɛ³¹ ẓa³³
缸	ka³³	升	ko²⁴ sɛ³³

钱（货币）	tɕhɛ³²³；tsʅ³¹ xɤ³⁵	牛鼻圈	ŋ³¹ na²⁴ khu³³ tɕhɛ³³；ŋ³¹ na²⁴ khu³³ tɕhɛ³³ tɕhɛ³³
银元	tshʅ³³ thi³³ piɛ³⁵		
本钱	ti³⁵ tɕhɛ³²³	牛皮绳	ŋ³¹ tsʅ³³ tsa³⁵
价钱	tɕa³⁵ tɕhɛ³²³	帐篷	tsa³⁵ pho³¹
工钱	ko³³ tɕhɛ³²³；la⁵³/⁴⁴ phu³¹	猪食槽	wa⁵³/⁴⁴ sɤ⁵⁵
利息	li³⁵ sʅ³²³	轿子	tɕau³⁵ tsʅ³¹
税	suɛ³⁵	包袱	pau³³ fu³³
上税	suɛ³⁵ sa³⁵	船	zʅ²⁴
债	tsa³⁵	桨	tsa⁵³/⁴⁴ tshʅ³³ tsa³³；tsa⁵⁵ phi³¹
欠债	tsa³⁵ tsha³³	木筏	tsa⁵⁵ tshʅ³¹；tsa⁵⁵ phi³¹
尺子	tshʅ²⁴	工具	ko³³ tsʅ³⁵；ȵo³¹
针	ɣɯ⁵³	斧头	no⁵³/⁴⁴ tsi⁵³
锥子	tsui³³ tsʅ³¹；lɛ⁵³/⁴⁴ la²⁴	锤子	tshui³²³
钉子	ʐa³²³ ti³³；ti³³ tsʅ³¹	凿子	tsu³¹
剪刀	tsi⁵³/⁴⁴ ta³³	锯子	tsɛ³³
伞	sa³¹	钻子	ʐa³²³ tsuɤ³⁵
锁	tso⁵³	锉	tsho³⁵
钥匙	tso⁵³/⁴⁴ po²⁴	刨子	sʅ³⁵ tsʅ⁵³
链子	sɛ³³ la³¹ tsa⁵⁵	钳子	tɕhɛ³²³ tsʅ³¹；tɕau³³ pa³⁵ tɕhɛ²⁴
棍子	ma²⁴ tsʅ³³	铲子	tsha³¹ tsha³³
马车	ma⁴⁴ tshɤ³³	胶	tɕau³³ sui³¹
轮子	lui³²³ tsʅ³¹；ku³³ lu³³	犁	sʅ³⁵ ko⁵³
马蹄	m³¹ tsho³¹ xɛ³³；m³¹ thi²⁴	犁铧	tɕa³⁵ tha³³
马鞍	ɣa³³ tsʅ³¹	钉耙	la³¹ tɕa³⁵
马笼头	m³¹ lo²⁴ to³³；m³¹ a³³ tsʅ³¹	镐	ʐa³²³ wa³³ wa³³
马笼头绳	m³¹ lo²⁴ tho²⁴ tsa³³	锹	thie³¹ tɕhau³³ tɕhau³³
马肚带	ma⁵³ pu²⁴ tɛ³⁵	锄头	tsɛ⁵⁵ ma³³
马嚼子	ʐau³¹ tɕɛ³¹ mɛ⁴⁴	扁担	pi⁵⁵ ta⁴⁴
马蹬子	ma⁵³ tɛ²⁴	绳子	tsa³⁵ fu³³
驮子	m³¹ to²⁴ tsʅ³¹	麻袋	khɤ³¹ tɛ³⁵
马掌	m³¹ ma³³ tsa³¹	箩筐	pɛ³⁵ lo³²³；lo³²³ lo³³
马槽	m³¹ sɤ⁵⁵；m³¹ tshau³²³	叉子	tsha³³ tsha³³
鞭子	ka⁵³/⁴⁴ la²⁴	楔子	sʅ³⁵ tsɛ³¹
牛轭	wa³³ ta³³	桩子	zɤ⁵³

背篓	pɛ³⁵ lo³²³	毒药	tu²⁴ ʐo²⁴
撮箕	tsho³²³ tsʅ³³	网	ȵa³³
粪箕	tshʅ³¹ khu³¹	鱼网	ŋa³¹ ȵa³³ tsu⁵⁵
肥料	wa⁵³ tshʅ³¹	鱼叉子	tsu⁵⁵ tsha³¹
镰刀	li²⁴ ta²⁴	撵鱼网	ȵa³³ tsu⁵⁵
弯刀	wɛ³³ tau³³	爆竹	po³⁵ tsha⁵³
水槽	sui³¹ tshau³²³	鱼钩倒刺	ŋa³¹ tɕa³³ ma³³
（水）碓	tshe³³ pa³³	鱼篓	kha³³ po³⁵
石磙	ni³¹ pha³²³；ni³¹ tsʅ³³ pa³³ pa³³	船舱	zʅ²⁴ tsha³³ me⁴⁴
臼	tsha³¹ phi³¹	船头	zʅ²⁴ the³³；zʅ²⁴ the³³ the³³
杵	tsha³¹ phi³¹ pa³⁵	船尾	zʅ³³ mɤ⁵⁵
筛子	se³³ lo³³；wa²⁴ tsʅ⁵³	左衽	wa³³ tɕɛ³³ me⁴⁴
罗筛	se³³ se³³；la³¹ se³³	轿子	tɕa³⁵ tsʅ²⁴
簸箕	wa²⁴ ma³³	罩子	ŋa³¹ tsau³⁵ la²⁴
磨（石磨）	no⁵³/⁴⁴ tshʅ⁵⁵	盖子	phɛ³¹ kɛ³⁵
碾子	tshe³³ ni³¹ la²⁴	钩子	khɯ³³ khɯ³³
织布机	tsʅ⁵⁵ khu³¹ ɣa⁵³/⁴⁴ la²⁴ tɕa³⁵	鸡笼	ɣa³²³ kha⁵⁵ kha⁵⁵
梭子	so³³	鸭笼	ɣɯ²⁴ kha⁵⁵ kha⁵⁵
柴刀	kha³¹ tau³³	火把	xo³³ pa³³
刀鞘	phi³²³ ta³¹ kho²⁴ kho³³	秤砣	tshe³⁵ tho³²³
矛	ka³¹ tsʅ³³ the³²³	鱼网	ȵa³³ tsu⁵⁵
枪	tsho³⁵	草绳	pɛ²⁴ tsa²⁴ fu³³
子弹	tsʅ³¹ ta³⁵	篾帽	ka³³ lo³¹
剑	tɕɛ³⁵	三角网	ŋ²⁴ tsɛ³²³
炮	phau³⁵	拔火罐	pa³³ tshʅ²⁴ kho³⁵
弓	tsi³⁵；ko³³	烟屎	zɛ³³ ko³³ tshʅ³¹
箭	tsi³⁵；tsɛ³⁵	草药	tshau³¹ ʐo³⁵
火药	xo³¹ ʐo²⁴	自行车	ta³³ tshɤ³³；se³³ m³¹

（十）文化娱乐

字	su⁵⁵	画	xua³⁵
信	si³⁵	书	su⁵⁵

本子	pi^{323} ts$_1^{35}$ pɛ^{31}	锣	la^{323}
纸	tha^{31} ʑi^{31}	钹	tshi^{35} tsha^{35}
笔	piɛ^{35}	钟	tso^{33}
墨	mɤ^{323}	箫	ɕau^{33}
墨水	mɤ^{323} sui^{31}	胡琴（二胡）	ɤ^{24} xo^{323}
橡皮	khɛ^{33} ts$_1^{323}$	铃	ni^{55} na^{33}；ti^{55} ta^{33}
糨糊	miɛ^{35} xo^{33}	喇叭（唢呐）	li^{55} lɤ^{33}
话	tɕhi^{31}	鞭炮	po^{35} tsha^{53}
故事	ku^{35} s$_1^{35}$	表	a^{33} ŋ^{35} ȵa^{53} thi^{31}；piau^{31}
笑话	ɕau^{35} xua^{35}	做庙会	xuɛ^{24} m^{33}
谜语	mi^{24} ta^{33}	祠堂	tsh$_1^{31}$ tha^{33}
歌	tsha^{35} ko^{33}	四弦琴	ʑi^{24} tɕhi^{323} tɕa^{35}
唱歌	tsha^{35} ko^{33} tsha^{35}	骰子	sɤ^{323}
舞蹈	ni^{31} ka^{33}	对联	mɛ^{323} sɛ^{323}
跳舞	ni^{31} ka^{33} tsho^{31}	声音	sɛ^{33} ʑi^{33}；sɛ^{33} tsh$_1^{35}$
球	phau^{33} tɕho^{323}	话	tɕhi^{31}
鼓	po^{31} po^{31}	说一句/些话	tɕhi^{31} tɛ^{31} tɕi^{55}（ko^{55}）ȵa^{31}
敲鼓	po^{31} po^{31} ka^{24}		

（十一）宗教、意识

神仙	sɛ^{323} si^{33}	力气	ɤa^{31}
鬼	ni^{31} ma^{33} mo^{31}	力气大	ɤa^{31} ɤɤ^{31}；ɤa^{31} ŋ^{33}
妖精	ʐau^{33} tsi^{33}	力气小	ɤa^{31} niɛ^{24}；ɤa^{31} ma^{31} ŋ^{33}
灵魂	i^{33} xa^{53}	事情	s$_1^{31}$ ts$_1^{323}$
菩萨	ʑi^{323} sa^{33} mo^{31}	道理	tau^{24} li^{31}
（烧的）香	ɕo^{24}	讲道理	tau^{24} li^{31} tɕa^{31}
命运	miɛ^{31}	办法	pa^{24} fa^{323}
命好	miɛ^{31} mɛ^{44} na^{24}	脾气	phi^{31} tsh$_1^{35}$
运气	ʑɛ^{35} tsh$_1^{35}$	性格	si^{24} kɤ^{323}
运气好	ʑɛ^{35} tsh$_1^{35}$ mɛ^{44} na^{24}	性格好	si^{24} kɤ^{323} na^{24}
罪	tsui^{35}	记号	xau^{35}
犯罪	tsui^{35} fa^{35}	记记号	xau^{35} sa^{31}

生日	se³³ zɿ³²³ ; se³³ ŋ³³ xa⁵³ mɛ⁴⁴	样子	ʐo⁵³
生活	se³³ xo³²³	影子	m³¹ zɿ⁵³ ; ʑi⁵⁵ xa³³
礼物	li³¹ vu²⁴	梦	zɿ⁵³ ᐟ⁴⁴ ma³³
年纪	kho⁵³ ᐟ⁴⁴ tha³¹ ; n̠ɛ³²³ tsɿ³⁵	做一个梦	zɿ⁵³ ᐟ⁴⁴ ma³³ te³¹ ma²⁴ xɯ³³
年纪大	kho⁵³ ᐟ⁴⁴ tha³¹ ɣɤ³¹ ; n̠ɛ³²³ tsɿ³⁵ mɛ⁴⁴ ɣɤ³¹	好处	na³⁵ kɤ³²³
几岁大	xa³³ ni³³ kho⁵³	用处	ze³¹ kɤ³²³
姓	si³⁵ ; sɿ³⁵ ; ɕɛ⁵³	颜色	ʐɛ³²³ sɤ²⁴
名字	mi³²³ tsɿ³⁵	离婚	li²⁴ xuɛ³³
错误	tsho³⁵ vu³⁵	复婚	fu²⁴ xuɛ³³
犯错误	tsho³⁵ vu³⁵ fa³⁵	胆量	ta³¹ tsɿ³³
危险	wi³²³ ɕɛ³²³	缺口	tɕha³¹ phi⁵³
区别	tshɿ³³ piɛ³²³	气息	sa⁵³
份儿	fɤ³⁵	出气	sa⁵³ to⁵³ ; sa⁵³ tshuɤ³¹
谎话	tɕhi³¹ tɕa⁵³	尸体	tsho³³ sɿ³³ ʐo³⁵ ; tsho³³ sɿ³³ mo³²³
裂缝	fo³⁵	生命	sɛ³³ mi³⁵
痕迹	pa³³	寿命	miɛ³¹
渣滓	tsa³³ tsa³³	污垢	kɤ⁵⁵

（十二）方位、时间

云南	ʑi³²³ na³²³	角儿	kɯ³⁵ lo⁵³ mɛ⁴⁴
昆明	khua³¹ la³¹	尖儿	ʑi³³ ni³¹ ni³¹ mɛ⁴⁴
方向	fa³³ ɕa³⁵	边儿	piɛ³³ piɛ³³ ta²⁴
中心	ʑi³³ ko²⁴ la³¹	（桌子）上	（tsɤ²⁴ tsɿ³²³ mɛ⁴⁴）ka⁵³
中间	tsɛ³⁵ tsɛ³⁵ ko²⁴ la³¹ ; tɕa⁵⁵ la³¹	（桌子）下	（tsɤ²⁴ tsɿ³²³ mɛ⁴⁴）o⁴⁴ tsɿ³³
旁边	pha³²³ piɛ³³	（楼）上	（lɛ³²³ tha⁵³ ᐟ⁴⁴）ka⁵³
左（左边）	la⁵³ ᐟ⁴⁴ vɤ⁵⁵ pha⁵⁵	（楼）下	（lɛ³²³ mɛ⁴⁴）o⁴⁴ tsɿ³³
右（右边）	la⁵³ ᐟ⁴⁴ tɕho³¹ pha⁵⁵	天（上）	（m³¹ tha³³ mɛ⁴⁴）ka⁵³
前（前边）	ɣo³¹ tso³³	底下	o⁵³ ᐟ⁴⁴ tsɿ³³
后（后边）	ŋa³²³ tu³³	（墙）上	（ni³¹ tsu³³ tsu⁵⁵）ka⁵³
外（外边）	ŋa³⁵ tso³³	顶上	（xɤ³³）tha⁵³ ᐟ⁴⁴ ka⁵³
里（里边）	ʑi³³ khu³³	（山）下	（pɛ³³ mɛ⁴⁴）o⁴⁴ tsɿ³³

时间	$\eta^{33} xa^{53}$；$tso^{33} th\varepsilon^{323}$	酉（鸡）	$\gamma a^{53/44} (kho^{53})$
今天	$\mathfrak{z}i^{31} \eta^{323}$	戌（狗）	$tsh\mathfrak{l}^{31} (kho^{53})$
昨天	$a^{31} \eta^{323}$	亥（猪）	$wa^{53/44} (kho^{53})$
前天	$s\mathfrak{l}^{33} \eta^{323/33}$	日子，日	$\eta^{33} xa^{53}$
大前天	$s\mathfrak{l}^{35} o^{31} \eta^{323/33}$	初一	$tshu^{33} z\mathfrak{l}^{35}$
明天	$na^{31} t\varphi i^{33} \eta^{323/33}$	初二	$tshu^{33} \gamma^{35}$
后天	$pha^{55} \eta^{323/33}$	初三	$tshu^{33} sa^{33}$
大后天	$thi^{323} lo^{31} \eta^{323/33}$	初四	$tshu^{33} s\mathfrak{l}^{35}$
今晚	$\mathfrak{z}i^{31} m^{35} tsh\mathfrak{l}^{53}$	月	la^{33}
明晚	$na^{31} t\varphi i^{33} \eta^{33} m^{31} tsh\mathfrak{l}^{53}$	一月（正月）	$z\mathfrak{l}^{323} \mathfrak{z}\varepsilon^{323} (f\varepsilon^{35})$；$ts\varepsilon^{33} \mathfrak{z}\varepsilon^{35}$
昨晚	$a^{31} m^{35} tsh\mathfrak{l}^{53}$	二月	$\gamma^{35} \mathfrak{z}\varepsilon^{323} (f\varepsilon^{35})$
白天	$m^{31} lo^{53}$	三月	$sa^{33} \mathfrak{z}\varepsilon^{323} (f\varepsilon^{35})$
早晨	$na^{53/44} ta^{55}$	四月	$s\mathfrak{l}^{24} \mathfrak{z}\varepsilon^{323} (f\varepsilon^{35})$
黎明	$m^{31} tsh\mathfrak{l}^{31} lia^{35} t\gamma^{33} wa^{33}$	五月	$u^{53} \mathfrak{z}\varepsilon^{323} (f\varepsilon^{35})$
上午	$na^{53/44} ta^{55}$	六月	$lu^{31} \mathfrak{z}\varepsilon^{323} (f\varepsilon^{35})$
中午	$m^{31} lo^{53}$	七月	$tsh\mathfrak{l}^{31} \mathfrak{z}\varepsilon^{323} (f\varepsilon^{35})$
晚上	$m^{31} tsh\mathfrak{l}^{53}$	八月	$pa^{31} \mathfrak{z}\varepsilon^{323} (f\varepsilon^{35})$
前世	$o^{31} tso^{33} a^{33} s\mathfrak{l}^{35}$	九月	$t\varphi o^{31} \mathfrak{z}\varepsilon^{323} (f\varepsilon^{35})$
来世	$na^{31} t\varphi i^{33} a^{33} s\mathfrak{l}^{35}$	十月	$s\mathfrak{l}^{31} \mathfrak{z}\varepsilon^{323} (f\varepsilon^{35})$；$tshi^{33} la^{33} khu^{33}$
开始	$kh\varepsilon^{33} s\mathfrak{l}^{35}$	十一月（冬月）	$s\mathfrak{l}^{31} \mathfrak{z}i^{31} \mathfrak{z}\varepsilon^{323} (f\varepsilon^{35})$；$to^{33} \mathfrak{z}\varepsilon^{33}$
古时候	$\mathfrak{z}i^{24} la^{31} s\mathfrak{l}^{323} x\varepsilon^{35}$；$\mathfrak{z}i^{24} la^{31} a^{33}$		khu^{33}
	$ts\varepsilon^{35}$；$\mathfrak{z}i^{24} la^{31} a^{33} t\varphi ha^{33} ku^{33}$	十二月（腊月）	$s\mathfrak{l}^{31} \gamma^{35} \mathfrak{z}\varepsilon^{323} f\varepsilon^{35}$；$la^{35} \mathfrak{z}\varepsilon^{35} khu^{33}$
元宵	$kho^{33} s\mathfrak{l}^{35} za^{31}$	月初	$\mathfrak{z}\varepsilon^{323} tshu^{33}$
清明	$m\gamma^{323} p\gamma^{323} ta^{55} la^{33} \eta^{33} xa^{55}$	月底	$\mathfrak{z}\varepsilon^{323} ti^{31}$
半夜	$pa^{55} xa^{53}$；$pa^{35} \mathfrak{z}\varepsilon^{35} sa^{33} ku\mathfrak{w}^{33}$	上半月	$th\varepsilon^{323} th\varepsilon^{323} pa^{44} la^{33}$
子（鼠）	$xa^{55} (kho^{53})$	下半月	$\eta a^{323} tu^{33} pa^{44} la^{33}$
丑（牛）	$\eta^{31} (kho^{53})$	年	kho^{53}
寅（虎）	$la^{31} (kho^{53})$	今年	$ts\mathfrak{l}^{31} \eta^{35}$
卯（兔）	$tha^{55} la^{55} (kho^{53})$	去年	$a^{31} \eta^{35} tha^{33}$
辰（龙）	$lo^{31} (kho^{53})$	前年	$s\mathfrak{l}^{35} \eta^{35} tha^{33}$
巳（蛇）	$z\mathfrak{l}^{24} (kho^{53})$	明年	$na^{323} xa^{53}$
午（马）	$m^{31} (kho^{53})$	后年	$nau^{35} \eta^{35}$
未（羊）	$tsh\mathfrak{l}^{53/44} (kho^{53})$	从前	$\mathfrak{z}i^{24} la^{31}$；$a^{31} t\varphi ha^{55} khu^{33}$
申（猴）	$a^{33} \underset{.}{n}o^{53/44} (kho^{53})$	现在	$t\varepsilon^{33} ts\varepsilon^{35}$

近来	te^{33} tha^{33} tɕa^{55} la^{31}；te^{33} tɕha^{55} khu^{33}	星期五	si^{33} tshʅ^{33} vu^{323}
		星期六	si^{33} tshʅ^{33} lu^{31}
起初	thɛ^{323} thɛ^{323}	星期日	si^{33} tshʅ^{33} thiɛ$^{33/44}$
将来	pi^{323} ma^{31} ŋ^{33}	季节	tsʅ^{35} tɕɛ^{323}
（三年）以前	(si$^{33/35}$ kho$^{53/44}$) zʅ^{31} tɕhɛ^{323}；ʑi^{35} la^{31}	春	tshui^{33} thiɛ^{33}（mɛ^{44}）
		夏	ɕa^{35} thiɛ^{33}（mɛ^{44}）
（两天）以后	(ŋ^{31} ŋ^{323}) zʅ^{31} xɛ^{35}；（ŋ^{31} ŋ^{323}）ŋa^{323} tu^{33}	秋	tɕho^{33} thiɛ^{33}（mɛ^{44}）
		冬	to^{33} thiɛ^{33}（mɛ^{44}）
今后	pi^{323} ma^{31} ŋ^{33}	除夕	sa^{33} sʅ^{35}
开始（开始时）	khɛ^{33} sʅ^{35}	新年	kho$^{53/44}$ sʅ^{35}
星期一	si^{33} tshʅ^{33} zʅ^{31}	节日	tɕɛ^{323} zʅ^{323}（mɛ^{44}）
星期二	si^{33} tshʅ^{33} ɣ^{35}	冷季	tɕa^{53} thiɛ^{33}（mɛ^{44}）
星期三	si^{33} tshʅ^{33} sa^{33}	热季	tsha^{33} thiɛ^{33}（mɛ^{44}）
星期四	si^{33} tshʅ^{33} sʅ^{35}		

（十三）数量

数目	su^{35} mɣ^{33}	十六	tshi^{31} tɕho^{53}
一	te^{31}	十七	tshi^{33} sʅ^{31}
二	ŋ^{31}	十八	tshi^{33} ɕi^{53}
三	si^{33}	十九	tshi^{33} ku$^{33/24}$
四	xɣ^{33}	二十	ŋ^{31} tsi$^{33/24}$；ŋ^{31} tshi^{33}
五	ŋa^{31}	二十一	ŋ^{31} tsi$^{33/24}$ te^{31}
六	tɕho^{53}	三十	si^{33} tshi$^{33/24}$
七	sʅ^{31}	三十一	si^{33} tshi$^{33/24}$ te^{31}
八	ɕi^{53}	四十	xɣ^{33} tshi^{33}
九	ku^{44}	四十一	xɣ^{33} tshi^{33} te^{31}
十	tshi^{33}	五十	ŋa^{31} tshi^{33}
十一	tshi^{33} tsʅ^{35}	五十一	ŋa^{31} tshi^{33} te^{31}
十二	tshi^{33} ŋ^{31}	六十	tɕho$^{53/55}$ tshi^{33}
十三	tshi^{33} si$^{33/24}$	六十一	tɕho$^{53/55}$ tshi^{33} te^{31}
十四	tshi^{33} xɣ$^{33/24}$	七十	sʅ^{31} tshi^{33}
十五	tshi^{33} ŋa^{31}	七十一	sʅ^{31} tshi^{33} te^{31}

八十	ɕi³¹ᐟ⁵⁵ tshi³³	（一）棵（树）	(sɿ³⁵ tsɤ³²³ tɛ³¹) tsɤ³²³
八十一	ɕi³¹ᐟ⁵⁵ tshi³³ tɛ³¹	（两）本（书）	(su⁵⁵ pɛ³¹ ŋ³¹) pɛ³¹
九十	ku³³ tshi³³	（一）行（麦子）	sa²⁴ tsɿ⁵⁵ tɛ³¹ tsɿ⁵⁵；sa²⁴ tɛ³¹ tsɿ⁵⁵
九十一	ku³³ tshi³³ tɛ³¹	（一）座（桥）	(tsɛ³²³ tɛ³¹) tsɛ²⁴
（一）百	tɛ³¹ xa³²³	（一）把（菜）	(o³¹ tɛ³¹) tsɤ²⁴
零	li³³	（一）把（米）	(tshɛ³³ tshɿ³³ tɛ³¹) ŋa³⁵
一百零一	tɛ³¹ xa³²³ li³³ tɛ³¹	（一）支（笔）	(piɛ³⁵ tɛ³¹) po²⁴
千	tu²⁴	（一）堆（粪）	(tshɿ³¹ tɛ³¹) ma⁵³
三千零五十	si³³ tu²⁴ ŋa³¹ tshi³³；si³³ tu³⁵ li³³ ŋa³¹ tshi³³	（一）桶（水）	(ʑi³²³ tɕa⁵³ᐟ⁴⁴ tɛ³¹) thu³¹
万	va³⁵	（一）碗（饭）	(tsa³²³ tɛ³¹) pa³⁵
十万	tshi³³ va³⁵	（一）块（地）	(ti³⁵ tɛ³¹) pɤ³¹
百万	xa³²³ va³⁵	（一）块（石头）	(no⁵³ᐟ⁴⁴ ma³³ tɛ³¹) tshɿ³¹；no⁵³ ma³³ tɛ³¹ ma²⁴
千万	tu²⁴ va³⁵	（一）块（砖头）	(wa³³ tsɛ²⁴ tɛ³¹) tshɿ³¹
亿	zɿ³⁵	（一）片（树叶）	(sɿ³⁵ tɕha³¹ tɛ³¹) tɕha³¹
一半	tɛ³¹ pha⁵⁵	（一）朵（花）	(vi⁵³ᐟ⁴⁴ li²⁴ tɛ³¹) to³¹
第一	tiɛ³⁵ zi³¹；tiɛ³⁵ zɿ³²³	（一）捆（花）	(vi⁵³ᐟ⁴⁴ li²⁴ tɛ³¹) tsɤ²⁴
第二	tiɛ³⁵ ɤ³⁵	（一）把（花）	(vi⁵³ᐟ⁴⁴ li²⁴ tɛ³¹) ŋa²⁴
（一）个（人）	(tsho³³ tɛ³¹) ʐo³⁵	（一）句（话）	(tɕhi³¹ tɛ³¹) tɕi⁵⁵
（一）个（碗）	(ta³⁵ o³¹ tɛ³¹) ma²⁴	（一）首（歌）	(tsha³⁵ ko³³ tɛ³¹) ma²⁴
（一）条（河）	(tɕha³¹ tɛ³¹) kɤ²⁴	（一）件（衣）	(tho³³ tɛ³¹) tsa²⁴
（一）条（绳子）	(tsa³⁵ fu³³ tɛ³¹) kɤ²⁴	（一）双（鞋）	(tshɿ³³ ni³⁵ tɛ³¹) tsɛ²⁴
（一）条（鱼）	(ŋa³¹ tɛ³¹) ma²⁴	（一）对（兔子）	(tha⁵⁵ la⁵⁵ tɛ³¹) tiɛ⁵⁵
（一）张（纸）	(tha³¹ zi³¹ tɛ³¹) tɕa⁵⁵	（一）群（羊）	(tshɿ⁵³ᐟ⁴⁴ tɛ³¹) ko⁵⁵
（一）页（书）	(tha³¹ zi³¹ tɛ³¹) thiɛ²⁴	（一）段（路）	(tɕa³²³ tɛ³¹) tha³¹
（一）个（鸡蛋）	(ɤa⁵³ fu³³ tɛ³¹) ma²⁴	（一）节（竹子）	(tɕi³³ tsu²⁴ tɛ³¹) tsɿ³⁵
（两）只（鸟）	(ŋa³⁵ ŋ³¹) ma²⁴	（一）天（路）	(tɕa³²³ tɛ³¹) ŋ³²³；tɛ³¹ ŋ³²³ pu³²³ tɕa³²³
（一）口（猪）	(wa⁵³ tɛ³¹) ma²⁴		
（一）头（牛）	(ŋ³¹ tɛ³¹) kɤ²⁴	（一）只（鞋）	(tshɿ³³ ni³⁵ tɛ³¹) thi³¹
（一）根（棍子）	(sɿ³⁵ tɛ³¹) po²⁴	（一）家（人）	(tsho³³ tɛ³¹) ɤɯ⁵³
（一）根（草）	(zɿ³¹ tɛ³¹) kɤ²⁴	（一）剂（药）	(na³²³ tshɿ³¹ tɛ³¹) pau³³
（一）粒（米）	(tshɛ³³ tshɿ³³ tɛ³¹) ma²⁴	（一）卷（布）	(tsɿ⁵⁵ khu³¹ tɛ³¹) tho³²³；(tsɿ⁵⁵ khu³¹ tɛ³¹) tɕɛ³¹
（一）把（扫帚）	(mi³³ sa³⁵ tɛ³¹) tsɛ²⁴		
（一）把（刀）	(phi³²³ ta³¹ tɛ³¹) tsa³³	（一）筐（菜）	(o³¹ tɛ³¹) tsɿ⁵³

（一）捆（柴）	(sʅ³⁵ tɛ³¹) tsɤ³⁵	（一）元	(tɛ³¹) khuɛ³¹
（一）捧（土）	(ni³¹ tɛ³¹) n̠a³⁵	（一）角	(tɛ³¹) tɕo³²³
（一）斤	(tɛ³¹) tsʅ²⁴	（一）亩	(tɛ³¹) m³¹
（一）袋（烟）	(zɛ³³ tɛ³¹) pau³³	（一）点钟	(tɛ³¹) tie³¹ tso³³；zʅ³²³ tie³¹ tso³³
（一）排（房子）	(xɤ³³ tɛ³¹) phɛ³²³；(xɤ³³ tɛ³¹) tsʅ⁵⁵	一会儿	tɛ³¹ thɤ⁵⁵ za³¹
		（一）天	(tɛ³¹) ŋ³²³
（一）栋（房子）	to³⁵	（一）夜	(tɛ³¹) xa⁵³
（一）串（珠子）	(tsu³³ tsu³³ tɛ³¹) tshuɤ²⁴；(tsu³³ tsu³³ tɛ³¹) tshɤ⁵³	（一）昼夜	tɛ³¹ ŋ³²³ tɛ³¹ xa⁵³；tɛ³¹ xa⁵³ tɛ³¹ ŋ³²³
（一）滴（油）	(tshɤ³³ tɛ³¹) tie²⁴	（一个）月	(tɛ³¹) la³³
（一）点（油）	(tshɤ³³ tɛ³¹) ti⁵³	（一）年	(tɛ³¹) kho⁵³
（一）面（旗子）	(xo³²³ tshʅ³³ tɛ³¹) ka³¹	（一）岁	(tɛ³¹) kho⁵³
（两）层（楼）	(lɛ³²³ ŋ³¹) tshe³²³	（一）辈子	(tɛ³¹) pɛ³⁵ tsʅ³¹；tɛ³¹ sɛ³³ zɤ³²³
（一）封（信）	(si³⁵ tɛ³¹) fo³³	（一）代（人）	tɛ³¹ tɛ³⁵ zɛ³¹；tso³³ tɛ³¹ tɛ³⁵
（一）间（房）	(xɤ³³ tɛ³¹) kɤ²⁴	（去一）次	(tɛ³¹) xui³²³ (ʑi³²³)
（一）包（东西）	(n̠o³¹ tɛ³¹) pau³³	（吃一）顿	tɛ³¹ tɛ³²³ tsa³¹；tɛ³¹ xui³²³ tsa³¹
（一）瓶（酒）	(tsʅ³²³ tɛ³¹) phi³²³	（喊一）声	(tɛ³¹) tɕi⁵⁵ vu²⁴；(tɛ³¹) thɤ⁵⁵ vu²⁴
（一）盒（药）	(na³²³ tshʅ³¹ tɛ³¹) xo²⁴		
（一）两	(tɛ³¹) lo³¹	（打一）下	(tɛ³¹) thɤ⁵⁵ (khuɤ³¹)
半斤	pa⁵³/⁴⁴ tsʅ²⁴	（踢一）下	tɛ³¹ thɤ⁵⁵ tɕhɛ⁵⁵；tɛ³¹ tɕo²⁴ tɕhɛ⁵⁵
一斤半	tɛ³¹ tsʅ²⁴ pa⁵³		
（二）两（酒）	(tsʅ³²³ ŋ³¹) lo³¹	（咬一）口	tɛ³¹ mɛ³³ tɕhi⁵³
（两）钱（酒）	(tsʅ³²³ ŋ³¹) tɕhɛ²⁴	一些	tɛ³¹ ko⁵⁵
（一）斗	(tɛ³¹) tɛ³¹	几个	xa³³ ni³³ ma²⁴；xa³³ ni³³ zo³⁵
（一）升	(tɛ³¹) sɛ³³	每天	tɛ³¹ ŋ³²³ ma³¹ xɛ³⁵
（一）里	(tɛ³¹) li³¹	每个	tɛ³³ zo³⁵ ma³¹ xɛ³⁵；tɛ³³ ma³⁵ ma³¹ xɛ³⁵
（一）庹	(tɛ³¹) le²⁴		
（一）尺	(tɛ³¹) tshʅ²⁴	哪个	xa³³ zo³⁵；xa³³ ma⁴⁴
（一）丈	(tɛ³¹) tsa³⁵	等一阵	tɛ³¹ tsɛ²⁴ xo³³
（一）拃	(tɛ³¹) xo²⁴	庹（两手平伸长）	le³²³
（一）肘	(tɛ³¹) tsʅ³⁵	寸	tshue²⁴
（一）步	(tɛ³¹) piɛ³²³	亩	m³¹
（一）寸	(tɛ³¹) tshui³⁵	斗	tɛ³¹
（一）分	(tɛ³¹) fɛ³³	斤	tsʅ²⁴

（一）倍　　　　　（tɛ³¹）pɛ³⁵

（十四）代替、指示、疑问

我	ŋa³³	那些	a³³ko⁵⁵
我俩	ŋa³³ŋ³¹ʐo³⁵	那种	a³³tɕi⁵⁵
我们	ŋa³³tshɣ³¹	那里	a³³ȵa⁵³
你	nɛ³³	那边	a³³pi³¹
你俩	nɛ³³ŋ³¹ʐo³⁵	那样	a³³ni³³
你们	nɛ³³tshɣ³¹	谁	xa³³ʐo³⁵
他	ʐi³³	什么	xa³³ma⁵⁵
他俩	ʐi³³ŋ³¹ʐo³⁵	怎么了	xa³³ma³³ta⁵⁵
他们	ʐi³³tshɣ³¹	哪个	xa³³ʐo³⁵（问人）；
自己	tsʅ³¹tɕa²⁴		xa³³ma⁴⁴（问物）
我自己	ŋa³³ta³³mɛ⁴⁴thi²⁴	哪边	xa³³pi³¹
你自己	nɛ³³ta³³mɛ⁴⁴thi²⁴	几时	xa³³tsɛ³⁵
他自己	ʐi³³ta³³mɛ⁴⁴thi²⁴	怎么	xa³³ni³³
别人	ŋ²⁴tɕa³³ʐo³⁵	多少	xa³³ni³³ko⁵⁵
这	tɛ³³	几个（疑问代词）	xa³³ni³³ma²⁴
这个	tɛ³³ʐo³⁵；tɛ³³ma⁵⁵	其他	ŋ²⁴tɕa³³tɕi⁵⁵
这些	tɛ³³ko⁵⁵	全部	tɛ³¹ko⁵⁵tɣ³³
这种	tɛ³³tɕi⁵⁵	这样	tɛ³³tɕi⁵⁵
这里	tɛ³³ȵa⁵³	那样	a³³tɕi⁵⁵
这边	tɛ³³pi³¹	那里	a³³ȵa⁵³
这样	tɛ³³ni³³（ta⁵⁵）	哪里	xa³³ȵa⁵³
那（近指）	a³³	什么	xa³³ma³³
那个	a³³ʐo³⁵（指人）；a³³ma⁵⁵（指物）		

（十五）性质、状态

大	ɣɣ³¹	粗	ɣɣ³¹
小	niɛ²⁴	细	niɛ²⁴

高	m²⁴	竖（竖的）	tsʅ³³
低（矮）	nɣ²⁴	直（直的）	tsʅ³³
凸	to⁵³（名词）；phu³³（动词）	弯（弯的）	fu⁵⁵；ko⁵³
凹	o³³；wa³⁵	黑	na⁵³
长	sɣ²⁴	白	tshʅ³³
短	tshɛ²⁴	红	ŋ²⁴
远	zʅ³¹	黄	sɣ²⁴
近	nɣ³¹	绿	lu⁵⁵
宽	khua⁵⁵	蓝	la³²³
窄	tsɛ²⁴	灰（灰的）	xui³³
宽敞	khua⁵⁵khua⁵⁵ni³³	亮（亮的）	lia³⁵
狭窄	tsɛ²⁴tsɛ²⁴za³¹ni³³	暗	na⁵³
厚	tshʅ³³pɛ³¹	重	zʅ³¹
薄	pa³¹	轻	lo³²³
深	na³⁵	快	tɕi³¹
浅	tɛ³²³	慢	phi³²³
满	tɕɛ³³	早	na⁵³
空	khu²⁴	迟	lɣ³³
瘪	phiɛ³¹	锋利	tha⁵⁵
多	ȵa³¹	钝	te³¹
少	mɛ⁵⁵	清（清的）	ɕo³³
方	sʅ³⁵fa³³	浑浊	te⁵⁵
圆	vɣ³³	胖	tshu³³
扁	pa³¹	肥（猪肥）	tshu³³
尖	tha⁵⁵；tɕɛ³³	瘦	tɕa³³
平	to³³	瘦（地瘦）	tɕa³³
皱	tu⁵⁵	干	fɣ³³
正（正面）	tsɛ²⁴miɛ³⁵	湿	khuɣ⁵³
反（反面）	fa³¹miɛ³⁵	稠（粥稠）	te⁵⁵
准（打得准）	tsui³¹	稀（粥稀）	ɕo³³
准（称得准）	tsui³¹	水（清）	ɕo³³
偏	fu⁵⁵	密（布密）	tsʅ⁵³
歪	fu⁵⁵	稀（头发稀）	tɕa³⁵
横（横的）	vɣ²⁴	硬	kuɯ³⁵

软	xo^{31}	香（气味香）	φo^{24}
黏	ηa^{53}	臭	$tsh\eta^{31}$
光滑	$z\varepsilon^{53}$	香（味道香）	φo^{24}
粗糙	$ma^{31} z\varepsilon^{53}$	酸	$ts\varepsilon^{24}$
滑（路滑）	$z\varepsilon^{53}$	甜	$n\varepsilon^{323}$
紧	$t\varphi\varepsilon^{31}$	（味道）苦	kha^{31}
松	γa^{55}	（生活）苦	sa^{55}
脆	$tshui^{35}$	辣	$ph\gamma^{33}$
（房子）牢固	$khu\gamma^{33}$	咸	kha^{31}
结实	$khu\gamma^{33}$	淡（盐）	$ma^{31} kha^{31}$
乱	$lu\gamma^{35}$	涩	$s\varepsilon^{24}$
对	xo^{24}	腥	$tshau^{31}$
真	$ts\varepsilon^{33}$	腻	nau^{35}
假	$t\varphi a^{53}$	闲	φa^{24}
生（生的）	$ts\gamma^{31}$	忙	$xoa^{24} tsa^{24}$
新	$s\eta^{35}$	富	sa^{33}
旧	mo^{31}	穷	sa^{55}
好	na^{35}	丰富	$fo^{33} fu^{35}$
坏	$ma^{31} na^{35}$	干净	φo^{33}
贵	$phu^{31} kha^{55}$	脏	$ma^{31} \varphi o^{33}$
便宜	$phu^{31} lo^{323}$	热闹	$z\varepsilon^{24} nau^{35}$
老（植物老）	mo^{31}	安静	tsi^{35}
嫩（植物嫩）	$n\varepsilon^{33}$	新鲜	si^{55}
年老	mo^{31}	活（活的）	su^{24}
年轻	nie^{24}	奇怪	$tsh\eta^{33} ku\varepsilon^{35}$
美	$\eta^{24} k\gamma^{323} sa^{33}$	一样的	$t\varepsilon^{31} t\varphi hau^{33}$
丑	$\eta^{24} k\gamma^{323} ma^{31} sa^{33} ; \eta^{24} sa^{55}$	明亮	lia^{35}
热	$tsha^{33}$	好吃	$tsa^{31} \eta a^{24}$
冷	$t\varphi a^{53}$	难吃	$tsa^{31} sa^{55}$
温（水温）	$tsha^{33} m\varepsilon i^{31}$	好听	$na^{24} k\gamma^{323} sa^{33}$
暖和	$tsha^{35} tsha^{33} za^{31}$	好看	$\eta^{24} k\gamma^{323} sa^{33}$
凉快	lia^{323}	难看	$\eta^{24} sa^{55}$
难（做）	$na^{31} (m^{33}) sa^{55}$	好笑	$mo^{55} zi^{323} sa^{33}$
容易	$ma^{31} na^{31} (m^{33} k\gamma^{323}) sa^{33}$	响	$m\gamma^{323}$

辛苦	sa^{55}	狡猾	kui^{31} thɛ^{323}
慌	xua^{33}	可怜	sa^{55} thɛ^{323}
急忙	xua^{24} li^{24} xua^{24} tsa^{24}	客气	khɤ^{24} tshʅ^{35}
花（花的）	xua^{33}	凝结	tɛ^{35}
聪明	tsho^{33} mi^{323}	急躁	tɕi^{31}
蠢	lɛ^{35}	堵塞	la^{323} tsɤ^{31}
机灵	li^{323}	粗	tshu^{24}
老实	lau^{31} sʅ^{24}	细	sʅ^{33}
狡猾	tɕau^{31} xua^{323}	错	ma^{31} xo^{24}；tshuɤ^{35}
骄傲	tɕau^{33} au^{35}；tsa^{33} tɕi^{33} thɛ^{323}	慢慢地	ʐo^{33} ʐo^{33} za^{31}
勇敢	ʐo^{31} ka^{323}	快快（吃）	ni^{33} ɕi^{55} ni^{33} ɕi^{55}
凶恶	o^{24}	勤快	xua^{24} tsa^{24} ta^{33}
厉害	li^{35} xai^{35}	快快地	ni^{33} ɕi^{55} ni^{33} ɕi^{55}
客气	khɤ^{31} tshʅ^{35}	早早地	na^{55} na^{55} ni^{33}
齐啬	ɕau^{44} tshʅ^{35}；ɕa^{53} tshʅ^{24}	慢吞吞	ʐo^{33} ʐo^{33} za^{31}
勤快	la^{24} tshau^{35}	黑黢黢	na^{53} khu^{31} tsʅ^{53}
懒	pɯ^{44} ʐa^{33}	黑洞洞	na^{53} na^{53} za^{31} ni^{33}
巧	tɕhau^{31}	绿油油	lu^{55} kɤ^{323} kɤ^{323}
乖（乖孩子）	kuai^{33}；tɕhi^{31} na^{24}	红通通	ŋ^{24} tsɛ^{55} tsɛ^{55}
努力	nu^{31} li^{323}	黄灿灿	sɤ^{24} kɤ^{323} kɤ^{323}；sɤ^{24} sɤ^{24} za^{31} ni^{33}
啰唆	lo^{33} so^{33}	轻飘飘	lo^{24} lo^{323} za^{31} ni^{33}
可怜	sa^{55} sa^{55} za^{31}	水淋淋	sui^{33} lu^{33} lu^{33}
高兴	kau^{44} ɕi^{24}；si^{33} si^{33}	乱七八糟	xui^{35} ma^{31} kua^{55} ni^{33}；luɤ^{35} tshʅ^{323}
幸福	sin^{35} fu^{323}		pa^{323} tsa^{33} ni^{33}
平安	phi^{323} a^{33}	糊里糊涂	fu^{323} li^{33} fu^{323} thu^{323}
舒服	tso^{323} kɤ^{323} sa^{33}	长短	sɤ^{24} tshɛ^{24}
单独	tha^{24} mu^{24} thi^{323}	肥瘦	tshu^{33} tɕa^{33}
陡峭	phiɛ^{55}	大小	ɤ^{31} ȵɛ^{24}
饱满	ma^{323} kɛ^{33} na^{24}	高低	m^{24} nɤ^{24}
（烧）煳	tshʅ^{53}	老老实实	pɛ^{31} pɛ^{31} sʅ^{24} sʅ^{24}
（煮）烂	xa^{55}	慌慌张张	xua^{24} li^{24} xua^{24} tsa^{24}
（鱼）腥	sa^{55}	啰里啰唆	lo^{33} li^{33} lo^{33} so^{33}
和气	xo^{31} tshʅ^{35}	粗细	tshu^{33} sʅ^{24}
后悔	xɛ^{24} xui^{323}		

（十六）动作、行为

爱	ŋ²⁴thɤ⁵⁵	必需	pi²⁴sꙗ³³
爱（吃）	ɛ³⁵	编（篮子）	ɣa⁵³
按	zꙗ⁵³	变化	piɛ⁵³no⁵³
熬（药）	fu³³；xa⁵⁵	变大	zo⁵³ɤ³¹
熬（粥）	xa⁵⁵	变小	zo⁵³ȵɛ²⁴
拔（草）	tsꙗ³⁵	变黑	zo⁵³na⁵³
拔（火罐）	pa³³tshꙗ²⁴kuɤ³⁵	变红	zo⁵³ŋ²⁴
把（尿）	tsi²⁴	扁了	zꙗ⁵³nɤ²⁴
耙（耙田）	tɕa³⁵	压扁	zꙗ⁵³nɤ²⁴
掰开	pa³³tɕhɛ²⁴	病	na³²³
摆（整齐）	ta⁵⁵	补（衣）	to⁵³
摆动	ɤ²⁴tso²⁴	补（锅）	to⁵³
败	pɛ²⁴	擦（桌子）	sꙗ³⁵
拜（菩萨）	ʑi³¹tshꙗ³³thɛ⁵³	擦掉	sꙗ³⁵no⁵³
搬（家）	pa³³	猜（谜）	tshɛ³²³
搬（凳子）	pa³³	猜中	tshɛ³²³tso³¹
帮助	pa³³tsu³⁵	裁	tsi⁵³
绑	khuɤ³³	踩	kɯ⁵³
包（药）	thɛ⁵⁵	刺痛	tsu⁵⁵tɤ³³na³²³
剥（花生）	phɤ⁵⁵	藏（东西）	xua³⁵
剥（牛皮）	phɤ⁵⁵	蹭（痒）	tɕha⁵⁵
饱	po⁵³	插（牌子）	tsha³⁵
抱	ta³⁵	插（秧）	tɤ²⁴
刨（光）	tsꙗ⁵³	差（两斤）	ma³¹lo⁵³
背（孩子）	pu³¹	拆（衣服）	tsi⁵³no⁵³
焙干	xɯ⁵⁵fɤ³³	拆（房子）	tɕha⁵⁵
背（书）	pɛ³⁵	塌毁	pɛ³¹
迸（出）	kɤ³¹（to⁵⁵li³³）	搀扶	fu³¹tsɤ³¹
闭（口）	m³⁵tɤ³⁵	掺（水）	ni⁵⁵
编（辫子）	kɛ³³thi³¹	缠（线）	la⁵³

馋（肉）	xɯ⁵⁵	穿（鞋）	tɛ⁵³
馋	xɯ⁵⁵	穿（针）	sɤ³³
尝	tsa³¹ ŋ³²³ ka³³	（用针）穿孔	le⁵³
偿还	kho⁵³ no⁵³	传染	na⁵⁵ ta³⁵
唱	tsha²⁴	吹（喇叭）	mɯ⁵³
吵	tsʐ³²³ xɤ³³	吹（灰）	m̩⁵³
炒	zʐ³²³	捶打	khuɤ³¹
车（水）	ko³²³	（消息）传开	tshuɤ³²³ tɕhɛ³²³
沉	ni⁵³ tshi³³	喘	tshuɤ³¹
称（粮食）	tshɛ²⁴（ŋ³²³ ka³³）	戳	tsu⁵⁵
撑住	ti³¹	戳破	tsu⁵⁵ kɤ⁵³
撑开（口袋）	phu³³ tɕhɛ³¹	刺	tsu⁵⁵
撑（伞）	tɤ⁵³	催	tshui³⁵
撑（船）	to³⁵	搓（绳）	vɤ⁵³
成（了）	tɕhɛ⁵³	错	ma³¹ xo²⁴；tsho³⁵
完成	tɕhɛ⁵³	锉	tsho²⁴
盛（饭）	khɯ⁵³	搭（架子）	（tɕa³⁵ tɕa³³）ta²⁴
盛得下	tɕi³³ ti³²³	答应	tshʐ²⁴ to³³
承认	tshɛ³²³ zɛ²⁴	打（人）	khuɤ³¹
吃	tsa³¹	打（手势）	pi³¹
喂	tsa⁵⁵	打猎	sɛ³³ li³²³ tsʐ³¹
（用水）冲	tsho³⁵	打（枪）	（tsho³⁵）tsʐ³¹
舂	ti⁵⁵	打中	tsʐ³¹ thɤ⁵⁵
抽（出）	u³²³	打仗	tsʐ³¹ ⁄ ³²³ tsʐ³¹
抽（烟）	to³²³	打架	tsʐ³¹ ⁄ ³²³ tsʐ³¹
抽打	khuɤ³¹	打散（队伍）	tsʐ³¹ sa³⁵
出嫁	xɯ²⁴	打倒	tsʐ³¹ pɛ³¹
出（水痘）	to⁵³	打（水）	（zi³²³ tɕa⁵³）tɤ⁵³
出去	to⁵³ ʑi³³	打（针）	（ɤɯ⁵³）tsʐ³¹
出（太阳）	to⁵³	打（柴）	（sʐ³⁵）thɛ³¹
出来	to⁵³ li³³	打（喷嚏）	（a²⁴ thiau³¹）m⁵³
取出	u³²³ to⁵³ li³³	打（瞌睡）	（zʐ⁴⁴ m²⁴）ku⁵⁵
锄（草）	kɤ³⁵	打（滚儿）	（pa³³ tɛ³³ le³）tsi⁵³
穿（衣）	vi⁵³	打（哈欠）	（xa²⁴ ʑo³¹）m³³

打（嗝儿）	$(\gamma\gamma^{35})\ ta^{53}$	跌倒	$to^{31}\ l\gamma^{33}$
打（鼾）	$(z\eta^{53/44}\ na^{33})\ ko^{323}$	叠（被子）	$ts\varepsilon^{323}\ ts\eta^{24}$
打开	$phu^{33}\ t\varphi h\varepsilon^{31}$	（蚊子）叮	$t\varphi hi^{53}$
打闪	$m^{31}\ xa^{33}\ pa^{33}$	钉（钉子）	$t\varphi\varepsilon^{55}$
打雷	$m^{31}\ ku^{55}$	丢失	$tsh\gamma^{31}\ phi^{53}$
带（钱）	$t\varphi i^{33}$	抖（灰）	$t\varepsilon^{31}$
带（孩子）	$s\gamma^{55}$	懂	$s\eta^{55}$
带（路）	$s\gamma^{55}$	（肉）冻	to^{24}
戴（帽子）	$t\varepsilon^{53}$	（手）冻	$t\varphi a^{53}$
戴（手镯）	$t\varepsilon^{53}$	（虫子）动	$\gamma\gamma^{35}\ tso^{24}$
耽误	$ta^{33}\ ko^{24}$	兜着	$ku^{33}\ th\varepsilon^{55}$
当（兵）	ta^{33}	读	so^{24}
挡（风）	tu^{31}	堵塞	$tsh\eta^{31}$
（墙）倒	$p\varepsilon^{31}$	赌博	$t\varphi h\varepsilon^{33}\ tu^{31}$
弄倒（墙）	$ku^{33}\ p\varepsilon^{31}$	渡（河）	ko^{53}
捣碎	$ti^{55}\ m^{33}$	断（气）	$tshi^{55}$
倒（过来）	$tau^{35}\ (ko^{44}\ li^{33})$	（线）断	$th\varepsilon^{33}$
倒掉（水）	$ni^{55}\ no^{53}$	弄断（线）	$ku^{33}\ th\varepsilon^{33}$
到达	$tsh\eta^{33}\ wa^{323}$	（棍子）断	$th\varepsilon^{33}$
得到	$\eta a^{323}\ wa^{323}$	弄断（棍子）	$ku^{33}\ th\varepsilon^{33}$
等待	xo^{33}	堆（草）	ma^{53}
地震	$m^{323}\ ti^{33}\ z\eta^{35}$	蹲	$ku^{33}\ m^{55}$
滴（水）	$(\varzeta i^{323}\ t\varphi a^{53/44})\ ti\varepsilon^{35}$	炖	$t\varepsilon^{53}$
低（头）	$tsu^{55}\ tshi^{33}$	躲藏	$ku^{33}\ xua^{35}$；$ku^{33}\ m\varepsilon^{35}$
点（头）	nu^{33}	躲开	$k\gamma^{31}\ t\varphi h\varepsilon^{24}$
点（火）	$tsha^{35}$	剁（肉）	to^{35}
燃烧	$ts\gamma^{33}\ to^{35}$	饿	$(tsa^{323})\ mi^{53}$
垫	$k\varepsilon^{33}\ ti^{35}$	恶心	$fa^{24}\ o^{31}\ si^{33}$
凋谢	$p\varepsilon^{35}\ no^{53}$	发抖	$t\varepsilon^{31}$
叼	xa^{323}	发酵	pu^{55}
掉（下）	$ka^{323}\ tshi^{33}$	发烧	$tsh\eta^{55}$
掉（眼泪）	$to^{53}\ z\varepsilon^{31}$	发愁	$tsh\varepsilon^{323}$
吊	$k\varepsilon^{33}\ kua^{35}$	发芽	$za^{44}\ fa^{35}$；$za^{44}\ to^{53}$
钓（鱼）	$tiau^{35}$	（把衣服）翻过来	$po^{35}\ ko^{55}\ (li^{33})$

（在床上）翻身	z̩$^{53/44}$ po^{35} pa^{24}	割（绳）	ɣɯ^{323}
反刍	xui^{24} tshau^{24}	割断	ɣɯ^{323} thɛ^{33}
放（水）	（ʑi^{323} tɕa$^{53/44}$）tɕhɛ^{31}	割（草）	ʑi^{53}
放（盐）	tɕi^{33}	给	kɯ^{31}
放牧	lo^{35}	跟（在后面）	tɛ^{33}
放（火）	（m^{33} to^{35}）tɕhɛ^{31}	耕	wa^{31}
放（屁）	（tsh̩^{31} sa$^{53/44}$）pɤ^{35}	钩	khu^{55}
放心	fa^{24} si^{33}	够	lo^{53}
飞	phɤ^{31}	故意	pa^{35} s̩^{35}
发（东西）	s̩^{24}	刮（毛）	kua^{53}
分家	s̩^{24} tɕhɛ^{24}	刮（风）	tɕho^{31}
分离	s̩^{24} tɕhɛ^{24}	挂（在墙上）	kua^{35}
疯	u^{31}	怪（你）	kuɛ^{35}
缝	sa^{33}；fɛ^{33}	关（门）	pi^{55}
敷	thɛ^{55}	关（羊）	pi^{55}
孵	m^{55}	管	kua^{55}
扶（栏杆）	tsha^{33}	灌（水）	tɕi^{33}
伏	kɯ^{33} phu^{24}	跪	ku^{55}
腐烂	tsh̩^{31}	滚	ɣɤ^{55} tso^{35}
盖（土）	kɯ^{33} phɛ^{31}	过（年）	ko^{53}
盖（被）	tsu^{33}	过（桥）	ko^{53}
盖（房子）	tsho^{55}	过（了两年）	ko^{53}
干	fɤ^{33}	害羞	sa^{55} to^{24}
晒干	lɛ^{35} fɤ^{33}	害怕	tɕo^{53}
感冒	ts̩^{31} ka^{35} na^{323}	含（一口水）	mɛ^{33}
赶集	li$^{53/44}$ ʑi^{33}	喊（人）	vu^{24}
赶（牛）	ka^{53}	喊叫	vu^{24}
赶（上）	tɛ^{33} mɤ^{33}	（天）旱	fɤ^{33}
敢	ts̩^{55}	喝	to^{323}
干活儿	（ɳo^{31}）m^{33}	合适	xo^{24} s̩^{35}
硌（脚）	kɯ^{24}	合上（书本）	pi^{55} lo^{31}
告诉	pa$^{53/44}$ mo^{33}	恨	xɯ^{35}
割（肉）	ɣɯ^{323}	哼（呻吟）	xɯ^{33}
割下	ɣɯ^{323} no^{53}	烘	xɯ^{24}；xɯ^{24} tsha^{33}

哄	tɕi⁵³	（腋下）夹	kɛ³³ŋ³⁵
划（船）	ɣɣ⁵³	夹（菜）	ŋ³⁵
画（画儿）	xua³⁵	嫁（女儿）	xɯ³⁵
怀孕	si⁵³⁄⁴⁴ma³³ko³¹po³⁵	捡	kɣ³³
还（账）	kho⁵³	剪	tsi⁵³
还（钢笔）	kho⁵³	讲（故事）	tɕa³¹
换	tsʅ³²³pa²⁴；lɛ⁵⁵	降落	phɣ³¹tshi³³li³³
唤（狗）	mɣ³²³	交换	tsʅ³²³pa³⁵
回	kɯ³³(li³³)	交（朋友）	(tsho³¹pa²⁴)mu³³
使回	kɯ³³li³³kɯ³¹	做姐妹	m³³nɛ²⁴m³³
回头	ʑi³¹tsʅ³³kɯ²⁴mɛ⁴⁴tso²⁴ko⁵³⁄⁴⁴li³³	做兄弟	kɣ³²³pa²⁴tɣ⁵³
回忆	ɕa³¹tsʅ²⁴	浇（水）	sɛ³¹
回答	tshʅ²⁴to³³	（烧）焦	tshʅ⁵³
会（写）	(vɣ⁵³⁄⁴⁴)li³²³	嚼	kua³¹；tɕhi⁵³m³³
浑浊	tɛ⁵⁵	教	ma⁵⁵
搅浑	la³⁵tɛ⁵⁵	（公鸡）叫	mɣ³²³
活（了）	su²⁴	（母鸡）叫	mɣ³²³
养活	fu³³su²⁴	（猫）叫	mɣ³²³
获得	ŋa³²³wa³²³	（驴）叫	mɣ³²³
和（泥）	zʅ⁵³	（马）叫	mɣ³²³
积攒	tshɛ²⁴lo³¹	（牛）叫	mɣ³²³
集合	ta⁵⁵xo³²³	（狗）叫	mɣ³²³
挤（牙膏）	nu³⁵	（猪）叫	mɣ³²³
（很）挤	tsa⁵³	（羊）叫	mɣ³²³
挤进	tsa⁵³⁄⁴⁴kɯ³³ʑi³³	（老虎）叫	mɣ³²³
挤（奶）	nu³⁵	（狼）叫	mɣ³²³
挤（脚）	tsu²⁴	叫（名字）	vu²⁴
记得	tsʅ³⁵tsɣ³¹ta³²³	接住	tha²⁴tsɣ³¹
寄存	ta⁵⁵pa³³	揭（盖子）	phu³³tɕhɛ³¹；vu³²³no⁵³
寄（信）	(ɕi²⁴)tɛ²⁴	结（果子）	tɛ⁵³
忌妒	tshʅ²⁴ma³¹xɯ³⁵	结（冰）	(xua⁵⁵)tɛ⁵⁵
忌（嘴）	tsa³¹ma³¹ta³³	结婚	tshʅ³¹ma³³tshʅ³³
系（腰带）	ni³⁵	解（疙瘩）	phi³³tɕhɛ³¹
		借（钱）	tsʅ⁵⁵

借（工具）	ŋa⁵⁵		啃	tɕhi⁵³
借出	ŋa⁵⁵ to⁴⁴ zi³³		抠	kɤ³⁵
借入	ŋa⁵⁵ kɯ³³ li³³		扣（扣子）	tso⁵³
浸泡	kɛ³³ tsʅ³⁵		空闲	ɕa²⁴
进（屋）	kɯ³³ li³³		哭	ŋ³²³
经过	ko⁵⁵		跨	kua³³
惊动	tɕo²⁴		夸奖	khua³³
受惊	tɕo²⁴		枯萎	khu³³
救	kɯ⁵⁵		困倦	mo⁵⁵ zʅ⁵³；zʅ⁵³ m²⁴ ku⁵⁵
居住	na³¹		拉	sɤ³³；tɛ³¹
举（手）	thɛ³¹		拉（屎）	(tshʅ³¹) ŋɤ²⁴
锯	ɤɯ³²³		辣	phɤ³³
卷（布）	la⁵³/⁴⁴ tsʅ³⁵		落（遗漏）	ka³²³ tshi³³
蜷缩	so²⁴ tɤ³⁵		来	li³³
掘	kɤ³⁵		捞	lau³³；vu³²³
卡住	kha⁵³		老	mo³¹
开（门）	phu³³ tɕhɛ³¹		勒	lɛ²⁴
（水）开（了）	xa⁵⁵		累	lui³⁵
（花）开（了）	vi⁵³		连接	tsa³⁵ tsʅ²⁴
开（车）	khɛ³³		炼（铁）	liɛ³⁵
开会	khɛ³³ xui³⁵		（饭）凉	tso³⁵
砍（树）	tsi⁵³		凉（一下）	(tɛ³¹ thɛ⁵⁵) tso³⁵ kɯ³¹；tso³⁵ kɯ³¹
砍（骨头）	tsi⁵³		量	lia³²³
看	ŋ²⁴ ka³³		晾（衣）	la³⁵
（给）看	ŋ²⁴ ka³³ kɯ³¹		聊天	khua³³ ɕɛ³²³
看见	mo³²³		裂开	piɛ⁵³
（病人）看病	na³²³ ŋ²⁴		淋	ti⁵⁵
扛	kha³²³ tsɤ³¹		（水）流	zɛ³¹
烤（火）	ko²⁴		留（种）	(zi³³ sʅ⁵⁵) sʅ³¹
靠	kɯ³³ khau³⁵		聋	po³¹
磕头	zi³¹ tshʅ³³ thɛ⁵³		搂（在怀里）	ta³⁵
咳嗽	tsʅ⁵⁵		漏（雨）	sa⁵⁵
渴（水）	(zi³²³ tɕa⁵³/⁴⁴) sʅ³⁵		滤	li³⁵
刻	khɤ²⁴		弄乱	ku³³ luɤ³⁵

摞	ma⁵³	爬（山）	tɕha³¹
（太阳）落	za⁴⁴tshɛ³³；nɤ²⁴tshɛ³³	爬（树）	tɕha³¹
麻木	m̩³²³	（鸡）扒（土）	tɕha⁵⁵
骂	xɤ³³	拍（桌子）	kho³⁵
埋	fu³⁵；kɯ³³fu³⁵	排（队）	tsa²⁴tui³⁵
买	vɤ³²³	跑	kɤ³¹
卖	ŋ̩³¹	（马）跑	kɤ³¹
满（了）	tɕɛ³³	泡（茶）	tsʅ³⁵
梦	zʅ⁴⁴ma³³	赔偿	kho⁵³
冒（烟）	to⁵³	赔（本）	thi²⁴
没有	ma³¹tso³²³	佩带	tɛ⁵³
发霉	me³¹ta⁵³	捧	thɛ⁵⁵
蒙盖	（kɯ³³）phɛ³¹	膨胀	phu³³tsʅ²⁴；fa²⁴ɤɤ³¹
（鸟）鸣	mɤ³²³	碰撞	tsɤ³⁵
（火）灭	niɛ³¹	披（衣）	ka³¹
抿着（嘴）	mu⁵⁵	劈（柴）	pho³⁵
明白	sʅ⁵⁵	撇了（一层油）	la²⁴tɕhɛ²⁴
摸	ɤ³³	漂浮	pu³²³
磨（刀）	sɤ⁵⁵	泼（水）	pi³⁵
磨（面）	tshʅ⁵⁵	洒（水）	tɤ³³si³⁵
驮（粮）	tɕi²⁴	散（开）	pi³¹
拿	vu³²³	破（簸）	pho³⁵
拿到	vu³²³mɤ³³	（衣服）破（了）	kɤ⁵³
挠（痒）	tɕha⁵⁵	（竹竿）破（了）	kɤ⁵³
（花）蔫	tsʅ³³liɛ³³	（房子）破（了）	kɤ⁵³
捏	nu³⁵	（碗）破（了）	kɤ⁵³
拧（毛巾）	fu⁵⁵	打破（碗）	to³¹kɤ⁵³
弄直	ku³³tsʅ³³	剖	phi⁵³ᐟ⁴⁴（tɕhɛ²⁴）
弄歪	ku³³fu⁵⁵	铺	phu³³
弄湿	ku³³khuɤ⁵³；ti⁵⁵khuɤ⁵³	欺负	tshʅ³³fu³⁵
呕吐	lo⁵⁵	欺骗	phiɛ³⁵；tɕi⁵⁵ka³³
趴	tɕha³¹	砌	tɤ⁵³；thu³¹
（人）爬	tɕha³¹	骑	tsɤ³¹
（虫子）爬	tɕha³¹	起来	ka³²³tsʅ²⁴

气（人）	$tsʅ^{24}$	撒（种）	$(ʐi^{33}sʅ^{55})\ ɕo^{24}$
生气	$tsʅ^{24}$	塞（洞）	$tshʅ^{31}$
牵（牛）	$sɤ^{33}$	塞进（瓶子）	$tsu^{24}tɕi^{33}$，$tsɛ^{31}kɯ^{33}ʑi^{33}$
欠（钱）	$tɕhɛ^{35}$；$tsha^{33}$	散（了）	sa^{35}
掐	nu^{35}	（鞋带）散开	$phu^{33}tɕhɛ^{31}$
抢	$tɕha^{31}$	解开	$phi^{33}tɕhɛ^{31}$
敲	ka^{24}；$khau^{33}$	散步	$ka^{323}tso^{24}ʑi^{33}$
翘（尾巴）	$tɕhau^{35}$	扫	sa^{35}
撬	$tɕhau^{35}$	杀（人）	si^{53}
劁（猪）	$sɛ^{35}$	杀（鸡）	si^{53}
切（切菜）	so^{35}	筛（米）	$vɤ^{31}$
亲（小孩）	$ɲo^{53}$	晒（衣服）	le^{35}
取	vu^{323}	晒（太阳）	le^{35}
取（名）	$mi^{24}tsʅ^{35}vu^{24}$	扇（风）	sa^{33}
娶	$tshʅ^{33}$	骟（牛）	$sɛ^{35}(no^{53})$
去	$ʑi^{323}$	商量	$sa^{33}lia^{33}$
驱赶	$ka^{53/44}ka^{323}ʑi^{323}$	上（楼）	ta^{53}
痊愈	na^{24}	上（肥）	ta^{53}
缺（一个口）	$(tɛ^{31}ti^{53}za^{31})\ tsha^{33}$	烧（火）	$tsɤ^{33}$
瘸（了）	ti^{55}	舍不得	$sɛ^{31}ma^{31}ta^{24}$
全（了）	lo^{53}	射（箭）	$sɤ^{35}$
染	$xɯ^{33}$；$lɤ^{31}$	射中	tie^{55}
嚷	tsu^{33}	伸	$tshe^{33}$
让（路）	$(tɕa^{31})kua^{55}$	伸长	$tshe^{33}sɤ^{24}$
绕（道）	$(tɕa^{31})\ zau^{35}$	生长	$ʐo^{53}$
热（饭）	$(tsa^{323})\ ku^{33}tsha^{33}$	生（锈）	ta^{53}
认（字）	$(su^{55})\ sʅ^{55}$	生（疮）	$tsʅ^{24}$
认得	$sʅ^{55}(za^{33})$	生（孩子）	$(za^{31}ni^{24}za^{31})\ kɤ^{33}$
扔	$tɕhɛ^{31}$	生（气）	$(ɕɛ^{55})fɤ^{24}$
溶化（了）	xua^{35}	剩	$ni^{31}tsi^{323}$
揉（面）	$zʅ^{53}$	升起	$sɛ^{33}tsʅ^{24}$
洒（水）	$sɛ^{31}$	失败	$pɛ^{35}$
撒谎	$tɕhi^{31}tɕa^{53/44}ɲa^{31}$	使（他做）	$kɯ^{31}$
撒（尿）	pi^{35}	使用	$zɛ^{31}$

释放	tɕhɛ³¹ɕɛ³⁵	塌	pɛ³¹
试	sʅ³⁵	踏	kɯ⁵³
是	ŋe³³	抬	thɛ³¹
收割	ʑi⁵³	抬得动	thɛ³¹ɣ³⁵ʑa³³
收到	tha²⁴mɣ³³	摊开（粮食）	tɕo³⁵tɕhɛ²⁴
收（伞）	tɣ⁴⁴lo³¹	弹（棉花）	pɣ⁵³
收拾	ȵo³¹kɣ³³	弹（琴）	pɣ⁵³
梳	khɣ⁵⁵	淌（眼泪）	ʑɛ³¹；to⁵³
输	pɛ³⁵	躺	ʑʅ³¹
（饭）熟	mi³³	烫（手）	tha³⁵
（果子）熟	mi³³	逃跑	kɣ³¹ka³²³ʑi³³
瘦（了）	tɕa³³	掏	thau³³
数（数目）	vu³³	淘气	tso²⁴kuɛ³⁵
漱（口）	sʅ³¹sʅ³³ʑa³⁵；sua³⁵ʑa³⁵	讨（饭）	（tsa³²³）tsa³⁵
摔倒	to³¹lɣ³³	套（衣服）	thau³⁵
甩	tɕhɛ³¹xa³³；suɛ³¹	（头）痛	na³²³
闩（门）	ɕau³³	疼（孩子）	la²⁴thɛ³²³
拴（牛）	khuɣ³³	踢	tɕhɛ⁵⁵
涮	sua³⁵	剃（头）	tsho⁵⁵
睡	ʑʅ⁵³	天阴	ʑi³³la³⁵
（使）睡	ʑʅ⁵³ᐟ⁴⁴kɯ³¹	天晴	tsha³³
睡着	ʑʅ⁵³ᐟ⁴⁴sa³³	天亮	m³¹tshʅ³¹lia³⁵
吮	ȵo⁵³	天黑	m³¹tshʅ³¹na⁵³
说	ȵa³¹	填（坑）	thiɛ³²³
撕	tsʅ³⁵	舔	lɣ⁵³
死	sʅ³³	挑选	sʅ²⁴
算	sua³⁵	挑（选）	sʅ²⁴
（米）碎（了）	m³³	跳舞	ni³¹ka³³tsho³¹
压碎	ʑʅ⁵³ᐟ⁴⁴m³³	贴	ȵa⁵³
（腿）酸	sua³³	听	na²⁴
算	sua³⁵	听见	na²⁴tɕa³¹
损坏	kɣ⁵³	停止	tshɣ³¹na³¹
索取	mo⁵⁵ʑa³³；mo⁵⁵ʑi³³	（路）通	tu³²³
锁（门）	tso⁵³	通知	tho³³tsʅ³³

捅	to²⁴;thu³³	洗（衣）	tshʅ³¹
吞	zɛ³⁵tɕi³³	洗澡	thɛ³¹ka³³
偷	khu³¹	洗（脸）	tshʅ³¹
投掷	tɕhɛ³¹	喜欢	ŋ²⁴thɤ⁵⁵;sʅ³¹xua³³
（湿）透	khuɯ⁵⁵kɤ³²³	晴	tɤ³⁵
吐（痰）	phi⁵³	下（楼）	za⁵³
涂（漆）	sua²⁴	下（猪崽）	fu³³
推	tsa⁵³;ŋa²⁴	下（蛋）	（ɣa⁵³/⁴⁴fu³³）fu³³
推动	tsa⁵³/⁴⁴ɣɯ³⁵;ŋa²⁴ɣɯ³⁵	下（雨）	（m³¹ma²⁴）xa³³
后退	thui³⁵;tau³⁵	下（霜）	（mi³³sa³⁵）tshi³³
褪（色）	piɛ⁵³;thui³⁵	下（雪）	（xua⁵⁵）tshi³³
吞	zɛ³⁵tɕi³³	吓唬	tɕo³⁵
（蛇）蜕（皮）	lɤ⁵⁵	下陷	nɤ²⁴tshi³³
拖（木头）	tso⁵⁵;tho³³	献	xa³³
脱（衣）	li³⁵	羡慕	ɕɛ²⁴mu³⁵
（头发）脱落	ka³²³tshi³³	相信	ɕa³³si³⁵
脱（臼）	tho³⁵	响	mɤ³²³
驮	tɕi³⁵	想	ɕa³¹
挖	kɤ³⁵	想起	ɕa³¹tsʅ²⁴
弯	kho⁵³;ko⁵³	想（去）	mo⁵⁵ʑi³²³
弯腰	kho⁵³tshi³³	像	ŋ³³
弄弯	pɤ³⁵ko⁵³;ku³³ko⁵³	赚（钱）	tsa²⁴
完	tɕhɛ⁵³	敬（酒）	sa³⁵
玩耍	la²⁴ka³³	剃（头）	tsho⁵⁵
忘记	m³³to³¹	照（镜子）	tsau³⁵
喂（奶）	to³³	折叠	tsɛ²⁴tsʅ²⁴
歪（了）	fu⁵⁵	点（灯）	to²⁴
闻（嗅）	nɛ³¹	遗失	tshɤ³¹phi⁵³
问	na²⁴ŋ²⁴	包围	wɛ³¹tsʅ²⁴
握（手）	nu³⁵tɤ³⁵	抢劫	tɕha³¹
捂（嘴）	phɛ³¹	绑	kho³²³tsʅ²⁴
吸（气）	sʅ²⁴	蘸	tsa³⁵
（把火）熄灭	ȵɛ³¹	（鱼）游	tɤ⁵⁵
洗（碗）	za³⁵	旋转	vɤ³³lɤ³³tso²⁴

（从水里）捞	vu³²³	赢	ȵa⁵³；xɯ³²³
羡慕	ŋ³²³thɤ⁵⁵	迎接	tsʅ²⁴
生（小孩）	fu³³	引（路）	sɤ⁵⁵
皱	tu⁵⁵	拥抱	ta³⁵
啄	tho⁵⁵	游泳	ʐo³²³khu³¹thɛ³¹ka³³
（肿）消	ȵɛ³¹	有（钱）	tso³²³
削	ɕo³¹	有（人）	tso³²³
小心	ɕau⁵⁵si³³	有（树）	tso³²³
笑	ʑi³²³sa³³	有（眼睛）	tso³²³
写	vɤ⁵³	（碗里）有（水）	tso³²³
泻	zʅ³⁵	有用	mo⁵⁵ta³²³
擤	xɯ⁵⁵	遇见	te³⁵tsɤ³⁵
睡醒	zʅ⁵³ᐟ⁴⁴nu³¹	约定	ȵa³¹na²⁴
休息	na³¹	越过	kua³³ko⁵³ᐟ⁴⁴ʑi³³
修（机器）	ɕo³³	（头）晕	mɤ³³
修（鞋）	to⁵³	栽（树）	tɤ²⁴
绣（花）	thiau³³	在（屋里）	tso³²³
学	so²⁴	赠送	xa³³
熏	fu³⁵	扎（刺）	tsu⁵⁵
寻找	tsa²⁴	眨（眼）	m³⁵
压	zʅ⁵³	榨（油）	tsʅ³¹；tsa³⁵
阉（鸡）	tɕhau³³；sɛ³⁵	摘（花）	tshɤ⁵⁵
腌（菜）	（o³¹tsɛ²⁴）tsɛ²⁴	粘（信）	ȵa⁵³
研（药）	tshʅ⁵⁵	站	xɯ⁵³
痒	ʐa³¹	张（嘴）	ŋa³⁵ta³¹
养（鸡）	fu³³	长（大）	ʐo⁵³ᐟ⁴⁴ɤ³¹
摇晃	ɤ³⁵tso³³	（肚子）胀	tɤ⁵⁵
摇（头）	ɤ³⁵	着（火）	to⁵³
咬	tɕhi⁵³	着急	tsʅ²⁴
咬住	tɕhi⁵³ᐟ⁴⁴tsɤ³¹	着凉	tso³²³thɤ⁵⁵
舀（水）	khɯ⁵³	召集	vu²⁴lo³¹
要	mo⁵⁵	找（零钱）	tsau³¹
引（路）	sɤ⁵⁵	找到	tsa²⁴mɤ³³
溢（出来）	ma³⁵（to³³li³³）	（马蜂）蛰	ti³¹

睁开（眼睛）	tɤ⁵⁵ phu³³	追	tɛ³³
争夺	tsʅ³²³ tɕha³¹	准备	tsui³¹ pɛ³⁵
蒸	ko³²³	捉	tɕha⁵⁵；tsu³¹
知道	sʅ⁵⁵	（鸡）啄（米）	tho⁵⁵
织	ɣa⁵³	走	ka³²³
指	to²⁴	足够	lo⁵³
种（麦子）	tɤ²⁴	租（房）	tsu³³
肿	phɛ⁵³	钻（洞）	lɛ⁵³
拄（拐棍）	to³⁵	（用钻子）钻	lɛ⁵³
煮	xa⁵⁵	醉	mɤ³³
抓	tɕha⁵⁵	坐	ŋ³³
转（身）	tso²⁴	做	m³³
转弯	tso²⁴	做（梦）	(zʅ⁵⁵ ma³³) xɯ³³
装（进）	kɤ³³ tɕi³³	做（生意）	(vɤ⁵⁵ lɤ⁵³ᐟ⁴⁴) m³³；(sɛ³³ zʅ³⁵)
逃走	kɤ³¹ ka²⁴		m³³
装得下	tɕi³³ tshi³³ ta³²³		

（十七）虚词

一定	xa³³ ni³³ tɕi⁵⁵ to³³	不（是）	ma³¹
可以	ta³²³ ʐa³³	不（吃）	ma³¹
也	to³³	没（吃）	ma³¹
立刻	ni³³ ɕi⁵⁵	别（吃）	ta³¹
马上（走）	tɛ³¹ thɤ⁵⁵ ni³¹	全	tɛ³¹ ko⁵⁵ tɤ³³
（你）先（走）	ni³¹ ni³²³ (ka³²³)	互相	ʑi³³ vu³²³ ʑi³³
（他）常常（来）	lu²⁴ su³³ (li³²³)	无论如何（也去）	xa³³ ni³³ tɕi⁵⁵ to³³ ʑi³²³ ʐa³³
慢慢（说）	ʐo³³ ʐo³³ za³¹ ni³³ (ȵa³¹)	还是	ŋ³³ sʅ³³
很（重）	(zʅ³¹) thɛ³²³	能；能够	ta²⁴
很（大）	mɛ⁴⁴ (ɣɤ³¹)	都	tɤ⁴⁴
真（好）	na²⁴ thɛ³²³	（不）用（去）	ʐo³³
一起（学习）	tɛ³¹ thɛ³²³ (ɕo³³ sʅ³³)	才（去）	sa³⁵ kɛ³³
（我）也（去）	to³³	太（辣了）	tsʅ²⁴
还、再	xɛ³⁵	待会儿	na³¹ thi³⁵ li³⁵

刚才　　　　　　　a^{33} tsɛ^{35}　　　　　　真是　　　　　　tsɛ^{33} tsɛ^{33} ni^{31}

能干　　　　　　　xɯ^{323}　　　　　　　　赶紧　　　　　　ni^{31} ɕɛ^{55}

像；象　　　　　　ŋ^{33}

七 新蒙乡双语调查报告[*]

一 一种全民操用双语的类型

1.1 云南蒙古族有四千多人,主要聚居在通海县新蒙乡。这里依山傍水,美丽富饶。中村、白阁、下村、交椅湾、桃家嘴坐落于碧绿多姿的凤凰山脚下,东面是碧波荡漾的杞麓湖。居住在这里的蒙古族,是七百多年前从北方大草原南下征战,而后在这里落籍的。如今,这部分蒙古族在经济、文化、风俗习惯、宗教信仰和语言等方面都有了较大的变化,特别是在语言上,他们已由使用阿尔泰语系蒙古语转用为汉藏语系藏缅语族彝语支语言。这种语言经过数百年演变,已发展成为一种独立的语言(建议称"云南蒙古语"或"嘎卓语")。这里的蒙古族除了使用他们自己的语言外,还普遍掌握汉语,双语现象在他们的社会生活、家庭生活和宗教生活中占重要地位。双语的普遍使用和掌握对他们经济、文化、教育等事业的发展起到了重要的作用。新蒙乡的双语现象比较普遍,在我国少数民族双语现象中颇具特色。研究新蒙乡双语的掌握和使用情况,对于认识我国少数民族地区的双语类型、促进双语研究,以及对于发展新蒙乡的双语教学都会有一定的帮助。

1.2 云南蒙古语是新蒙乡蒙古族的主要通用语。自白发苍苍的八旬老人,到牙牙学语的幼童,从乡干部、教师、大学毕业生,到一字不识的家庭妇女,都会使用。他们都把这种语言看成是祖辈流传下来的话,是自己的母语。在家庭中,家庭成员之间饮食起居、下田劳动都说云南蒙古语。乡干部开会讨论各种问题,也还是说一口流利的云南蒙古语。就是那些离开通海,到昆明、下关等外地做工的人,尽管处于异族、异语的环境中,相互之间也还是乐意讲云南蒙古语。显然,人们对自己的语言有着深厚的感情。它在人们的生活中占有重要的地位,是不可缺少的最重要的交际工具。

1.3 云南蒙古族除熟悉自己的语言外,还普遍兼用汉语,男女老幼基本上都能说或者听懂汉语。如白阁村 220 户人家除一些学龄前的儿童外,都不同程度地掌握汉语。特别是一些七八十岁的老太太,没有文化,又没出过远门,同样可以流利地用汉语与外来的客人热情交谈。一些五六岁的小孩子,由于害羞,不好意思说汉语,但也基本上能听懂汉语的意思。乡里的有线广播都是用汉语,家家户户都能听懂。当然,就整个乡村的汉语程度看,也参差不齐。大致

---

* 本文为戴庆厦教授、傅爱兰、刘菊黄合写,原载《西南民族学院学报》,1988 年第 2 期。此处原文引用,未加改动。

可以分以下几种情况。

（1）汉语程度好，不但能熟练地听、说汉语，而且掌握了汉字，属于这一类型的主要是干部、教师和一些进过高小或中学的农村知识分子。

（2）能听、说汉语，但不识汉字。属于这一类型的主要是中、青年妇女。

（3）能听懂一些日常使用的汉语，说的能力差，基本不识汉字。属于这一类型的主要是四五岁以上的学龄前儿童和部分高龄老人。

（4）基本不懂汉语。属于这一类的大部分是四五岁以下的儿童。

汉语在云南蒙古族中不但懂的人普遍，而且使用的场合也较广泛。汉语在新蒙乡中的使用频率，仅次于本族语，在某些方面（如文教上），汉语使用的机会则多于本族语。

1.4 新蒙乡双语的使用有其自己的特点。一般来说，什么时候说哪种语言，是由说话的地点、谈话的对象和谈话的内容决定的。现以新蒙乡白阁村为例，通过几个实例的剖析来观察双语的掌握和使用情况。

先看幼儿园的双语现象。新蒙乡中心幼儿园共有儿童 179 个（1986 年），都是蒙古族，入园前他们一点也不懂汉语。幼儿园在教学计划中要求入园儿童经过学习，毕业时要达到基本能说汉语的程度。幼儿园分四个班：小班四岁，两个中班五岁、大班六岁。教师五名，都是蒙古族女性，都经过幼儿师范学校的培训，云南蒙古语与汉语文都会。幼儿园设置的课程有语文、算术、唱歌、舞蹈、体育、图画、美术、常识等，以语文课为重点课。在小班，由于孩子几乎完全不懂汉语，因而老师上课时，要先用云南蒙古语讲述，再用汉语复述，用直观教学法让孩子们记住一些实物、颜色的汉语名字。小班一年学习之后，孩子们会听一些常用词和常用语，如"阿姨再见"之类，但不会说。中班一年，老师的课堂用语仍以蒙语为主，汉语比例有所增加，开始要求孩子用汉语说完整的句子，并学习汉语拼音、认汉字。中班毕业，20%—30%的孩子基本能听、能说汉语，但由于受家庭和周围环境的影响、一般很少有机会讲汉语，对说汉语感到害羞。只有少数孩子由于家中有人在外面工作，在家中讲汉语的机会相对多些，因而汉语学得快，用得好。在大班，老师上课可以基本上不用云南蒙古语解释，仅用汉语讲，孩子们能听懂大概的意思，能掌握汉语数字，会写一二百个汉字，但用汉语词造句还常有语法错误，口语表达能力不强，孩子们从幼儿园毕业，要经过县统一考试，考试时不论出题还是答题一律要用汉语。1985年，新蒙乡中心幼儿园毕业考试平均成绩 95 分，居全县第三。

再看看几个家庭的双语现象。白阁村赵如庭一家，都是蒙古族，夫妻俩加七个孩子（大孩子已出嫁），加上孩子的奶奶共 10 口，全家都会汉语。家中大部分人都上过学或正在上学。平时全家人不论在家还是出去劳动，都是说云南蒙古语，逢有说汉语的客人来家，对客人则讲汉语。二姑娘是幼儿园大班的老师，她在幼儿园同孩子们讲汉语，回到家里，或同村里老乡都讲云南蒙古语。这一家，是纯蒙古族家庭，全家的生活、工作基本上都在村内。他家使用语言的情况，代表了白阁村蒙古族大多数家庭语言使用的情况。与纯蒙古族家庭不同，由蒙古族同别的民族组成的家庭的语言使用则又有一些不同的特点。如赵文华一家，是蒙古族与哈尼族

（爱尼支系）组成的家庭。丈夫赵文华是蒙古族,33 岁。妻子马勤珍,哈尼族,28 岁,原是西双版纳州勐海县新定区人,几年前嫁到新蒙乡白阁村。他们有一男一女两个孩子,大的五岁,小的两岁半。马勤珍从勐海嫁到这里,只三个月就完全掌握了云南蒙古语,如今,她与家人、与周围的邻居都用云南蒙古语交谈。他们的孩子既会云南蒙古语,又会哈尼语。同父亲说话或与其他孩子玩时,用云南蒙古语,同母亲在一起时,说哈尼语。

在白阁村,不同民族结合的家庭有好几户。有一些汉族、哈尼族和彝族的妇女嫁进村来,她们都能与周围的云南蒙古族和睦相处,其中哈尼族、彝族妇女都已掌握云南蒙古语,汉族妇女则一般都不会说。不同民族结合家庭的子女与单一民族家庭的子女相比,双语掌握得早些、快些,运用得好些。不同民族结合的家庭,子女使用什么语言,并无一定之规。在人们的心目中,这两种语言没有高低之分,使用什么语言,什么时候使用,一切都随客观环境的需要决定。

新蒙乡白阁村家庭语言使用还有一种类型,就是长年在外地工作的人回到家中使用汉语。属于这种类型的家庭不是很多。如:华丽珍,女,云南蒙古族,在乡广播站工作,她爱人也是云南蒙古族,会说本族语。因长年在昆明铁路局工作,一直说汉语,平时,华的爱人不在家,家里的人全都是说云南蒙古语,当她的爱人一回家,家里人全都随他一起说汉语,待他一走,家里人又立刻恢复说云南蒙古语。在新蒙乡,在日常生活中以汉语为主的人不少。

1.5 新蒙乡双语的使用情况,大致可以概括出这样两个特点:一、双语使用的普遍性。在新蒙乡,不分年龄、性别、职业、文化程度,人人都掌握双语;不管是在学校、乡政府、集市,还是在家里,处处都使用双语。二、双语之间的渗透性。新蒙乡蒙古族双语的使用不是截然分开的,而常常是交替使用、互相渗透的。如在做诗、唱歌时,常常是一段用汉语,一段用云南蒙古语。有些句子,只用云南蒙古语词难以完全表述清楚,就夹入汉语词,像较长的复句,关联词一般是借用汉语的,如"因为……所以"、"虽然……但是"、"如果……就"、"不但……而且"等等。有时候,一句话一半用云南蒙古语,一半用汉语。云南蒙古族基本词汇中汉语借词数量很多,在 2100 个常用词中,汉语借词占 26.9%。从这个数字上,我们可以看到汉语同母语渗透的程度。

1.6 新蒙乡蒙古族持久而普遍地使用双语,对其经济、文化、教育等各方面的发展都起了十分重要的作用。在经济生活上,云南蒙古族从前主要以渔猎为主,解放后发展起以种植稻谷为主兼种烟草的多种经济,工业、交通运输业及建筑业也得到发展。1976 年至 1985 年,全乡非农业收入有了很大的增长。试看下列数字:

年度	工业（单位 元）	交通运输业（单位 元）	建筑业（单位 元）
1976	23000	17500	216489
1985	69160	45611	1266598

新蒙乡的经济生活特点在一定程度上导致双语现象的产生,而双语的使用,反过来又促进了经济上的对外交流和自身经济的发展。在文化教育上,新蒙乡自解放以来,去年（1985 年）小学的入学率达到 98% 以上。乡里有文艺演出队、电影放映员,乡亲们经常能听到广播,看到

电影。所有这些,都与人们能熟练地掌握两种语言,特别是汉语分不开的。

双语的发展对民族的自我意识以及对民族内部外部的团结,也起了重要的作用。对于一个民族来说,民族的自我意识,和民族成员间的认同感,往往是通过所用语言产生并表现出来的。新蒙乡的蒙古族正是因为有他们自己的语言,意识到大家是一个共同的民族,所以有利于民族内部的联系和团结,虽经几百年的社会动荡,还能生存下来,保持住自己的民族称号。云南蒙古语起着增进云南蒙古族成员之间亲密感情的作用。汉语的兼用,又增进了云南蒙古族与周围汉、回、彝等民族的交往,使云南蒙古族同周围兄弟民族和睦相处、共同生活,从他们那里学到许多东西。如:学会过春节、清明、端午和中秋等节日,学会了许多汉族的民间歌词,学会了演滇戏。

二　双语的发展取决于经济生活的需要

2.1 语言是人类不可缺少的交际工具,也是一个民族得以形成、发展的重要因素。双语的发展取决于该民族政治、经济、文化生活的需要,尤其是取决于经济的需要。经济生活的类型及特点,支配着该民族双语的类型及特点。新蒙乡蒙古族蒙、汉两种语言之所以能够广泛地、持久地使用,除了历史环境的因素外,还取决于该地区经济生活的方式及特点——多种形式的、开放的经济生活。

2.2 新蒙乡蒙古族的经济以农耕为主,兼搞副业。全乡劳动力除从事农业生产外,还从事建筑、交通运输业、饮食服务等行业。据 1985 年统计,全乡总劳动力 2230 人,其中,搞副业的有 528 人,占总劳力的 24%。各行副业中,建筑业最发达,劳力有 429 人,占副业劳力的 81%。新蒙乡方圆二三公里,副业主要对外。据统计,该乡长年在外从事建筑的社员有 250 多人,在全省各地建筑部门工作的有近 300 人,建筑人员的足迹,遍及全省,尤其是昆明、玉溪、个旧等重要城市。该乡被誉为云南的"建筑之乡"。以建筑业为主要特色的综合性副业,不但提高了该地区蒙古族的经济收入、生活水平以及文化素质,而且还促使他们去学习和使用汉语。建筑人员所到之处,主要与汉语使用者接触,自然在汉语使用上得到较大提高。并且,大部分建筑人员是农、副两不误,农闲时外出建房子,农忙时回乡种田,在外与别的民族互通汉语,在家与父老乡亲、妻子儿女操用母语。两种语言的交替使用,有利于双语的维持与发展。可是,该乡社员只要有过几年外出搞副业的历史,操用汉语的水平都较高。这一部分和外界交往密切的人员同干部、教员一样,成为积极使用双语的骨干。

2.3 新蒙乡蒙古族大批外出搞副业是近二三十年的事情,那么,乡里年过七八旬的老人又怎样能熟练地操用双语呢?要考察双语的历史继承性,必须分析该民族过去七百多年的经济生活的历史继承性,必须分析该民族过去七百多年的经济生活历史,因为现时的许多特点往往是历史的、长期的堆积。

元朝覆灭后,落籍通海的蒙古族结束了战事,只得自食其力,寻找生活的出路。由于自然环境所限,他们不可能再像在北方大草原那样过游牧生活。据石碑记载及民间传说,新蒙乡蒙古族的先人起初居于曲陀关上,后随着杞麓湖的涨落而辗转迁徙,二百多年后才定居下来,定居后的很长一段时间内,渔业成为他们生活的主要来源。沦为被压迫、被歧视的蒙古族人民,当时不可能定期耕种当地罕有的水田,只能漂泊在杞麓湖上,靠捕鱼捞虾、在码头上搬运东西度日。很长时间,周围民族不称他们为"蒙古族",而称之为"渔夫"、"水上民族"。流传至今的一句民谣——"有鱼不吃鱼,无鱼不吃饭"(意思是:捕了鱼自己不能吃,没有鱼去换米,饭也吃不成),既反映了蒙古族人民当时的艰难生活,也说明了捕鱼捞虾,然后去市场上换来米、盐是当时蒙古族人民糊口的主要生活方式,以鱼换米并非在民族内部进行,而是去集市上与其他民族,主要是回族、汉族进行交换,交换时共同使用的语言必然是汉语(因为当地的其他民族不可能使用云南蒙古语)。所以可以设想,在蒙古族定居通海的初期,由于生活无法自给自足,为了生存,就需与操汉语的民族发生频繁的物品交换关系,除使用本族语外,还需要使用汉语。

2.4 生存环境的自然条件决定着生存者的生活方式,当大面积、深水位的杞麓湖逐渐收缩、水位下降时,靠捕鱼为生的蒙古族面临生存的危险。为了生存,他们又开始了艰难的围湖造田的斗争。在征服自然的过程中,他们也由渔民变为农民,开始了以农耕为主的经济生活。由渔民变为农民,他们并未自我封闭,而是更多渠道地与外界联系,更广泛地使用双语。除种水稻外,他们还种植烟草、蘑菇等经济作物。每年收获后,蒙古人便频繁地往返于集市,用自己的产品与外族交换,因而与使用汉语的外界发生密切联系。多种经济作物的栽培是开放经济的体现,也势必影响人们的交际范围,给双语使用提供良好的环境。

2.5 新蒙乡双语使用的特点之一,是妇女的双语水平都较高。这种现象与该乡妇女在经济生活中居于与男子平等的地位,参与各种对外的联系有关。解放前,妇女承担着去集市易物的主要角色。解放后也如此。现在给国家上交烤烟、去集市购物,主要也是妇女。尤其是男子长年在外做工或当干部的家庭,妇女更是全家生活的主要承担者,她需要活动于生活所需的各种场合、环境,需与外界的兄弟民族进行必要的交往。这种需要便成为妇女掌握双语的主要动因。如果在经济生活中,对外联系上占支配地位的是男子,妇女只管生儿育女、操持家务,那么,这种分工与地位的差异必然带来语言使用的不平衡:男子多能操双语,而妇女多数只会本族语言。

2.6 经济生活的封闭将导致语言使用的单一,而开放性的经济生活,必然带来语言使用的开放,并且,参与这种开放生活的社会成员越多,使用双语的人就越多。如果一个民族不分性别、年龄,都参与这种生活方式,那么,该群体的双语使用便将既有广度,又有深度。新蒙乡蒙古族无论是以渔业为主还是以农耕为主、兼抓副业,都没有自我封闭,而是与其他兄弟民族保持密切联系,除使用本语外,长期兼用汉语,使全乡成为一个男女老少较好地掌握两种语言的典型的双语区。

三 文化的渗透有力地促进双语的发展

3.1 语言是文化的一个特殊的、重要的组成部分,它既属于文化,又能集中地体现文化,有效地传播文化。一个文化共同体与它所使用的语言之间存在着一种内在的联系。不同的文化共同体之间的相互影响一般伴随着不同语言使用的影响。新蒙乡的蒙古族脱离了北方大草原的牧区文化共同体,进入特点迥异的南方农耕文化共同体,这种变更本身就潜藏着将使用新文化的共同体语言的可能性。文化的改造、吸收,将促使双语的发展。

3.2 落籍通海的云南蒙古族在七百多年的发展历史上,曾先后与彝、回、汉等民族发生过密切的联系,在文化诸因素上受到这些民族的影响。最初,主要是与彝族杂居,在经济、文化及婚姻方面受其影响,并且转用了彝语,后因与彝族分离,所使用的语言才脱离彝语的轨道独立发展。明初汉族大量迁入,蒙古族又与周围广泛分布的汉族和睦相处,除经济等方面的联系外,在文化意识上也受到汉文化的影响。这种影响具有历史的继承性,在今天云南蒙古族保留的一些风土人情、娱乐形式及宗教信仰中也有体现。

3.3 云南蒙古族为了纪念汉族历史上有名的工匠鲁班,家家户户过鲁班节。据传说,蒙古族的能工巧匠的手艺都是从鲁班师傅那儿承袭来的,所以鲁班成为他们尊敬的神匠。节日一共三天,热闹非凡,这既是民族团结的象征,也是民族文化融合的体现。滇戏是滇文化的重要内容,蒙古族人民也乐于演唱,演唱时多用当地汉语方言,有时也夹杂云南蒙古语。可见,文化娱乐方式的吸收也伴随与之相适应的接受。再从宗教信仰上看,云南蒙古族不再保持北方大草原的祖先对喇嘛教的崇拜,而崇信众神,如观音菩萨、山神、水神、天神、灶神、财神等,每村都有烧香敬神的寺庙,现在许多家庭仍设有自己所信奉的神位,一般都是多神共奉。不难发现,云南蒙古族的宗教意识受汉族较大的影响,而与原有文化共同体的宗教信仰相去甚远。此外,云南蒙古族家家都喜欢贴对联,许多对联不但字迹优美,而且寓意深刻。这既体现了蒙古族人民的文化修养,也反映出汉文化已为云南蒙古族所喜闻乐见。

3.4 新蒙乡双语使用的普及性,在一定程度上也受益于该乡广播、电视的发达。该乡1964年便成立了广播室,设备较好,每天早6:00—8:00、晚8:00—10:00,除晚9:00—9:30是用本地汉语播放文件及通知外(需要时用云南蒙古语解释),其余时间都是转播电台节目。其中,中央电台的新闻节目及"对农村广播"必不可少。每个自然村都有一个高音喇叭,每户都可听到广播。使用标准汉语的电台节目受到大家的欢迎。此外,电影也成为人们常享的娱乐内容。乡里有专业放映员,大约每五天便可看一场电影,农忙时次数更多。据我们观察,观众与银幕共鸣很好。如"面包会有的,一切都会有的"(《爱与恨》)这种背景很强的语言都能引起满场笑声。这表明了观众对电影的熟悉程度,也说明电影这种现代化娱乐方式对该乡人民广泛而深入地使用双语的重要作用。

3.5 良好的语言启蒙教育,可给一个人的发展打下良好的基础。新蒙乡四五岁的儿童便会听汉语,14 岁左右的少年能讲基本的汉语,与本乡重视教育,并拥有较好的汉语教学环境密不可分。新蒙乡于 1940 年便建有中心小学一所,那时的教师既有蒙族,也有汉族。学校教学先是使用蒙语,到了四五年级,便完全过渡到用汉语。这所学校发展到今天,已有 18 个小学班,4 个附设初中班,学生有 800 多人,全是本乡蒙古族。小学入学率为 98%,学校教学一般使用汉语,一、二、三年级的语文课有时还要用蒙语稍加解释,但高年级的汉语听力完全解决,只是表达的能力程度不一。98% 的学龄儿童能够享受 5 年的汉语教学,集中学习汉语,尤其是书面语,必将给这一部分未来的主人熟练使用双语打下良好的基础。新蒙乡的幼儿双语教学(详见上文)是在一个学习另一种语言的最佳年龄初期进行的,这对于儿童更好地掌握汉语起着十分重要的奠基作用。

我国是一个多民族的国家,双语的使用发展对于民族的进步、国家的繁荣具有重要的意义。由于民族的特点、地区的特点、国家的特点有所不同,双语的类型多种多样。新蒙乡蒙古族的双语属全民性的"母语—汉语"类型,两种语言并用并重,双轨并行发展,是双语使用中发展较充分的一种类型。科学地分析这一类型的形成条件及其特点,掌握其发展规律,无疑对我国少数民族地区的双语研究具有一定的学术价值。

八　调查日志

2007 年 5 月 18 日

　　中央民族大学"985"工程创新基地"云南蒙古族喀卓语使用现状及其特点"课题组成立,举行第一次课题组成员会议,布置课题任务,讨论计划,初步分工。课题组成员有:戴庆厦、蒋颖、邱月、常俊之、赵燕珍。

6 月 9 日至 29 日

　　分别进行调查前的准备工作。包括:收集、复印已有的云南蒙古族及喀卓语研究成果;熟悉云南蒙古族的基本情况;大致了解喀卓语的特点;配备调查所需的仪器(电脑、摄像机、照相机、录音机等);编写调查问卷和调查提纲。

7 月 5 日

　　课题组抵昆明。当晚,戴庆厦教授与云南民族大学东南亚语言学院院长杨光远教授、民族文化学院院长刘劲荣教授商谈两校合作建立"语言文化培训基地"事宜。

7 月 6 日

　　戴庆厦教授与云南师范大学校长骆小所教授见面,交流了情况。中午,课题组由昆明出发抵目的地——通海县。途经玉溪市时受到新平县领导的热情接待。

　　下午,课题组抵达通海县,入住阳光宾馆后,课题组立即召开会议,具体安排工作。饭后,课题组成员参观通海一中校园,了解该校情况。

7 月 7 日

　　上午,课题组到达通海县兴蒙蒙古族乡政府,与乡长官学清、乡原政协主席王立才、乡宣传委员官学英座谈,了解全乡的基本情况。

　　中午,县委常委兼办公室主任王军、县民族宗教事务局何照友局长在通印大酒店会见课题组成员,并设宴款待课题组。参加陪同的有兴蒙乡现任乡长官学清、老乡长王立才、乡宣传委员官学英。王主任听取了课题组汇报的调查目的后,充分肯定调查组工作的意义,并指示两个乡的领导要全力支持课题组工作(包括提供必要的文献资料、调集相关人员协助工作、解决往返车辆等)。

　　下午,向通海县第一中学教师李耀莲了解当地的教育情况,并对该校云南蒙古族高二学生华福艳进行喀卓语语言能力测试。

7 月 8 日

　　课题组赴通海县兴蒙蒙古族乡政府,分别对赵斌、普丽英、王娅琼进行喀卓语语言能力测试,并了解他们的语言观念。

整理喀卓语基本词汇 1800 词,并且将其中的汉语借词一一标注。

晚,输入兴蒙四、五组的村民基本信息。

7 月 9 日

课题组赴兴蒙乡政府分别向兴蒙四组计生主任赵晓红、兴蒙五组副组长赵雪娟了解兴蒙四组和五组的语言使用情况。并请他们填写《家庭内部语言使用情况调查表》、《不同时期、不同场合语言使用情况调查表》及《语言观念调查表》,更深入地了解语言使用情况。

晚,输入兴蒙一、二、三组的村民基本信息。

7 月 10 日

课题组赴兴蒙乡政府分别向兴蒙三组副组长奎泽明、村民奎红丽了解兴蒙三组的语言使用情况;向兴蒙一组出纳杨学英、计生主任王粉英了解兴蒙一组的语言使用情况;向兴蒙二组组长杨映芬、支书游进英了解兴蒙二组的语言使用情况;还对兴蒙三组村民期汝丽进行了喀卓语语言能力测试。

7 月 11 日

课题组成员整理调查资料,查遗补漏。

晚,输入兴蒙六组的村民基本信息。

7 月 12 日

上午,课题组赴兴蒙乡政府向兴蒙六组支书官智发了解兴蒙六组的语言使用情况。随行的有玉溪师院白碧波教授。

下午,课题组参观了兴蒙乡三圣宫,还对兴蒙二组小学生杨凯、兴蒙一组小学生赵雪玲进行了喀卓语语言能力测试。

7 月 13 日

课题组对兴蒙一组、二组、四组与五组语言使用情况的数据进行分析与统计。

课题组成员赴通海县原政协副主席、兴蒙乡老乡长王立才家进行专访。

7 月 14 日

课题组对兴蒙三组与六组语言使用情况的数据进行分析与统计。

晚,召开课题组全体成员工作会,总结这一阶段的工作。

7 月 15 日

课题组通过统计出的兴蒙各村民小组的数据,开始总结兴蒙各组的语言使用特点。并整理已经完成的喀卓语语言能力测试表。还对兴蒙各组的青少年语言情况进行统计。

7 月 16 日

课题组赴兴蒙一组进行入户调查,寻找合适的发音合作人,很幸运地遇到了 20 年前的发音合作人王培芬。还对王培芬的女儿杨秋月进行了喀卓语语言能力测试。

下午,课题组向发音合作人王培芬核对喀卓语基本词汇 1800 词的第一部分(500 词),并开始对喀卓语名词的类称特点进行总结。

7 月 17 日

在阳光宾馆对兴蒙二组高三学生赵艳进行了喀卓语语言能力测试,并确定其为课题组喀卓语本体研究的另一位发音合作人。

课题组召开紧急会议,确定调查成果的书名为《云南蒙古族喀卓人语言使用现状及其演变》。全组讨论提纲,并明确分工。

7 月 18 日

课题组觅得第三位发音合作人兴蒙二组村民赵丽英。课题组分两个小组进行工作:第一小组向三位发音合作人(王培芬、赵艳、赵丽英)了解喀卓语量词及形容词的特点。第二小组赴兴蒙乡政府对官学清乡长进行专访,并去兴蒙乡文化站了解情况,还向兴蒙乡中心小学教师赵汝华、杨云团和赵林德了解兴蒙乡的小学教育情况。

7 月 19 日

白天,课题组全体成员受玉溪师院院长熊术新教授与语言研究所副所长白碧波教授的邀请,赴玉溪师院参观访问,与玉溪师院中文系及外语系部分教师进行座谈。在玉溪师院"湄公河民族民间文化传习馆",举行了中央民族大学语言文学院与玉溪师范学院联合建立"民族语言文化培训基地"的签约仪式。戴庆厦教授和熊术新教授分别代表甲乙两方在协议书上签字。

晚上,在语言能力测试 400 词表的基础上增补难度较大的 100 词测试表。

7 月 20 日

课题组向发音合作人王培芬继续核对喀卓语基本词汇 1800 词的第二部分(500 词),并广泛收集喀卓语量词的语料。

向发音合作人赵丽英记录喀卓语构词法语料。向发音合作人赵艳记录喀卓语形容词语料。

7 月 21 日

课题组向发音合作人王培芬、赵艳继续核对喀卓语基本词汇 1800 词的第三部分(800 词)。向发音合作人赵丽英记录喀卓语动词的自动态与使动态语料。

7 月 22 日

课题组向发音合作人赵艳补充记录喀卓语动词的自动态与使动态的语料。

向发音合作人王培芬、赵丽英补充记录喀卓语 700 词。

7 月 23 日

上午,课题组向发音合作人赵艳核对新补充的 700 词。

向发音合作人赵丽英记录喀卓语连动结构语料。

向发音合作人王培芬记录喀卓语形修名语序的语料。

下午,课题组成员应邀赴兴蒙乡政府,与乡领导及云南蒙古族研究委员会成员进行座谈,双方交流了工作情况。云南蒙古族研究委员会希望课题组为他们记录的语料注上国际音标,课题组当即应允。

7月24日

课题组向发音合作人赵丽英记录喀卓语的结构助词语料,向发音合作人王培芬、赵艳记录喀卓语动词体貌的语料。

7月25日

课题组冒雨赴兴蒙五组进行入户调查,深入了解兴蒙乡家庭内部的喀卓语和汉语使用情况,玉溪师范学院白碧波教授与发音合作人赵艳陪同前往。

课题组对兴蒙五组青少年赵志超、杨晓伟、赵安娜等人进行了喀卓语语言能力测试,并对兴蒙五组村民进行了语言观念的调查。

7月26日

课题组向发音合作人赵艳记录喀卓语述宾结构语料,向发音合作人王培芬、赵丽英记录喀卓语话题句的语料。

7月27日

上午,课题组赴兴蒙五组补充调查新语料。

下午,赴兴蒙六组进行入户调查,玉溪师范学院白碧波教授与发音合作人赵艳陪同前往。课题组对兴蒙六组村民赵那星、王小虎、普婀娜、普玉兰、王映珍等人进行了喀卓语语言能力测试。

7月28日

课题组成员整理兴蒙五组与兴蒙六组的入户调查材料。

7月29日

课题组成员赴兴蒙乡政府,向村民小组负责人核对户籍资料及家庭语言使用情况,并详细了解喀卓语在兴蒙乡的不同场合(如学校、集市、卫生院、信用社、婚丧嫁娶等)的语言使用情况。

7月30日

课题组分析兴蒙乡语言国情调查资料,统计并核算数据,总结归纳观点。

7月31日

课题组成员开始着手《云南蒙古族喀卓人语言使用现状及其演变》各章节的写作。通过电话与兴蒙乡政府联系,补充、核对调查材料。

8月1日

课题组向发音合作人赵艳、王培芬记录喀卓语复句的语料,向发音合作人赵丽英记录喀卓语差比句的语料。

8月2日

课题组向发音合作人分别核对喀卓语名词、量词、形容词、动词的使动态、连动结构、形修名语序等语料。

8月3日

上午,课题组向发音合作人分别核对喀卓语的述宾结构、动词的体貌特征、话题句、结构助词、复句、差比句等语料。

下午,课题组成员赴兴蒙乡三圣宫参加一年一度的蒙古族传统盛会"忆祖节",了解节日集会上的喀卓语使用情况。

8月4日

课题组向发音合作人王培芬、赵丽英补充语言本体各专题研究所需的语料。由发音合作人赵艳协助,进行喀卓语长篇语料的记录工作。

8月5日

课题组为发音合作人赵艳进行喀卓语基本词汇1800词以及补充词汇700词的录音,建立音档,为今后的喀卓语语言实验提供词汇材料。发音合作人王培芬、赵丽英为课题组的语言国情调查补充所需的材料。

晚,课题组设便宴向三位发音合作人道别,感谢她们一个月来的辛勤工作。

8月6日

上午,课题组赴通海县里山彝族自治乡参观访问,并与乡政府领导进行座谈。玉溪师院科研处王处长、白碧波教授、许鲜明教授等参加。

下午,课题组全体成员离开通海县,返回昆明。

晚,云南民族大学民族文化学院院长刘劲荣教授、《云南师范大学学报》领导赵云生教授、罗骥教授设宴款待课题组全体成员。

8月7日

课题组离滇返京。

8月10日至8月20日

分工撰写的章节全部完成初稿,交齐后开始统稿。

8月20日至8月30日

统稿。

8月25日至8月28日

撰写《喀卓人的双语关系》一文,为参加教育部召开的语言学高峰论坛而作。

9月1日至9月19日

进一步修改全稿,完成全书的编辑技术工作。

9月12日

戴庆厦教授应邀在教育部语言信息管理司与北京语言大学联合举办的"2007国家语言资源与应用语言学高峰论坛"上,作了题为"喀卓人的双语关系——兼论双语关系在语言国情研究中的地位"的报告。

9月20日

向商务印书馆发稿。

九 田野调查照片

美丽富饶的喀卓人
聚居乡兴蒙乡

2. 欢聚在骏马腾
   飞纪念碑下

3. 喀卓人的新居
   拔地而起

16. "校对只剩下最后一
      页了！"

17. 调查丰收离村时的喜悦

18. 欢度忆祖节

参 考 文 献

1. 哈斯额尔敦等 1976《云南蒙古族语言初探》，内蒙古师院中文系编印《云南蒙古族专辑》。

2. 杜玉亭、陈吕范 1979《云南蒙古族简史》，云南人民出版社。

3. 通海县新蒙大队编 1982《凤凰集》，云南民族出版社。

4. 方龄贵《阿禧公主诗中夷语非蒙古语说》，《思想战线》1980 年第 4 期。

5. 戴庆厦、刘菊黄、傅爱兰《云南嘎卓语研究》，《语言研究》1987 年第 1 期。

6. 戴庆厦、刘菊黄、傅爱兰《新蒙乡双语调查报告》，《西南民族学院学报》1988 年第 2 期。

7. 和即仁《云南蒙古族语言及其系属问题》，《民族语文》1989 年第 5 期。

8. 黄布凡主编 1992《藏缅语族语言词汇》，中央民族学院出版社。

9. 玉溪地区民族事务委员会编 1992《玉溪地区民族志》，云南民族出版社。

10. 通海县民族事务委员会编 1994《通海县少数民族志》，云南人民出版社。

11. 邓启耀 1995《云南民族女性文化丛书·蒙古族变迁中的高原蒙女》，云南教育出版社。

12. 和即仁《关于云南蒙古族卡卓语的形成》，《民族语文》1998 年第 4 期。

13. 方龄贵《"不怕那甚么"进一步解》，《云南师范大学学报》1999 年第 1 期。

14. 李葆嘉、张璇《中国混合语的研究现状与理论探索》，《语言研究》1999 年第 1 期。

15. 木仕华 2003《卡卓语研究》，民族出版社。

16. 通海县史志编纂委员会编 2005《通海年鉴 2005》，德宏民族出版社。

17. 通海县兴蒙蒙古族自治乡统计站编 2006《通海县兴蒙蒙古族乡 2006 年统计年鉴》，内部资料。

18. 兴蒙蒙古族乡志编纂组编《兴蒙蒙古族乡志》，内部资料。

19. 戴庆厦主编 2007《基诺族语言使用现状及其演变》，商务印书馆。

后　记

　　1956 年，当我在中国科学院少数民族语言调查第三工作队参加哈尼语方言调查的时候，突然有一天，工作队的领导通知我，前苏联顾问谢尔久琴柯院士要云南蒙古族的情况，要我与该工作队副队长和即仁等三人立即去通海县兴蒙蒙古族地区了解一下蒙古族的情况。第二天，我们几人就驱车匆匆到了兴蒙乡，大致了解了一下蒙古族的情况后就回到了昆明。当时朦胧地感觉到这个语言不是蒙古语，而是与彝语支语言接近的一种语言。由于这次调查时间太短，未能获取成文的成果。

　　1986 年 8 月，我带了两位最早的硕士研究生刘菊黄、傅爱兰去做喀卓语田野调查，决心再一次探索喀卓语（当时用"嘎卓语"）的"奥秘"。8 月到了昆明，先住在云南民族事务委员会的招待所，正好遇到在昆明打工的兴蒙蒙古族女青年王培芬，当时她才 19 岁。经交谈后发现她喀卓语很熟练，而且发音清晰，于是就决定先在昆明向她作调查，然后再到通海兴蒙乡做实地调查。在昆明，我们日夜连续工作，记录了一个多星期，完成了两千多个词的记录，整理了音系，记录了语法例句，归纳了基本的语法特点。记录中最难的是声调。因为喀卓语不同于其他彝语支的一个重要特点是有八个声调（其他语言只有三、四个调），其中有些调的调值差异很小（如 323 调与 33 调，24 调与 35 调），不易区分，再加上变调，使得一部分词难以准确地确定是什么调。但经过反复对比，我们整理出了八个调的系统，现在看来，尽管少数一些词的声调有错记的，但八个调的系统是存在的。

　　有了这些基本语料后，我们立即到通海做实地调查。我们确定的任务有二：一是核对补充在昆明记录的语料；二是调查喀卓语的使用状况，力争对喀卓语的语言功能活力有个基本的了解。到了兴蒙乡后，乡政府主动让我们住到乡政府的办公室，乡政府的伙食团还专门负责我们的一日三餐。当时的乡长奎来团，妇女主任奎如仙给了我们很大的帮助。短短一个多星期的实地调查，使我们对云南蒙古族人从语言到文化、从习俗到民族精神都有了初步的认识。我们深深感到喀卓人是一个开明上进、热情诚挚的群体，而且有自己独特的语言生活。短短一个星期时间里，我们与他们结下了深厚的感情。记得那天离开兴蒙乡时，妇女主任奎如仙送我们到公路旁搭客车，一定要用自己的钱给我们买车票，离别时还洒泪相送。

　　这次调查对喀卓语的认识只能说是初步的。但我们初步形成了以下几点认识：一是喀卓语是一种独立的、有特点的语言，应在我国的语言系属表中占一席之地。二是喀卓语已不是蒙古语，而是与藏缅语族彝语支语言相近的一种语言。三是喀卓人普遍使用自己的母语——喀卓语，而且还普遍兼用汉语，是一个全民双语的民族。回到北京后，我们三人根据调查的语料，发表了三篇论文：一是《云南蒙古族嘎卓语研究》(载《语言研究》1987 年第 1 期)；二是《新蒙乡双语调查报告》(载《西南民族学院学报》1988 年第 2 期)；三是《嘎卓语》(载《藏缅语十五种》)。虽然这些成果还不深入，有的认识还有待进一步确认，还有少量记音错误，但毕竟是我们通过实地调查获得的，一直倍感珍惜。自上世纪 90 年代以后，我们因做别的语言研究，再也没有研究喀卓语了。

由教育部立项的中央民族大学"985"工程创新基地建立后，该基地的语言中心立了"语言国情调查"的课题，使我又萌生了调查研究喀卓语的念头。我想，昔日的调查由于条件的限制，很不深入，许多问题都未能解决，而现在条件好了，应利用现在人力、财力、物力的优厚条件，再做一次喀卓语的深入调查研究，使喀卓语的研究能比过去更深入一些。所以，没等到学校正式放假，我们就组织了课题组（包括青年教师和博士生）立即下到兴蒙乡，开始了喀卓语的又一次调查研究。

今年 7 月的北京，热气炎炎，而"礼仪之邦"的名城通海，则是凉爽宜人。天时、地利、人和，为我们调查的持续进展提供了绝好的条件。在这一个月的调查中，课题组的每个成员都在争分夺秒地紧张工作，连临近我们住处的闻名胜地"秀山"也无暇观光。记录语料，核对语料是很艰苦的，但"认真"二字已成为大家共守的座右铭。我们都希望这次的调查成果，能为人们认识喀卓语提供一个新的、有用的版本，能为国家制定语言政策提供有益的依据，并能为语言学、民族学等研究提供一份有用的语言资料。

这次调查确定的宗旨是：一，对喀卓语的使用现状做比较全面深入的定量、定性调查，而且尽量做到微观的调查。使调查材料能够说明：一个人口较少的"孤岛型"的群体，在强势语言汉语和亚强势语言彝语的包围下，能够独立保持母语的使用。二，多做些喀卓语的本体研究，要求在过去调查研究的基础上有所增补、修正，能揭示更多的规律。为此，课题组成员分了专题，做了分工，一个个地深入挖掘喀卓语的特点。其中包括对喀卓语的音系做了修订，对词汇做了补充改正，特别是对语法特点有了较大的补充等。三，分析喀卓语的性质，希望能对它的系属关系，有一个更加符合客观事实的科学认识。四，深入研究喀卓语的语言接触问题，要求对喀卓语的汉语影响做全方位的分析和归纳，并在理论上有所创新。五，记录一些话语材料，供以后深入研究使用。

这次调查是我们几次调查中时间最长、人数最多、费力最多的一次。总的估计是这次调查成果在前人的基础上会有所进步，有所创新。当然，是否能够达到这个估计，还有待于以后的证实。因为任何一个学术成果，其价值往往在做的时候不易认清，只能在若干年后才能看清。

我们这次调查，得到了通海县各级领导和当地喀卓母语人的大力支持。县委常委、办公室主任王军，县民宗局局长何照友对我们的工作非常重视。我们还未到县上，他们就与兴蒙乡乡长官学清沟通，指示他们要大力配合我们的工作，并做了具体安排，包括请乡政府解决我们去兴蒙乡调查的往返用车。在短短一个月的时间里，我们能够按照预定的计划完成任务，还与乡领导和村民们的大力帮助分不开。其中主要有：乡长官学清，乡宣传委员官学英，发音合作人王培芬、赵丽英、赵艳。特别是赵艳，正巧她完成了高考，一直陪伴我们调查，既当发音合作人，又独立帮助我们做一些调查工作。这期间，我们有幸遇到中国云南蒙古族研究会理事长赵云峰和一批已退休但自愿为蒙古族文化研究做贡献的老同志，得到他们的支持和鼓励，我们的入户调查更得到了村民们的热情招待和全力帮助。

特别要提到的是，玉溪师范学院白碧波教授得知我们来通海后，专程驱车来通海参加我们的调查，帮助我们做了很多事情。他的热情、真挚和无私奉献，给课题组成员留下了美好的印象。我们课题组所取得的成果，也有他的一份努力在里面。

这次调查，我们是与同校"985"工程《里山彝语的使用现状及其演变》课题组在一起的，朝夕相处、相互交流。由于喀卓语与里山彝语有许多共同特点，他们记录的材料和调查经验，给了我们许多启示。该课题组的成员有：田静、金海月、时建、崔霞、赵敏。

本书在写作中参考使用了当年刘菊黄、傅爱兰参加调查的语料，还参考了木仕华研究员的《卡卓语研究》，和即仁研究员的两篇有关喀卓语的论文，还有杜玉亭的《云南蒙古族简史》等民族学论著。我们在此一并表示感谢。

我们愿以这本用自己辛勤劳动换来的新书，献给对新生活充满激情、勇于创新上进的蒙古族喀卓人。

戴 庆 厦

2007 年 8 月 6 日

于通海阳光宾馆